教育部职业教育与成人教育司推荐教材
中等职业学校汽车运用与维修专业教学用书

中等职业院校汽车运用与维修专业技能型紧缺人才培养培训教材

Qiche Dianxing Dianlu Fenxi yu Jiance
汽车典型电路分析与检测

宋波舰 编著

人民交通出版社股份有限公司
China Communications Press Co.,Ltd.

内 容 提 要

本书是教育部职业教育与成人教育司推荐教材，也是中等职业院校汽车运用与维修专业技能型紧缺人才培养培训教材，依据教育部颁布的《中等职业院校汽车运用与维修专业技能紧缺人才培养培训指导方案》以及国家和交通行业职业标准编写而成。

本书内容主要包括：汽车电路的基础知识、车载网络的分析与检测、发动机电喷系统电路分析与检测、发动机电子防起动系统电路分析与检测、发动机冷却系统电路分析与检测、自动变速器系统的电路分析与检测、ABS/ESP 电控系统的电路分析与检测、自动空调系统的电路分析与检测、风窗刮水器清洗系统电路分析与检测、随动转向前照灯系统电路分析与检测、中控锁电控系统的电路分析与检测，共计 11 个单元。

本书是中等职业院校汽车运用与维修等专业的教材，亦可供相关专业人员学习参考。

图书在版编目(CIP)数据

汽车典型电路分析与检测/宋波舰编著. —北京：人民交通出版社股份有限公司，2015.8

ISBN 978-7-114-12242-2

Ⅰ. ①汽… Ⅱ. ①宋… Ⅲ. ①汽车—电路分析—中等专业学校—教材 ②汽车—电气设备—检测—中等专业学校—教材 Ⅳ. ①U463.6 ②U472.41

中国版本图书馆 CIP 数据核字(2014)第 103271 号

书　　名：汽车典型电路分析与检测
著 作 者：宋波舰
责任编辑：闫东坡
出版发行：人民交通出版社股份有限公司
地　　址：(100011)北京市朝阳区安定门外外馆斜街 3 号
网　　址：http://www.ccpress.com.cn
销售电话：(010)59757973
总 经 销：人民交通出版社股份有限公司发行部
经　　销：各地新华书店
印　　刷：北京市密东印刷有限公司
开　　本：787 × 1092　1/16
印　　张：14.5
字　　数：353 千
版　　次：2015 年 8 月　第 1 版
印　　次：2015 年 8 月　第 1 次印刷
书　　号：ISBN 978-7-114-12242-2
定　　价：45.00 元

前言

为深入贯彻《国务院关于加快发展现代职业教育的决定》以及教育部等六部委《关于实施职业院校制造业和现代服务业技能型紧缺人才培养培训工程的通知》精神，积极推进课程改革和教材建设，为中等职业教育教学提供更加丰富和多样化的实用教材，适应经济发展、产业升级和技术进步，满足交通运输业科学发展的需要。人民交通出版社股份有限公司组织全国交通职业院校的专业教师，按照“专业设置与产业企业岗位需求对接、课程内容与职业标准对接、教学过程与生产过程对接，明显提升职业院校毕业生就业质量”的要求，依据教育部颁布的《中等职业院校汽车运用与维修专业领域技能型紧缺人才培养培训指导方案》，对教育部职业教育与成人教育司推荐教材进行了再版修订，供全国中等职业院校汽车运用与维修等专业教学使用。

此次再版修订教材符合国家对技能型紧缺人才培养培训工作的需要，体现了中等职业教育的特色，教材特点如下：

1.“以服务发展为宗旨，以促进就业为导向”，加强文化基础教育，强化技术技能培养，符合高素质中、初级汽车专业实用人才培养的需求；

2. 总结近几年教学改革经验，教材修订符合中等职业院校学生的认知规律，注重知识的实际应用和对学生职业技能的训练，符合中职院校教学与培训的需要；

3. 依据最新国家及行业标准，剔除第一版教材中陈旧过时的内容，教材修订量在20%以上，反映了新知识、新技术、新工艺。

《汽车典型电路分析与检测》是汽车运用与维修专业课之一，由武汉交通学校宋波舰编著。教材主要内容包括：汽车电路的基础知识、车载网络的分析与检测、发动机电喷系统电路分析与检测、发动机电子防起动系统电路分析与检测、发动机冷却系统电路分析与检测、自动变速器系统的电路分析与检测、ABS/ESP电控系统的电路分析与检测、自动空调系统的电路分析与检测、风窗刮水器清洗系统电路分析与检测、随动转向前照灯系统电路分析与检测、中控锁电控系统的电路分析与检测，共计11个单元。

限于编者经历和水平，教材内容难以覆盖全国各地中等职业院校的实际情况，希望各学校在选用和推广本系列教材的同时，注重总结教学经验，及时提出修改意见和建议，以便再版修订时改正。

编　者

2015年3月

目　录

单元1 汽车电路的基础知识

汽车由发动机、底盘、电气设备、车身四个部分组成。如把发动机比作人的心脏，底盘是人的四肢，则电气设备就是人的神经系统和大脑。在现代汽车上，发动机、底盘、车身等机械设备已与电气设备融为一体，出现了发动机电气系统、自动变速器电气系统、防抱死制动系统、电动助力转向系统、自动空调系统、车载网络系统等大量的电气系统，如图1-1是大众轿车部分电气系统在车上的布置简图。

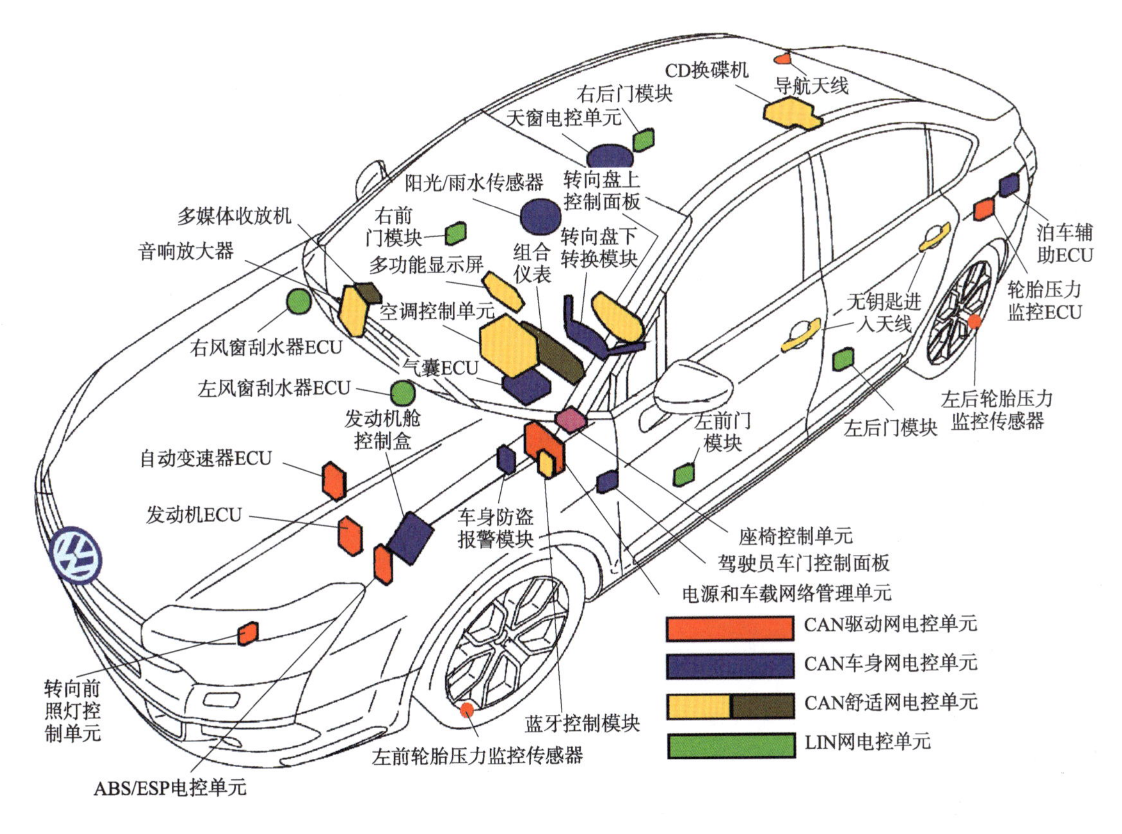

图1-1 大众轿车上部分电气系统的布置

由于现代汽车使用了大量的电子控制系统，所以学会识读和分析汽车各系统的电路，诊断和排除汽车各电气系统的故障是汽车维修人员必须掌握的技能。目前排除汽车电气系统故障的主要方法是根据汽车电路图，利用汽车诊断仪和汽车万用表等对汽车电气设备和线路进行检测与诊断，从而确定故障原因和故障部位，修复或更换故障线路和元件。由此可见学会汽车电路图的识读和分析，对于我们检测和排除汽车电气故障具有特别重要的意义。

一、汽车电路的组成

一个完整的汽车电路由电源、用电器(负载)、导线等组成,如图1-2所示的汽车倒车灯电路中,蓄电池是电源,倒车灯和倒车蜂鸣器是用电器,将蓄电池与倒车灯、倒车蜂鸣器连接起来的线就是导线。

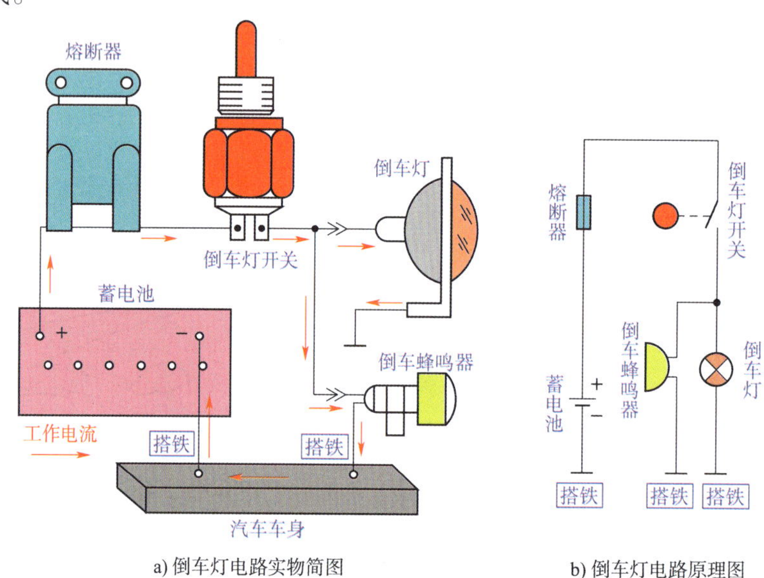

图1-2 汽车倒车灯电路图

在汽车电路中,电源为用电器提供电能。用电器把电源提供的电能转化为其他形式的能,如倒车灯是将电能转化为光能,倒车蜂鸣器是将电能转化为声能。导线的作用是将汽车电源、用电器、开关等连接起来形成一个封闭的回路,使用电器的工作电流从电源的正极出发,经过开关、用电器等后,回到电源的负极,形成一个闭合的电流回路。

在实际汽车电路中,除了有电源、用电器、导线外,还有开关、熔断器、继电器、插接器、电控单元、传感器、执行器等元件,如图1-3所示。

二、汽车电路的特点

汽车电路图是将汽车电源、用电设备、仪表、电气元件、各种信号装置等,用图形符号和导线连接在一起的关系图,如图1-3所示。

汽车电路有如下特点:

1 两个电源

在汽车电路中有蓄电池和发电机两个电源,在汽车发动机未起动运行时,因发电机没有发电,由蓄电池为汽车用电设备提供电源;在汽车发动机运行后,发电机开始发电,主要由发电机为汽车用电设备提供电源;只有当投入工作的用电设备较多,发电机提供的电源不能满足用电设备的需求(即发电机过载)时,蓄电池才协助发电机向用电设备供电。

2 直流低压

汽车上的两个电源为汽车用电设备提供的是直流低压(12V)电源。虽然汽车发电机是三

相交流发电机，但经过发电机内部整流器整流后，发电机向外输出的是14V左右的直流电，它一方面可向汽车用电设备（尤其是汽车仪表、汽车电控单元等）提供直流供电等，另一方面它还可向蓄电池提供直流充电电流，保持蓄电池充电与放电可逆的性能。

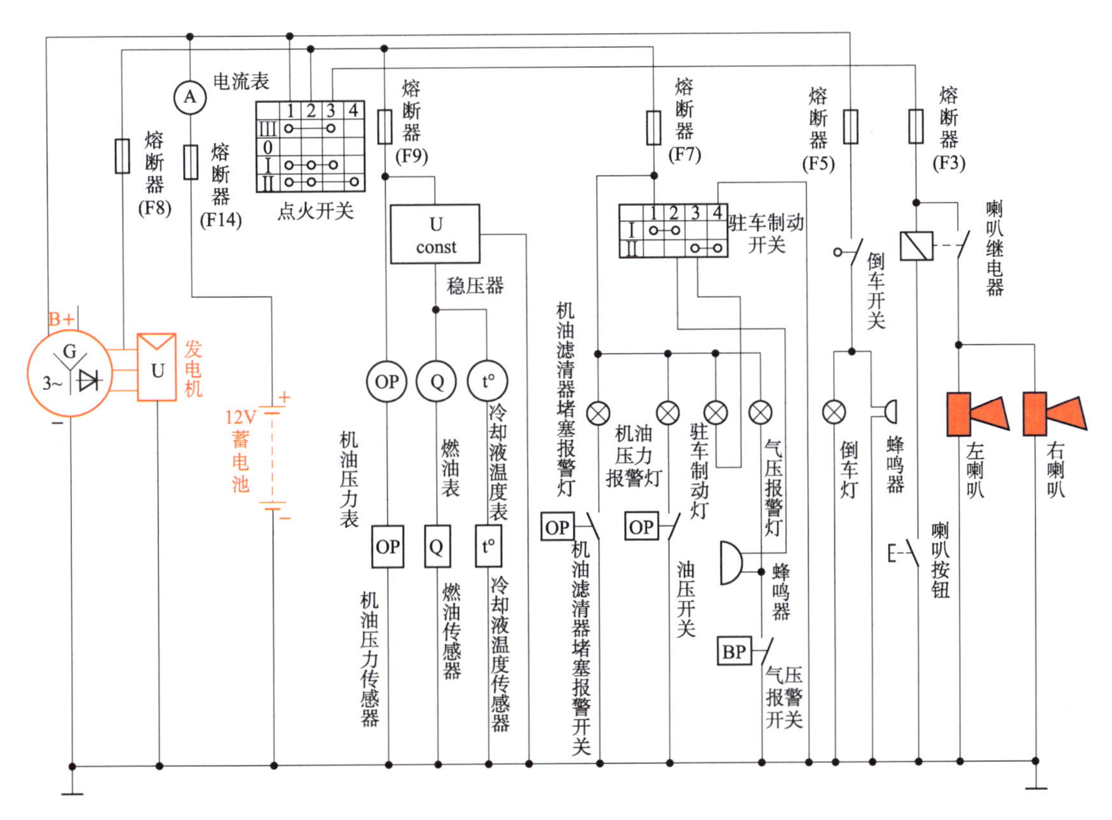

图1-3　CA1092汽车仪表和信号电路图

❸ 负极搭铁

用金属导线将蓄电池、发电机的负极与汽车车身或发动机机体连接起来，称为负极搭铁。在低压直流的汽车电路中采用负极搭铁后，可以把汽车车身作为一根公用导线，节约从用电设备到汽车电源负极的一根导线，如图1-2所示。在有些汽车上曾采用过正极搭铁，但采用负极搭铁，对汽车车身的化学腐蚀较小，对无线电的干扰也较小，所以现在汽车上普遍采用负极搭铁。

❹ 并联单线

汽车上所有的用电设备都是并联连接的，并联连接的优点是当一个用电设备损坏不能工作时，不影响其他用电设备的正常工作，如图1-3中，左和右喇叭为并联连接，当左喇叭断路时，右喇叭仍可正常工作。

单线连接（单线制）是汽车电路的一个特殊性，汽车上所有电气设备的正极均用导线连接，该导线称为“火线”；而电气设备的负极与车身的金属连接，称为“搭铁”。电气设备的工作电流，都是从电源的正极出发经导线流入电气设备后，由电气设备自身或负极导线搭铁，通过汽车车身流回电源负极而形成回路，如图1-2a）所示。采用负极搭铁后，只需要一根导线就可将汽车电源与电气设备连接起来形成工作回路，我们称之为单线制。

5 汽车电路中装备有保护装置

汽车电气设备（如汽车前照灯、前风窗刮水器、车门锁驱动器等）的工作电流一般较大，为了防止发生过载或短路烧损电器设备或汽车线路，在各电气设备的工作电路中，一般都装备有易熔线、熔断器等保护装置，如图1-3所示。

6 将汽车电路中的导线制成线束

为了使全车汽车导线不零乱，便于汽车线路的安装、检测、维修，保护导线不被油、水侵蚀和磨损，通常将走向相同、功能相同的汽车导线制成线束，并将制成的线束用绝缘材料包扎，如图1-4所示。

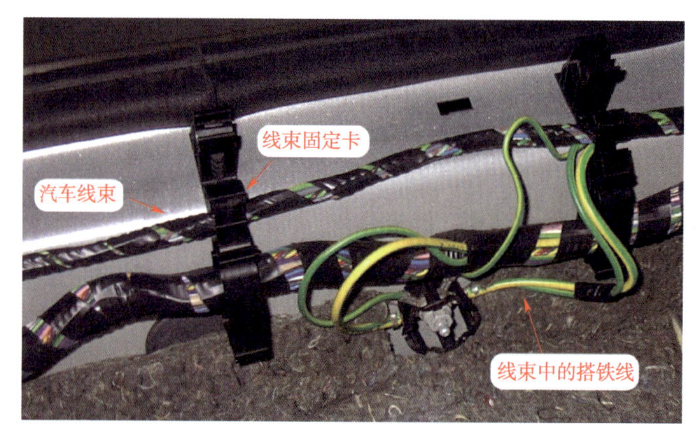

图1-4　汽车线束

三、汽车电路图的类型

同一辆汽车的电路有多种表达方式，根据汽车检修工作的需要，汽车电路图可分为电路原理图、电器接线图、电器布置图等。

1 电路原理图

电路原理图如图1-5所示，它主要用来表达电气系统各用电器的机电细节和工作原理。当电气系统出现故障时，我们一般是通过电路原理图来分析电气系统故障产生的原因。

2 电路接线图

电器接线图如图1-6所示，它主要用来表达电气系统各电器、插接器、线束之间的连接关系。电路接线图是在汽车上真正能看到实物图，我们一般是在电路原理图和电路接线图的指导下来检测各电器、插接器、导线等。电路接线图是引导我们在汽车上查找电气系统故障部位和故障点的重要依据。

3 电器布置图

电器布置图如图1-7所示，它主要表达电气系统各电器、线束、中间插接器等在车上的布局和位置，有时为了便于看清细节，还安排了局部放大图。电器布置图是我们在检测电气系统故障时，寻找电器元件、中间插接器、线束、搭铁点等在车上方位的主要依据。

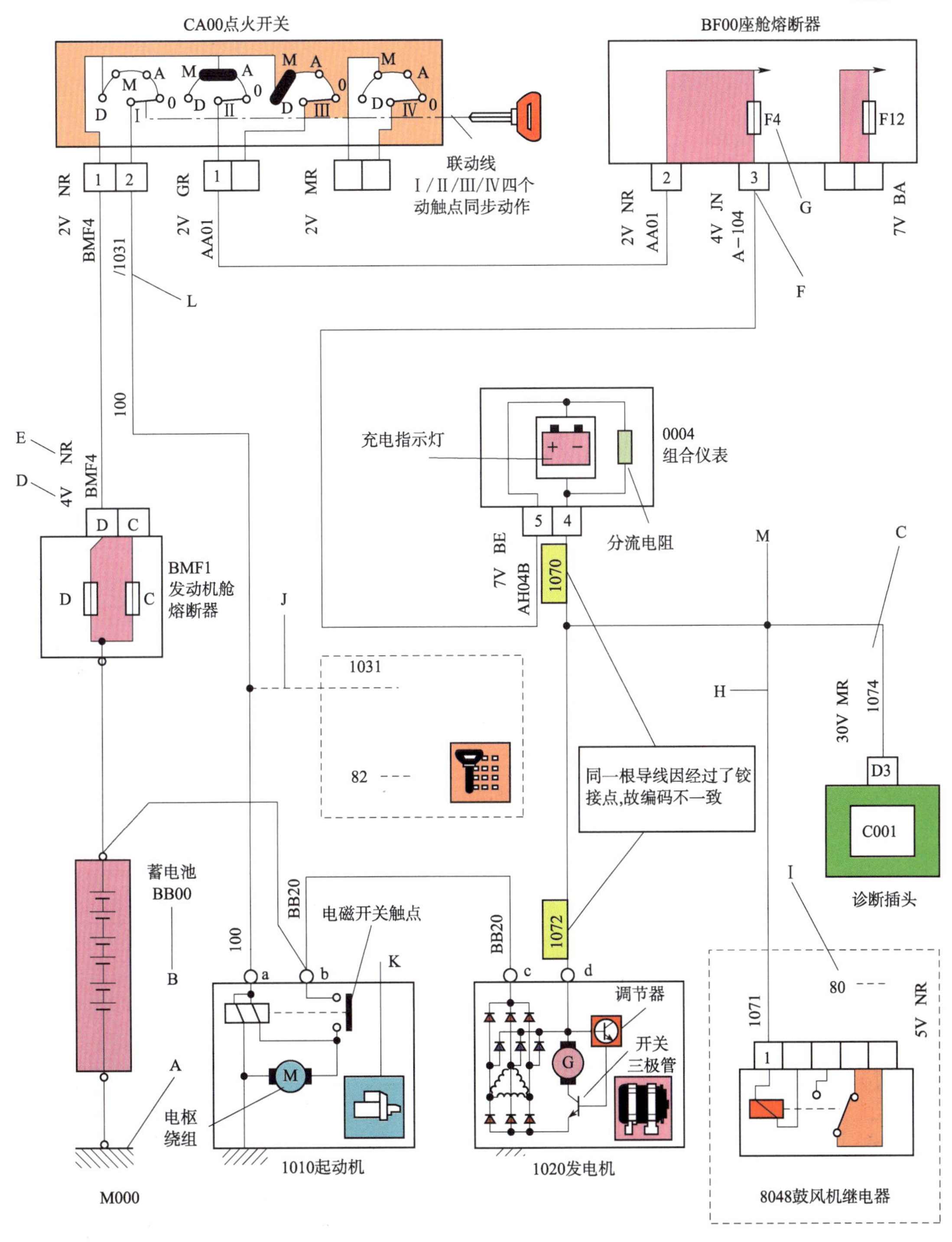

图1-5　电路原理图

A-搭铁符号；B-电气编码；C-导线编码；D-插接器插脚数（4V：表示4通道）；E-插接器颜色（NR：黑色）；F-插接器插脚编号（4V JN 3：表示4通道黄色插接器的3号脚）；G-熔断丝编号（F4：表示4号熔断丝）；H-表示分向另一功能的信号；I-相关的功能编号；J-表示根据车辆装备而存在的导线；K-电气示意图（该符号表示起动机）；L-绞合线（注：2脚上有100和1031两根导线）；M-表示一个铰接点

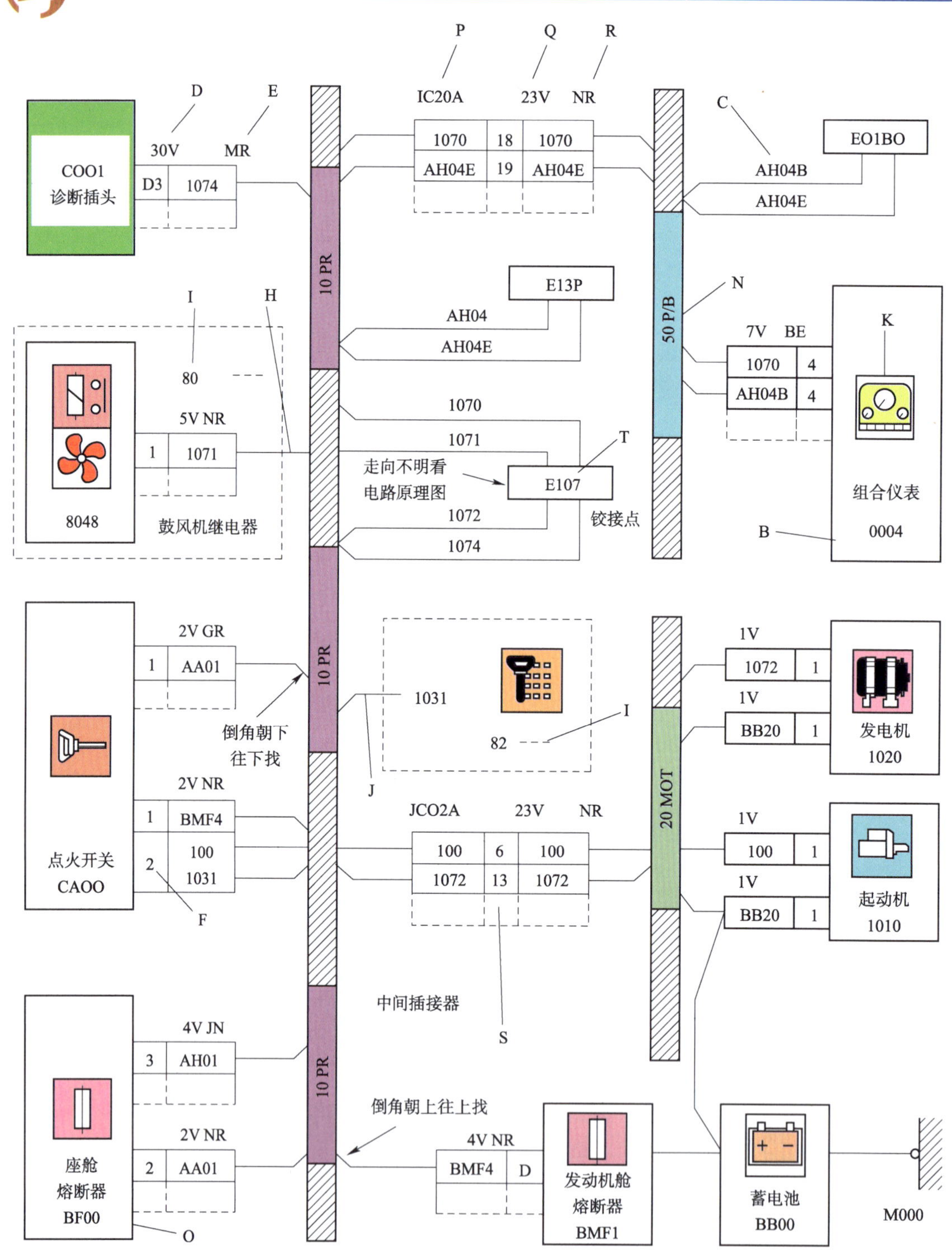

图1-6　电器接线图

N-线束编码(50P/B:表示仪表板线束)；O-表示熔断丝盒；P-中间插接器的编号(IC:表示中间插接器;20A-表示中间插接器的编号)；Q-中间插接器的通道数(23V:表示23通道)；R-中间插接器的颜色(NR:表示黑色)；S-表示中间插接器的一部分(这里只画出了中间插接器的6、13号脚,其他插脚因与本电路无关,故未画出)；T-表示一个铰接点(E:表示铰接点;107-表示铰接点的编号)

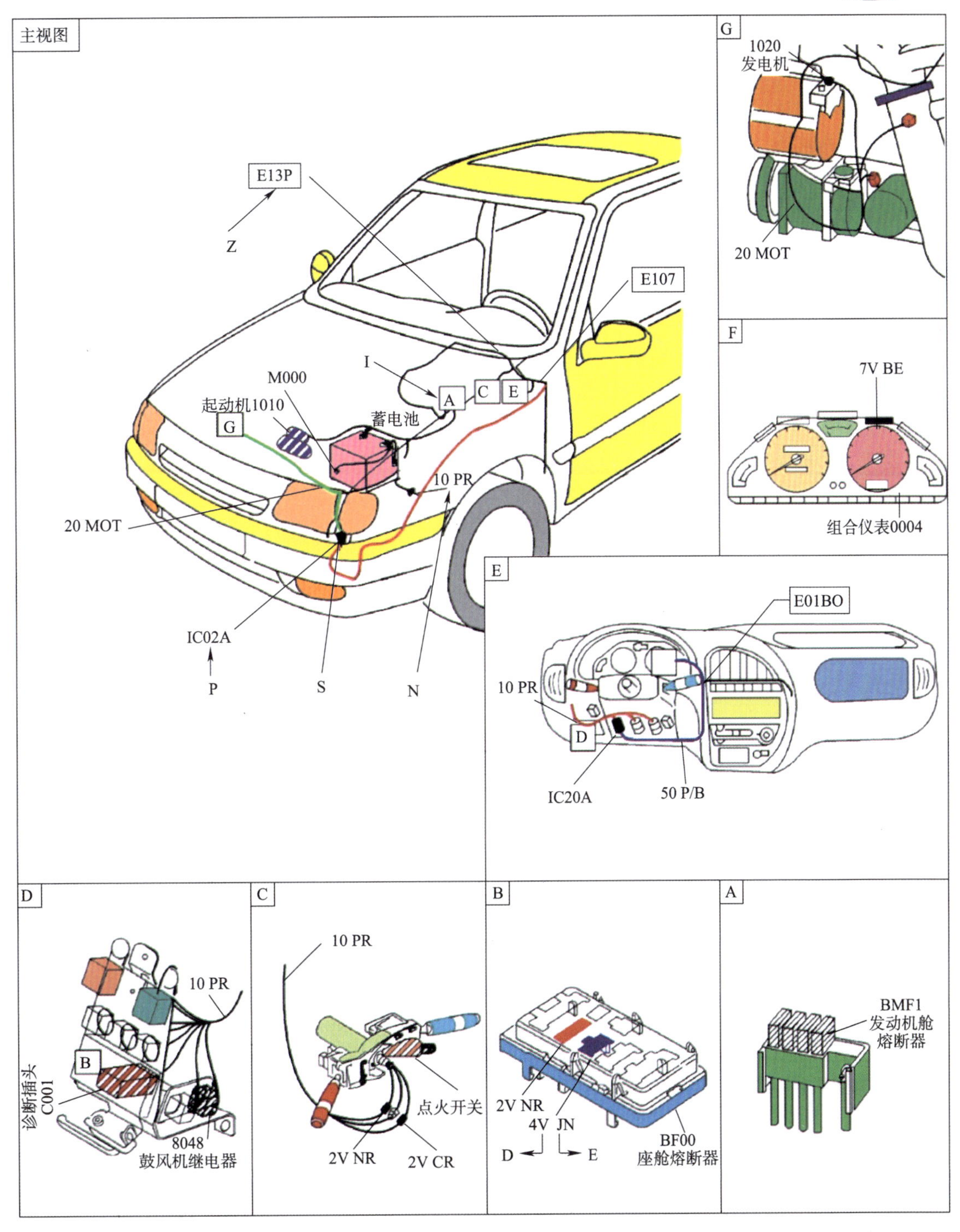

图1-7 电器布置图

D-插接器的通道数(4V 表示4通道);E-插接器的颜色(JN 表示黄色);N-线束的编码(10 表示线束编号;PR 表示主线束);P-中间插接器编码(IC 表示中间插接器;02A 表示中间插接器的编号);S-表示一个中间插接器(它连接着20MOT 和10PR 两个线束);Z-表示一个铰接点(E 表示铰接点,13P 表示铰接点的编号);I-局部图编号(这里A、C、E 分别表示三个局部图的编号)

四、汽车电路图读图

1 电路原理图读图举例（图 1-5）

（1）起动机电路。

①将点火开关 CA00 拨至 D（起动）挡，起动机电磁开关的电流走向为：蓄电池 BB00＋→发动机舱熔断器 BMF1→CA00 插头 2V NR（二通道黑色）的 1 脚→CA00 插头 2V NR 的 2 脚→起动机 1010 的 a 接柱→$\left\{\begin{array}{c}\text{保持线圈}\\ \text{吸拉线圈→电枢绕组}\end{array}\right\}$→搭铁→蓄电池 BB00－；

②起动机电磁开关的吸拉线圈和保持线圈通电后，它们产生的电磁力相加，使电磁开关吸合，接通起动机的起动主电路，起动机起动电流的走向为：蓄电池 BB00＋→起动机 1010 的电磁开关触点→1010 的电枢绕组→搭铁→蓄电池 BB00－。

（2）充电指示灯电流的走向。

蓄电池 BB00＋→BMF1→CA00 插头 2V NR 1 脚→CA00 插头 2V GR（二通道灰色）1 脚→座舱熔断器 BF00 插头 2V NR 2 脚→熔断丝 F4→BF00 插头 4V JN（四通道黄色）3 脚→组合仪表 0004 的插头 7V BE（七通道蓝色）5 脚→$\left\{\begin{array}{c}\text{充电指示灯}\\ \text{分流电阻}\end{array}\right\}$→组合仪表 0004 插头 7V BE 4 脚→发电机 1020d 接柱→1020 的磁场绕组→调节器开关三极管→搭铁→蓄电池 BB00－。

提示 ①点火开关 CA00 有 O 位（关闭挡）、A 位（附件挡）、M 位（点火挡）、D 位（起动挡）四个挡位，点火开关有Ⅰ、Ⅱ、Ⅲ、Ⅳ四个动触点，这四个动触点是联动的，即我们将动触点Ⅰ拨到 M 位时，Ⅱ、Ⅲ、Ⅳ三个动触点同步到达 M 位。②分析电路原理图时，一定要记住电流的回路原则，即电流总是从电源的＋极出发，经过用电器后，回到电源的—极，从而构成闭合回路。

2 电路接线图读图举例（图 1-6）

充电指示灯线路走向：蓄电池 BB00→BMF1 插接器 4V NR D 脚导线 BMF4（注：倒角朝上往上找）→线束 10PR→CA00 插接器 2V NR 1 脚导线 BMF4→CA00 插接器 2V GR 1 脚导线 AA01（注：倒角朝下往下找）→线束 10PR→BF00 插接器 2V NR 2 脚导线 AA01→BF00 插接器 4V JN 3 脚导线 AH04→线束 10PR→铰接点 E13P 导线 AH04→铰接点 E13P 导线 AH04E→线束 10PR→中间插接器 IC20A 23V NR（23 通道黑色）19 脚导线 AH04E→线束 50P/B→铰接点 E01BO 导线 AH04E→铰接点 E01BO 导线 AH04B→线束 50P/B→0004 插接器 7V BE 5 脚导线 AH04B→0004 插接器 7V BE 4 脚导线 1070→线束 50P/B→中间插接器 IC20A 23V NR 18 脚导线 1070→线束 10PR→铰接点 E107 导线 1070（注：走向不明时查看原理电路图）→铰接点 E107 导线 1072→线束 10PR→中间插接器 IC02A 23V NR 13 脚导线 1072→线束 20 MOT→发电机 1020 插头 1V 导线 1072→1020 磁场绕组→搭铁。

提示 在查阅电路接线图的过程中，应注意顺着导线编号走，倒角朝上往上找，倒角朝下往下找；当线路经过电器、铰接点后走向不明白时查看电路原理图。

3 电器布置图读图举例（图 1-7）

（1）充电系、起动系各电器的位置（表 1-1）。

充电系、起动系各电器的位置

表1-1

电　　器	位　　置	图 示 说 明
发电机1020	发动机舱右前方	主视图、G图
起动机1010	发动机舱左方	主视图
蓄电池BB00	发动机舱左前方	主视图
座舱熔断器BF00	驾驶室仪表台左下方	B图、D图
发动机舱熔断器BMF1	发动机舱左后方	主视图的1箭头处、A图
点火开关CA00	驾驶室内转向盘下右方	主视图、C图
组合仪表0004	驾驶室仪表台左方	主视图、E图、F图
诊断插头C001	驾驶室仪表台左下方	D图

(2)充电系、起动系各线束的布置和走向。

①主线束10 PR:布置在发动机舱左侧(主视图的N箭头处),它通过中间插接器IC02A与发动机线束20 MOT连接(主视图的P箭头处);它通过中间插接器IC20A与仪表板线束50 P/B连接(主视图、E图);主线束10 PR在组合仪表0004附近有铰接点E13P(主视图Z箭头处)和铰接点E107(主视图、E图、F图)。

②发动机线束20 MOT布置在发动机舱前方,它的一端与发电机1020连接(主视图、G图);它的中部通过中间插接器IC02A与主线束10 PR连接(主视图的P箭头处);它的另一端与起动机1010连接(主视图)。

③仪表板线束50 P/B:布置在仪表台内,它通过中间插接器IC20A与主线束10 PR连接(E图);它的一端通过插头7V BE与组合仪表0004连接(E图、F图);它的中部有一铰接点E01B0(E图)。

提示▶ ①有时我们通过电器布置图在寻找某一电器、插接器、线束时,可能光看一个图找不到它的位置,而要联合看几个图才能找到它的位置,所以看图时我们一定要耐心、细致;②凡是在电路原理图存在的电器,我们一般都可以在电器布置图中找到它的位置;③看电路图也可以熟能生巧,只要我们多做看图的练习,我们一定能找到看电路原理图、电路接线图、电器布置图的好方法。

五、汽车电路中的主要元器件

1 导线和插接器

(1)低压导线。

①普通导线:用来连接照明灯具、电子控制单元、各种控制开关等。

②蓄电池连接电缆:用来连接蓄电池和起动机,蓄电池和汽车车身。因轿车起动机在起动发动机时的工作电流很大(可达100~400A),故蓄电池连接电缆是汽车上最粗和最结实的导线,如图1-8所示。为了保证起动机正常工作,并发出足够的功率,蓄电池连接电缆每通过100A的电流,电压降不得超过0.1~0.15V。

③屏蔽线:屏蔽线也称同轴射频电缆,将导线外面套装一层编织金属网,再在金属网外套装一层护套,称为屏蔽网。屏蔽线的作用是将导线与外界的磁场隔离,避免导线受外界磁场影

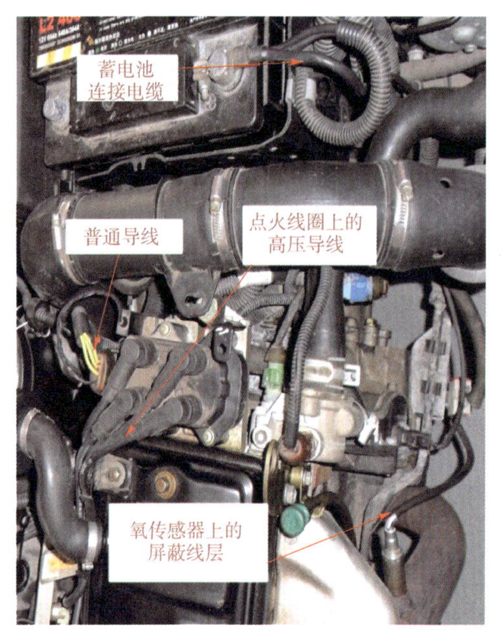

图 1-8　汽车上的导线

响而产生干扰，尤其在防止发动机高压点火干扰方面非常有效。屏蔽线常用于低压微弱信号线路，如收放机天线连接线、一部分传感器与电子控制单元之间的通信，如爆震信号电路、转速与曲轴位置信号电路、氧传感器信号电路等，将屏蔽线搭铁，可有效减小和防止电磁干扰，如图 1-8 所示。

（2）高压导线。

高压导线是用来传送高电压的导线，汽车上的高压线用来连接点火线圈次级绕组、分电器和火花塞；汽车高压线由于工作电压高（一般在 15kV 以上），工作电流较小，因此高压导线绝缘包层很厚，如图 1-8 所示，但线芯截面积很小。另外为了衰减火花塞产生的电磁干扰，目前广泛使用的是高压阻尼点火线。

（3）插接器。

插接器用来连接汽车导线和电器元件。插接器由插座和插头、导线接头和塑料外壳组成。外壳中有几个或多个孔位，用来放置导线接头，在导线接头上带有倒刺，当导线接头嵌入塑料壳后自动锁止。在塑料壳上也有锁止结构，当插头与插座装配后自动锁止，如图 1-9 所示。汽车插接器的作用是：方便电气设备的拆装、检测与维修。针对汽车电气设备多、汽车行驶颠簸大等特点，汽车上的插接器一般利用结构上的细小差异防止插错，利用锁栓和锁扣等防止松脱；在汽车检修时，必须先解除插接器的锁止状态，才能拔下插接器，如图 1-10 所示。

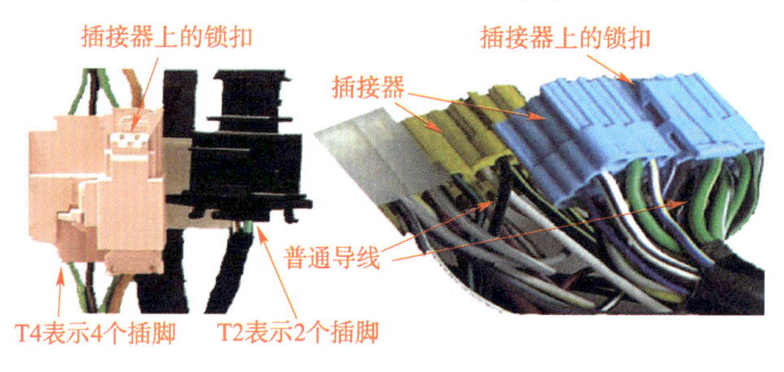

图 1-9　汽车上的插接器

2 熔断器和熔断器盒

为了防止短路烧损汽车电气设备或汽车导线，在汽车电器各个工作回路中，一般都装有熔断器。为了方便检测和维修，把熔断器和继电器集中装在熔断器盒中。汽车熔断器盒一般装在发动机舱内蓄电池附近和驾驶室内的仪表台下。轿车使用的熔断器一般为不可重复使用的一次性熔断器，从外观上可判断熔断器的好坏；为了方便拆装熔断器，在熔断器盒中配有拆装熔断器的夹钳，如图 1-11 所示。

3 开关

轿车上有大量控制开关，如点火开关、车灯开关、风窗刮水器开关、电动车窗开关等，部分汽车开关的外形如图 1-12 所示。很多开关都是多挡位、多动触点、多接线柱的开关。搞清楚这些开关的工作原理，对于我们正确识读汽车电路有重要的意义。

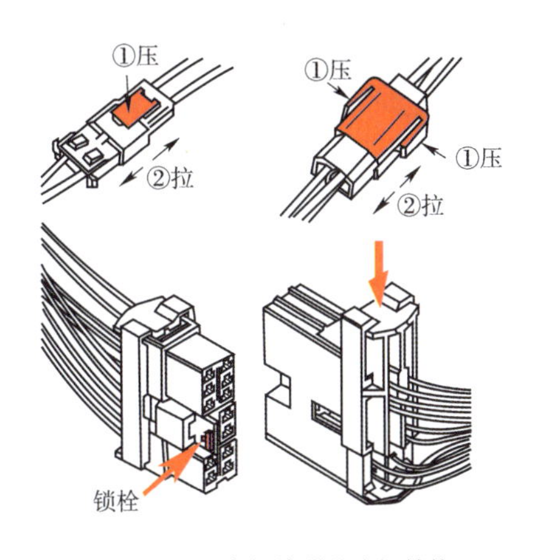

图1-10 汽车插接器的防松结构

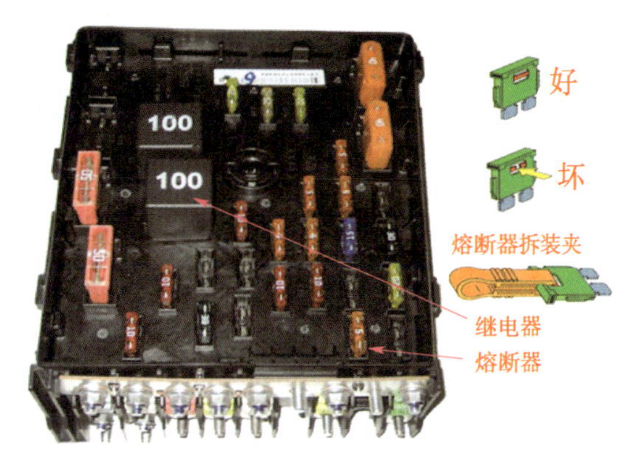

图1-11 熔断器和熔断器盒

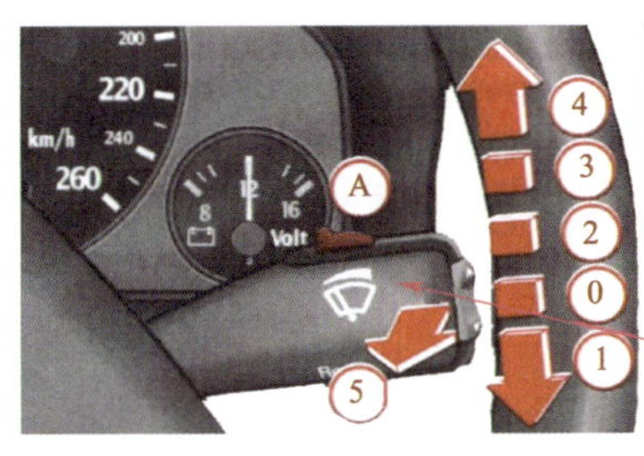

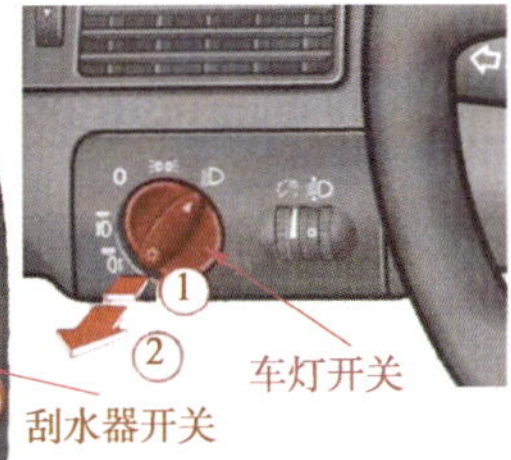

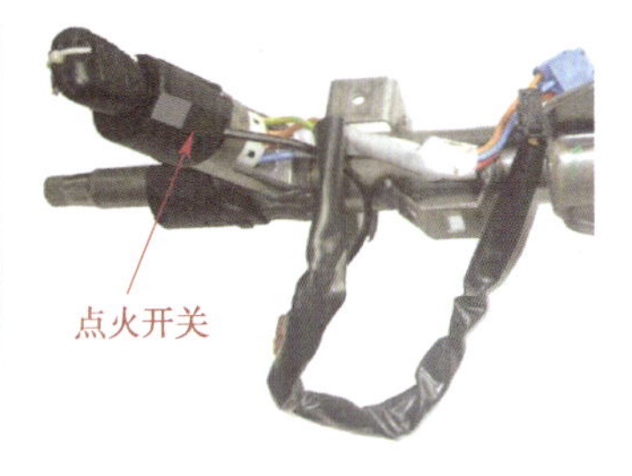

图1-12 轿车上的部分控制开关

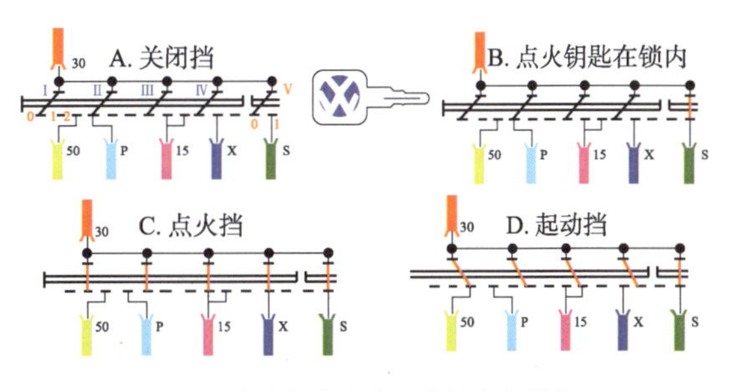

图1-13 大众轿车点火开关的内部结构

点火开关是汽车上最重要的控制开关，大众轿车点火开关的内部结构如图1-13所示，点火开关上有30、50、P、15、X、S等6根线，30号线为接蓄电池的常火线；点火开关的内部有Ⅰ、Ⅱ、Ⅲ、Ⅳ、Ⅴ共五个动触点，其中Ⅰ、Ⅱ、Ⅲ、Ⅳ四个动触点同步动作，且有0、1、2三个位置，当旋转点火开关把第Ⅰ个动触点拨到1位时，第Ⅱ、Ⅲ、Ⅳ个动触点同步到达1位；动触点Ⅴ只有0、1二个位置，当从点火锁内拔出点火钥匙时，动触点Ⅴ处在0位，当将点火锁匙插入点火锁内时，动触点Ⅴ处在1位。

爱丽舍轿车点火开关外形如图1-14所示，它的内部有Ⅰ、Ⅱ、Ⅲ、Ⅳ共四个动触点，这四个动触点同步动作，即将第Ⅰ个动触点拨到A位时，第Ⅱ、Ⅲ、Ⅳ个动触点同步到达A位，如图1-15a)所示；点火开关有四个挡位，即O位、A位、M位、D位，分别为关闭挡、附件挡（在这个挡位，发动机不发动，可使用收放机听广播和播放CD碟片上的音乐）、点火挡（发动机运行时点火开关的挡位）、起动挡（发动机起动时将点火开关拨到D挡，发动机起动后，松开点火钥匙，点火钥匙自动从D挡回到M挡）；点火开关上有六根线，当点火开关在不同挡位时各接线端子的通断状况如图1-15b)所示，如点火开关在A位附件挡时，接线端子2N1与2G1导通。

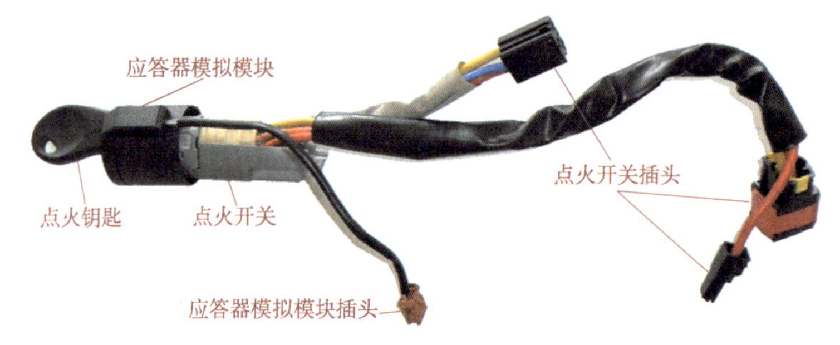

图 1-14　点火开关的外形

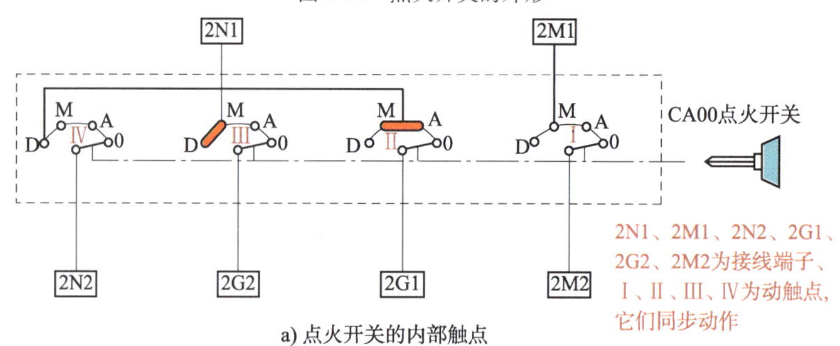

a) 点火开关的内部触点

开关位置 \ 接线端子	2N1	2N2	2G2	2G1	2M1	2M2
O位关闭挡						
A位附件挡	●			●		
M位点火挡	●		●	●	●	●
D位起动挡	●	●	●			

b) 点火开关接线端子通断表

图 1-15　点火开关的内部触点和接线端子通断表

图 1-16　继电器外形、插脚和结构

❹ 继电器

汽车继电器的主要作用有：①用小电流控制大电流，如减荷继电器、喇叭继电器、空调继电器等；②实现自动控制，如冷却风扇继电器、风窗刮水器间歇继电器、闪光继电器等。

汽车继电器的外形、结构和工作原理见图 1-16 所示。继电器的触点有常开（线圈未通电时触点是断开的）和常闭（线圈未通电时触点是闭合的）；在线圈的两端 85 和 86 脚无工作电流流过时，继电器不工作，其 30 与 87a 脚之间的触点闭合，30 与 87 脚之间的触点断开；当线圈的两端 85 和 86 脚有工作电流流过时，继电器工作，其 30 与 87a 脚之间的触点先断开，30 与 87 脚之间的触点后闭合。

5 电器和图形符号

现代轿车上装备有发动机电子喷射、自动变速器、防抱死制动系统、安全气囊、仪表与信号、防盗与报警、空调等大量电气系统，这些电气系统使用了大量电器设备，部分电器元件的外形见图1-17所示，部分常用电器元件在电路图中的图形符号见图1-18所示，全面了解并掌握汽车电器设备的结构、原理和图形符号，将对我们识读汽车电路原理图有极大的帮助。

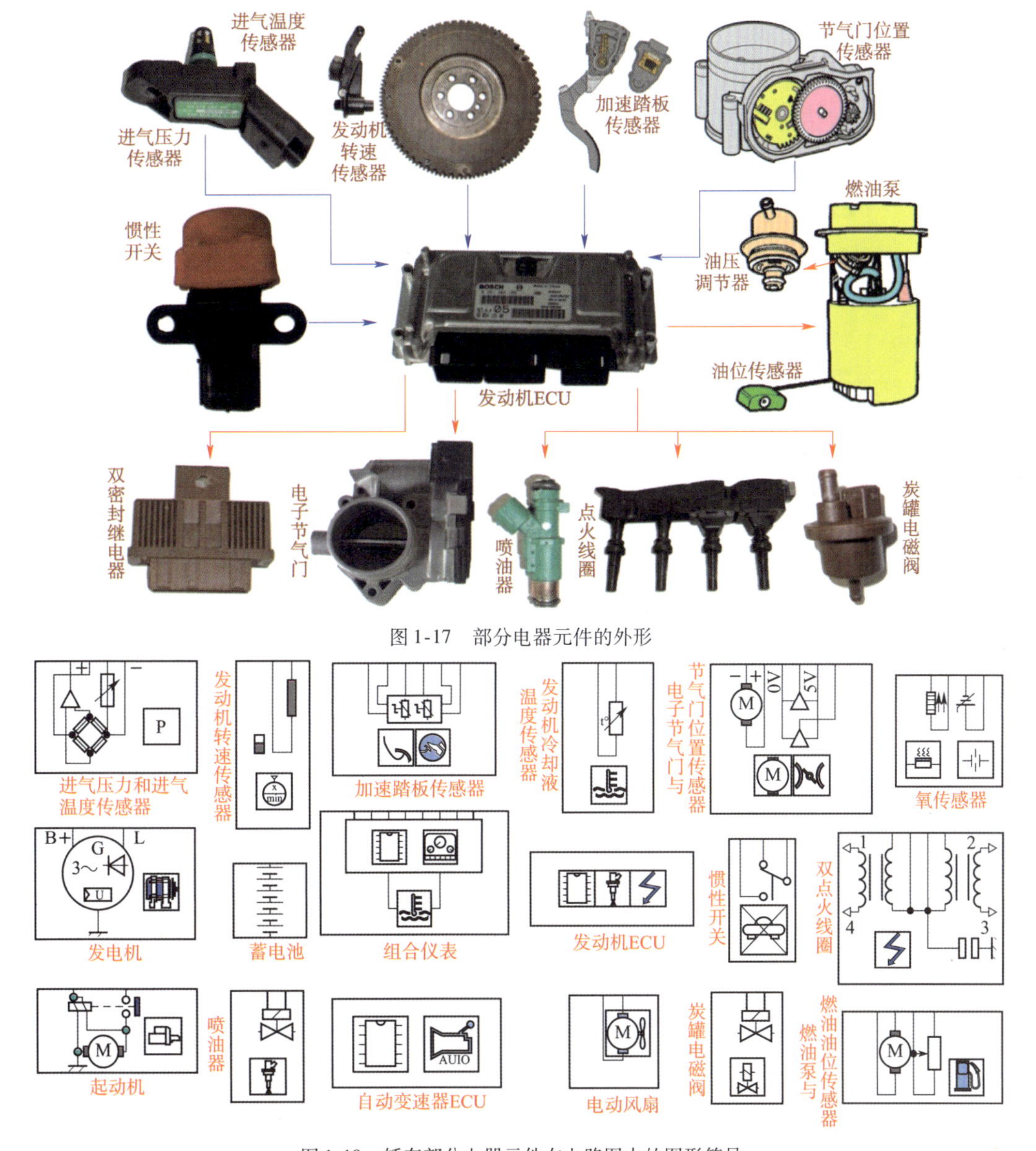

图1-17　部分电器元件的外形

图1-18　轿车部分电器元件在电路图中的图形符号

六、汽车电路的检测方法

近几年为了提高汽车动力性、经济性、操控性、安全性、舒适性和降低汽车排放，汽车上使用了大量的电子控制系统，于是汽车电气设备的数量迅猛增加，汽车电气设备和电路出现故障的频率也在增高。如何准确和快速地检修汽车电路的故障是摆在当今汽车维修人员面前的一项十分重要而现实的任务。

检修汽车电路故障的方法，根据故障复杂和难易程度分为三个层次，见表1-2。

汽车电路故障检修的一般方法　　表1-2

检测层次	检测工具	检测和处理方法
1. 汽车电路的外观和常规检查（汽车护士）	人的五官和数字万用表	（1）检查并紧固松脱或接触不良的电气元件和线路的接插器； （2）修复或更换受损或有故障的电气元件； （3）检测和修复受损或有故障的线路
2. 用检测设备检测汽车电气系统（汽车护士）	通用诊断仪或专用诊断仪	（1）阅读故障：根据故障码的提示检修或更换电气系统的元件和线路； （2）参数测量：根据故障参数的提示检修或更换电气系统的元件和线路； （3）执行机构测试：根据测试结果检修或更换有故障的执行元件和线路； （4）检测波形：检修或更换波形有问题的传感器和执行器
3. 用工作原理和电路图解析电气系统的故障（汽车医生）	人脑和诊断仪	（1）用机电原理解析：根据机电原理（如电磁感应原理、霍尔效应的原理等）来分析和定位传感器和执行器的故障； （2）用运行原理解析：根据信息传递的路线来分析和定位电气系统的故障（注：此方法特别适用带车载网络的电气系统）； （3）用电路原理图解析：根据对有故障电气系统和有关联的电气系统电路原理图的准确解读来分析和定位电气系统的故障点或故障元件（注：此方法特别适用于发动机怠速不稳、空调制冷效果不好、某电气系统一会正常、一会不正常等综合、疑难故障）

1 汽车电气系统的外观和常规检查

在汽车使用过程中，造成汽车电气系统故障的大量原因是电气系统的传感器、执行器、电控单元和电气系统的线束插头松脱、插座与插头虚接、插脚接触不良等。在这种情况下，电气系统故障检查的流程如图1-19所示。

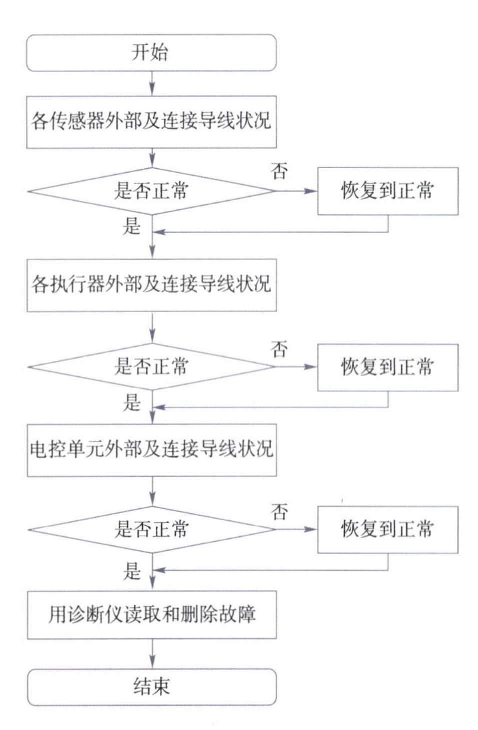

图1-19　电气系统故障的外部检查流程

汽车电气系统外观和常规检查的主要工具是人的视觉、听觉、味觉器官和数字万用表，适用于存在明显外观故障和外观缺陷的电气系统传感器、执行器、线路、插接器等，数字万用表主要用来检测线路、开关等的通路、断路状况，传感器、执行器、电控单元引脚的电位、电压、电流等参数，确定电气系统存在故障的元件和线路。

当汽车电气系统出现故障时，首先进行汽车电气系统的外观和常规检查，第一步排除存在明显外观缺陷的电气系统传感器、执行器、电控单元（如插接器接触不良、插脚折断、元件烧蚀、内部进水等）和线路故障，如图1-20所示。

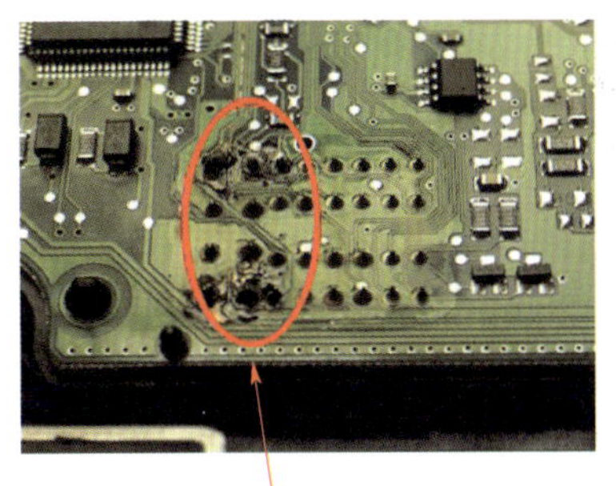

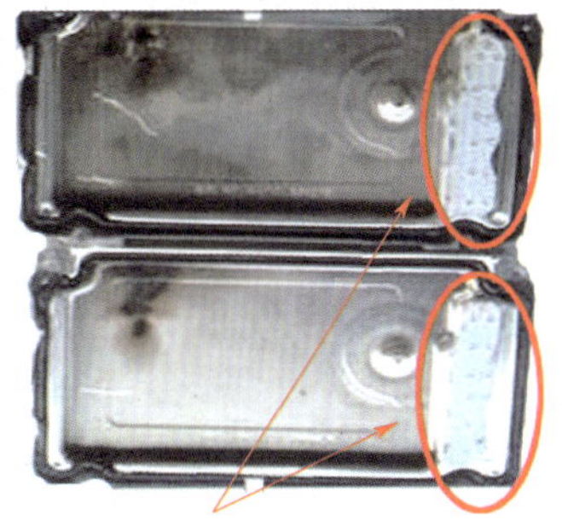

图1-20　发动机ECU内进水后烧蚀的痕迹

注：当我们在进行外部检查时，可能会拆装和更换一些电控元件、插接器和线路，在这个过程中，可能会产生一些临时性故障，如图1-21所示。为了保证发动机电气系统的良好运行，我们在完成了拆装、更换电气系统元件、插接器、线路等外部检查后，应使用诊断仪删除电气系统中一些临时性故障，因发动机电气系统无故障运行时，其工作性能最好。

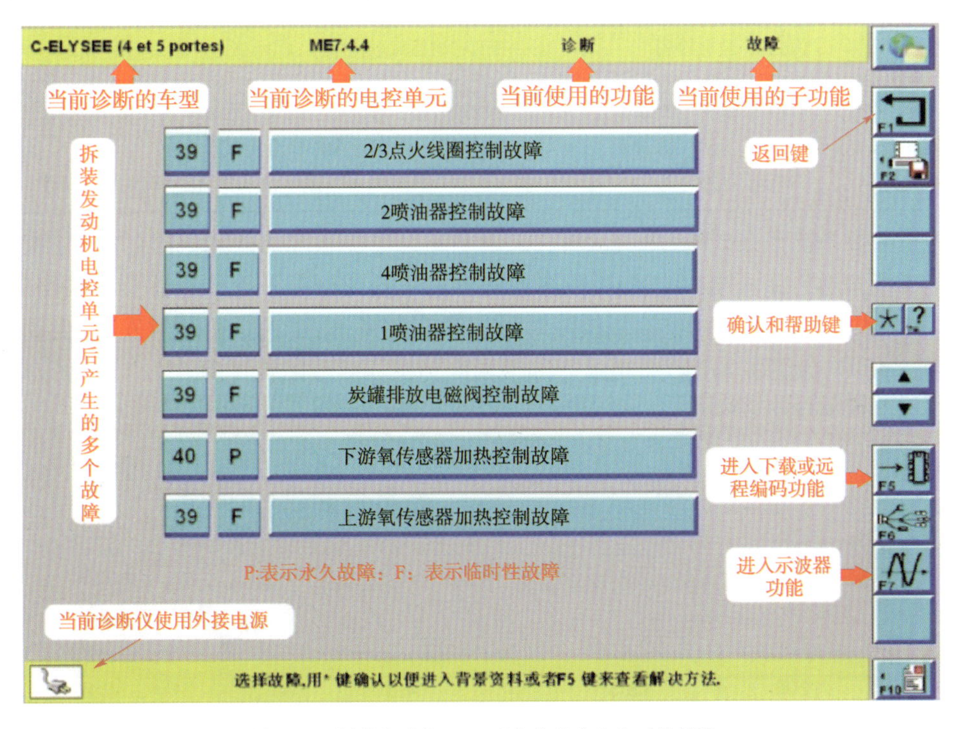

图1-21　拆装发动机ECU后产生的多个临时性故障

❷ 用汽车诊断仪检测汽车电气系统

当用外观和常规检查的方法，没有发现汽车电气系统存在的故障时，一般应优先考虑使用汽车诊断仪来检测电气系统的故障。汽车诊断仪有通用型和专用型，如图1-22所示。通用型（如KT600）和专用型诊断仪（大众轿车用诊断仪）异同点见表1-3。

在用诊断检测汽车电控系统的故障时，基本方法是：

（1）应用诊断仪读取电控系统的故障码，根据故障码的提示来查找故障部位；

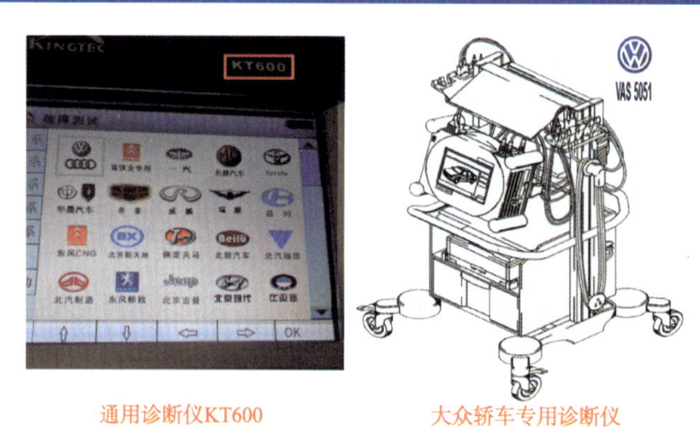

图 1-22　通用和专用型诊断仪

通用型和专用型诊断仪的异同点

表 1-3

汽车诊断仪的类型	相　同　点	不　同　点
通用诊断仪	有读故障、删除故障、参数测量、执行机构测试、波形检测	(1)可检测多种品牌车型的电气系统; (2)不能检测多种品牌车型的所有电气系统; (3)一般没有初始化电控单元、电控单元升级、电子配钥匙等特殊功能
专用诊断仪	有读故障、删除故障、参数测量、执行机构测试、波形检测	(1)不能检测多种品牌车型的电气系统; (2)可以检测同一品牌车型的所有电气系统; (3)具有初始化电控单元、电控单元升级、电子配钥匙等特殊功能

(2)当电控系统存在故障,而用诊断仪又读不出该电控系统的故障码时(这种情况在实际维修工作中经常发生),一般可以用参数测量的方法来查找电控系统传感器及其线路的故障,如有一辆车怠速不稳,用诊断仪读取故障时显示没有故障,而用参数测量时发现,发动机冷却液温度为-45℃,如图 1-23 所示,更换冷却液温度传感器后故障被排除。

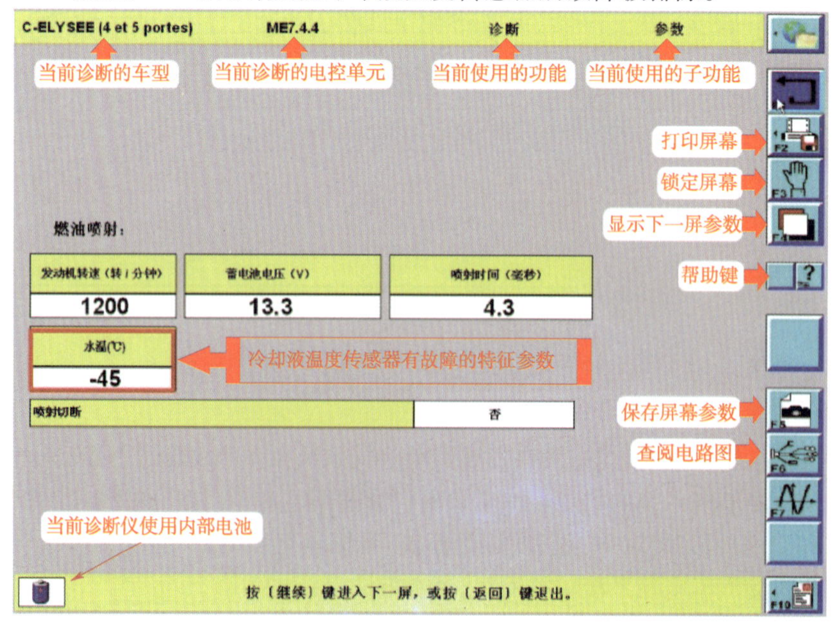

图 1-23　冷却液温度传感器有故障时的参数

(3)当用读取故障和参数测量的方法都没有找到故障时,可用执行器测试来查找电控系统执行器及其线路的故障;如有一辆车发动机运行时冷却液温度总是在100°以上,用诊断仪读取故障和参数测量都没有找到故障原因,用执行器测试时发现发动机冷却风扇低速和高速都不能工作,如图1-24和图1-25所示,更换控制冷却风扇的继电器后,故障被排除。

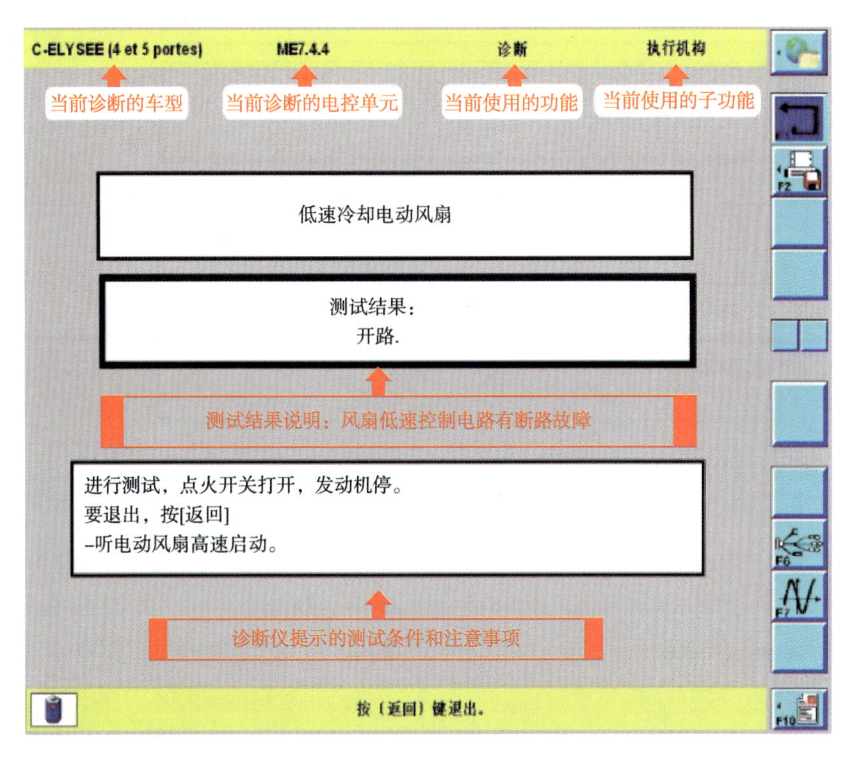

图1-24　冷却风扇低速控制电路断路

(4)当汽车电气系统有故障时,先不用更换元件的方法来查找故障部位,因为用诊断仪来检测电控系统的故障原因和部位最方便快捷,检测过程中没有滋生新故障的风险,而用元件替换法来检测电控系统的故障有时不仅费时费力(因需拆装电气系统的元件),还可能在拆装、替换元件的过程中产生新的故障,从而进一步加大故障排查的难度。

(5)用诊断仪的示波器来检测汽车电气系统传感器、执行器、控制器的故障是一种科学和实用的方法。如被测元件的工作波形与诊断仪给出的标准波形相同,说明被测元件没有故障,否则说明被测元件有故障,如图1-26和图1-27所示,波形检测是目前检测电气系统故障元件最准确的方法。

需要指出的是:如一个电控单元既不在车载诊断网络中,又不在诊断线(又称为K诊断线)上,则这个电控单元所在的电气系统的故障只能用外观和常规检查的方法来查找;如果一个电控单元在车载诊断网络中或在诊断线上,才能用诊断仪来诊断这个电控单元所在电气系统的故障,如图1-28所示。在图1-28中,因电动天窗电控单元既不在车载网络中,它上面又没有诊断线(K线)到诊断插头上,所以电动天窗电气系统的所有故障都不能用诊断仪进行检测,只能用万用表等常规方法进行检测。

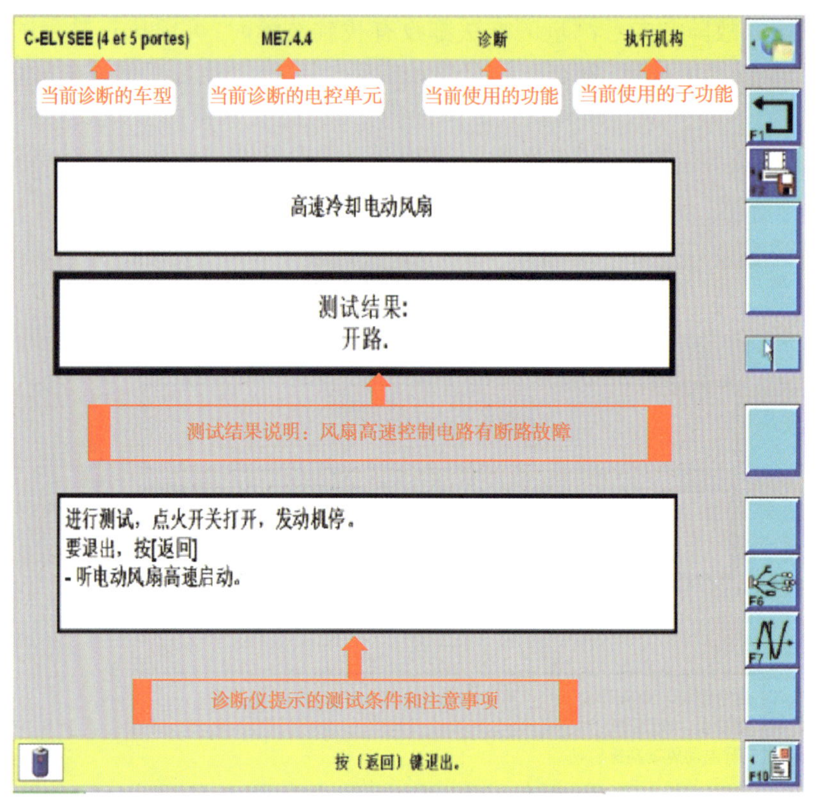

图 1-25　冷却风扇高速控制电路断路

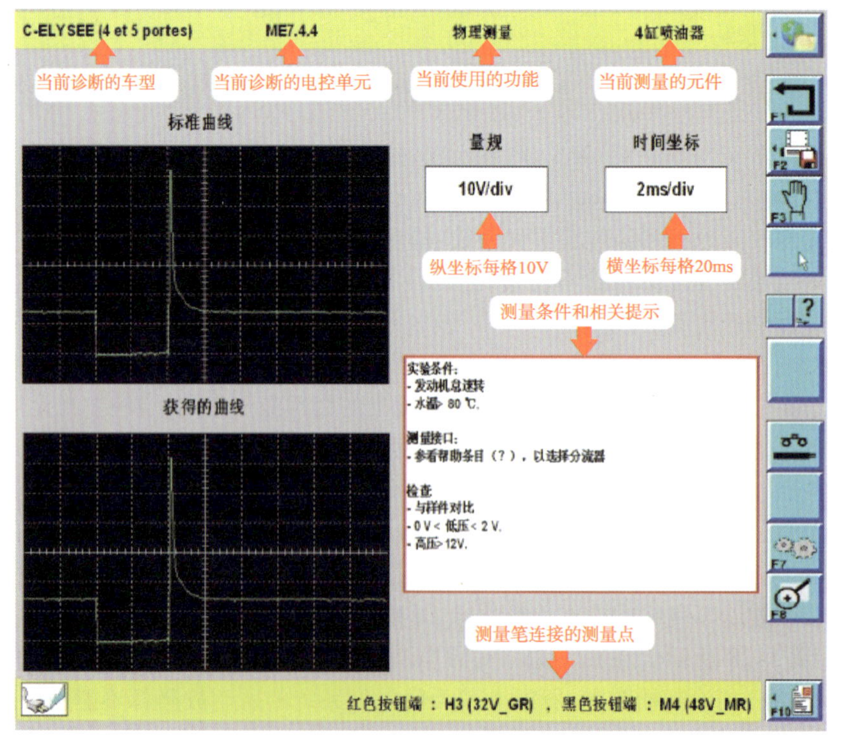

图 1-26　电控元件没有故障的波形

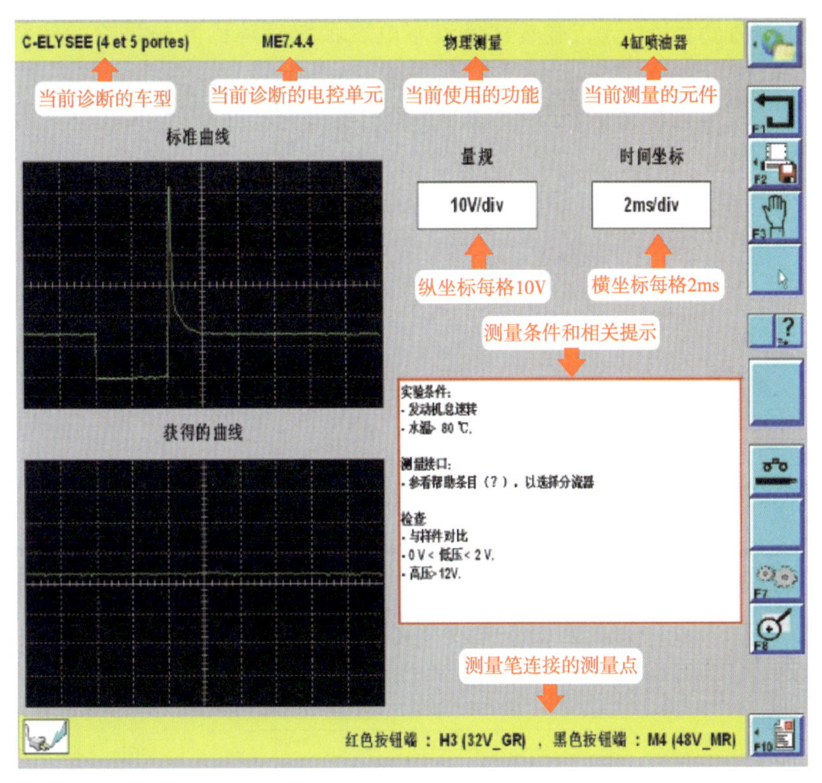

图1-27　电控元件有故障的波形

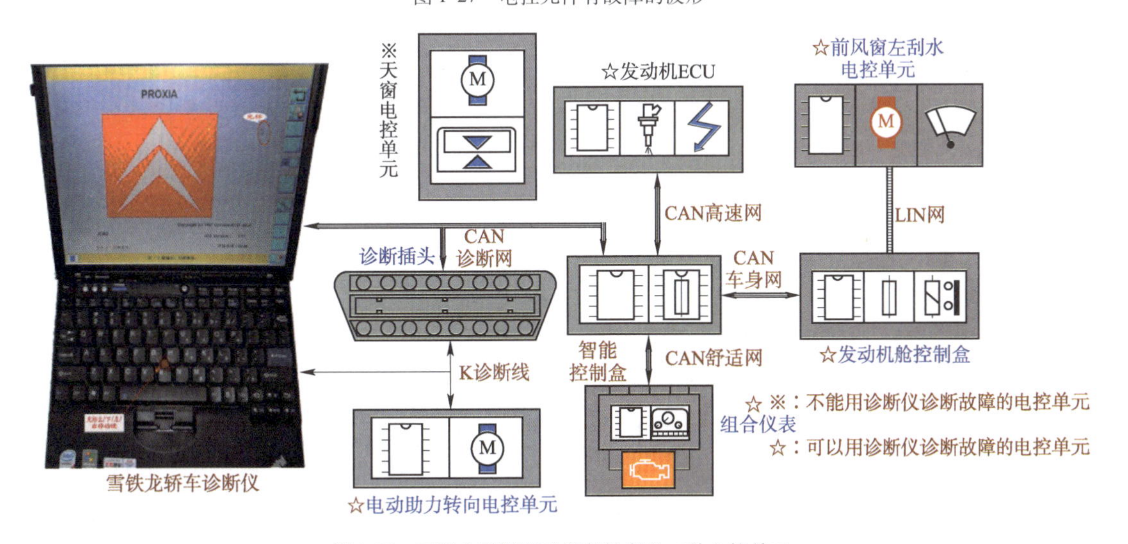

图1-28　可以和不能用诊断仪诊断的二种电控单元

❸ 用工作原理和电路图解析电气系统的故障

当用外观检测法和诊断仪检测法都没有发现或找出汽车电气系统存在的故障（这种故障我们视为疑难故障）时，只能通过人脑仔细研究解读汽车电气系统的运行原理、信息传递路线、电路原理等，并借助诊断仪提供的故障电气系统和相关电气系统的检测信息，来认真分析和定位电气系统的故障点和故障部位（如汽车电气系统漏电，造成蓄电池经常亏电不能起动发动机、蓄电池寿命显著缩短)。显然这是汽车电气系统故障诊断与排除的较高层次。下面举一例案例对此加以说明。

有一辆 C5 的轿车在行驶了 5 万 km 后,突然出现天窗打开后,按天窗开关时天窗无法关闭的故障。

C5 轿车天窗控制电路如图 1-29 所示,从电路图可知天窗电控单元 6811 上没有车载网络的网线和诊断 K 线,不能用诊断仪诊断天窗电气系统的故障。经过分析和研究,可将 C5 轿车天窗电气系统的工作(或运行)原理用图 1-30 所示的简图来描述。

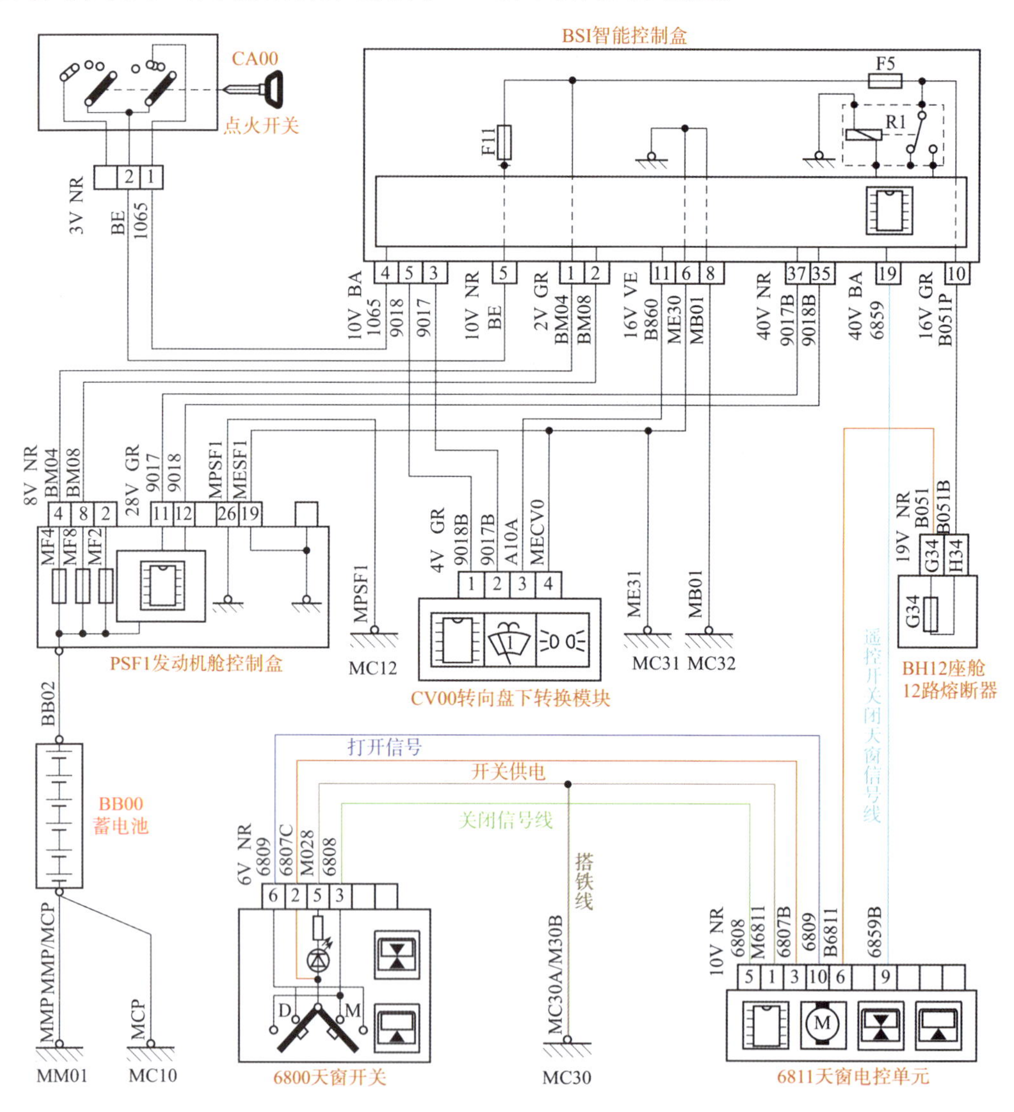

图 1-29　新 C5 轿车天窗控制电路图

通过对天窗电气系统电路图和运行原理的分析可知:造成天窗不能关闭的原因主要有三个:①天窗电控单元供电有故障;②天窗电控单元中控制关闭的电路部分有故障;③天窗开关或相关连接电路有故障。但在本案例中,天窗能打开,可以判定天窗电控单元供电没有故障;后来在故障检测过程中发现,按钥匙遥控器时天窗能正常关闭,这说明天窗电控单元中

控制关闭的电路没有故障；所以造成本案例天窗不能关闭的原因只能是天窗开关或连接电路有故障。

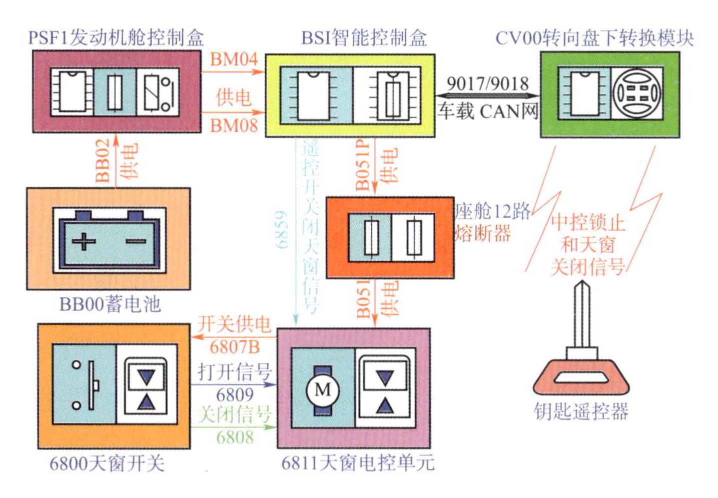

图1-30　C5轿车天窗电气系统的工作(或运行)原理

天窗开关6800将打开和关闭天窗的请求信号发送给天窗电控单元6811，电控单元6811控制天窗的打开和关闭。可见电控单元6811是天窗电气系统的核心元件，现将6811天窗电控单元上各导线的作用分析填写在表1-4中。根据对电控单元上各导线的分析，用数字万用表检测6811天窗电控单元上的10脚和5脚的导线时，发现按压天窗开关6800时，10脚上的电位有变化，而5脚上的电位始终为0V。由此判断5脚上导线6808断路，将断路部位找到并修复后，本案例的故障被排除。

6811天窗电控单元ECU上的导线分析　　表1-4

导线编号	导线作用	分析说明
B6811	为天窗电控单元ECU供电	供电路径是：蓄电池→导线BB02→PSF1的MF4→导线BM04→BSI的F5→导线B051P→BH12的G34→导线B051/B6811
6807B	为天窗开关和照明二极管供电	照明二极管供电的走向是：电控单元6811上导线6807B/6807C→开关6800中发光二极管、电阻→导线M02B/M03B/M03A→搭铁点MC30
6809	打开信号	由天窗开关6800发出的请求天窗ECU6811打开天窗的信号
6808	关闭信号	由天窗开关6800发出的请求天窗ECU6811关闭天窗的信号
M6811	搭铁线	它是天窗ECU6811的电源负极

综上所述，现在汽车的电气系统越来越多(目前中档轿车的电气系统已达到30个以上)，各电气系统共同配合完成多种、复杂的功能(如汽车发动机电子防起动、ESP电气系统、在拥堵道路上行驶时发动机自动熄火和起动的智能功能)。当前汽车4S网点维修人员检修汽车电气系统故障的一般流程是：用诊断仪和电路图来检测和分析电气系统的故障范围、部位和故障元件，然后更换故障元件、检修和更换故障线路。所以检测汽车电气系统的故障离不开诊断仪和电路图。汽车维修人员都应尽量用诊断仪来检测汽车电气系统的故障范围，用电路图来分析和判断汽车电气系统的故障原因和故障部位，根据诊断仪的提示和电路图的正确分析来更换故障元件和检测故障线路，切不可走入遇到汽车电气系统的故障后，不经过检测和分析就开

始盲目地更换电气系统元件，完全靠更换元件来排除故障的误区。

学习思考与拓展

1. 汽车电路由什么组成？各部分的作用是什么？
2. 汽车电路有哪些特点？
3. 汽车电路图有哪些类型？各类电路图的作用是什么？
4. 汽车电路中有哪些主要元器件？各元器件的主要作用是什么？
5. 检修汽车电路的方法有哪几种？
6. 用诊断仪检修汽车电气系统的主要方法有哪些？请各举一例加以说明。

单元2　车载网络的分析与检测

一、车载网络在汽车电路中的作用

为了提高汽车的动力性、经济性、安全性、操控性、舒适性，降低汽车排放污染，轿车上使用了大量的电控系统，一些中、高档轿车的电控单元多达几十甚至上百个。在汽车电路中，为了使这些电控系统相互配合、协调工作，高效传递信息通常用车载网络将这些电控系统联系起来，如图2-1所示。

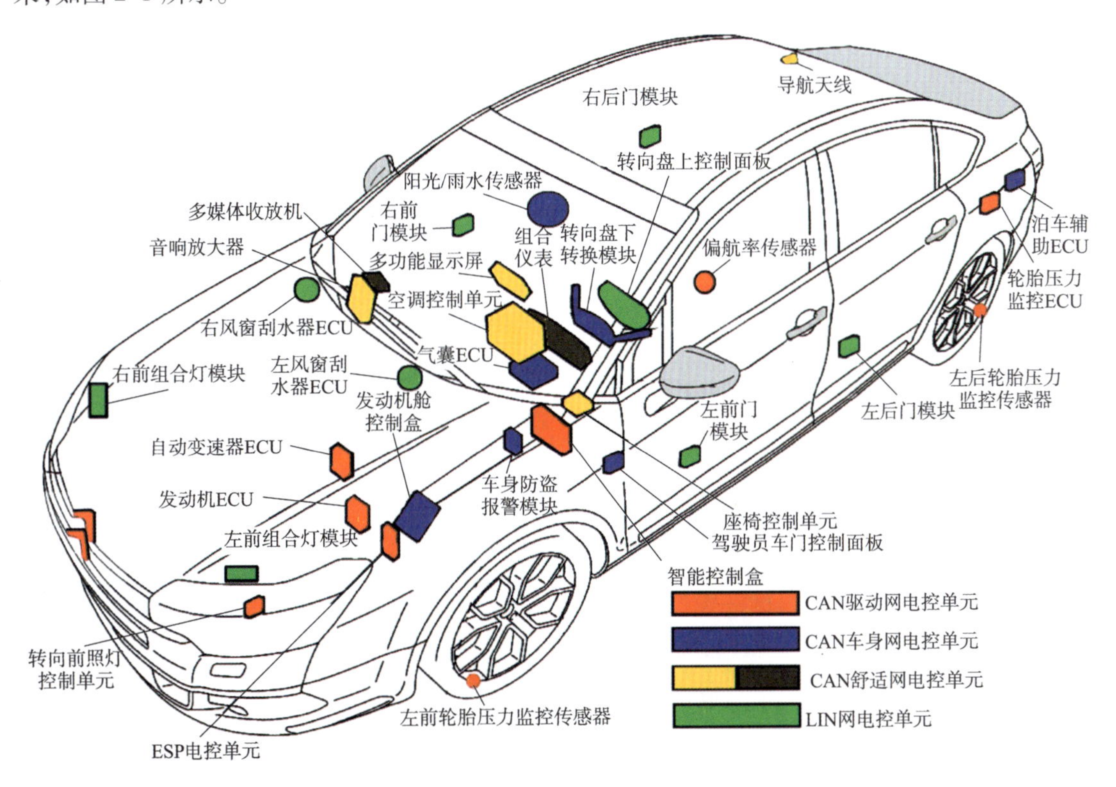

图2-1　东风雪铁龙轿车上电控单元和车载网络

1 利用车载网络传递信息，减少汽车电路中导线和插接器的数量

利用导线来传递信号，一根导线只能传递一个信号。在现代轿车上各电控单元之间有大量的信息需要相互传递，汽车电路中的导线和插接器的数量将迅猛增加。利用网络传递信息，只需要两根网线就可以传递所有的信息，这样就可以大大减少导线和插接器的数量。如示廓灯、前照灯、前后雾灯、转向灯、前后风窗刮水器等信号，用导线来传递，需二十几根导线、近十个插接器；用网络来传递这些信息，只需两根导线和一个插接器，如图2-2所示。

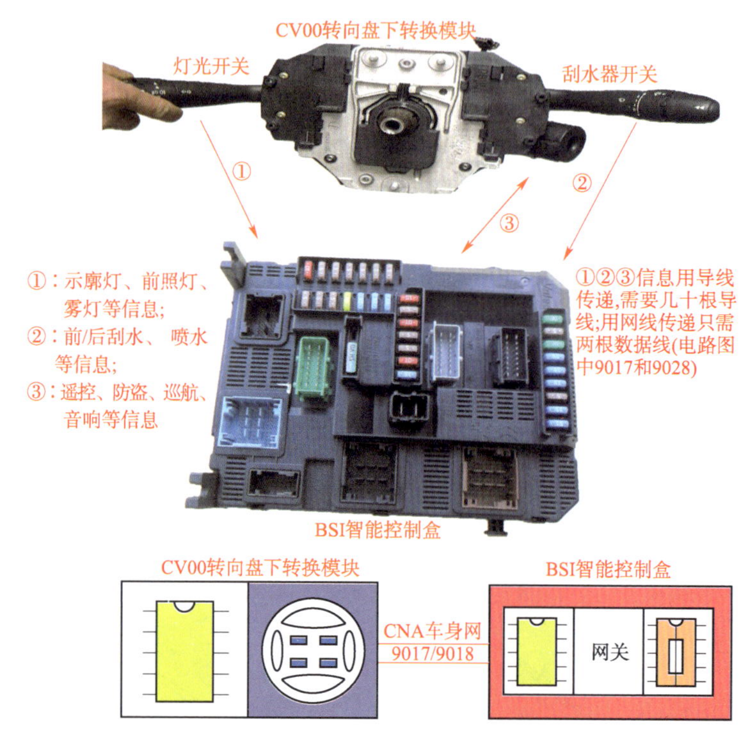

图 2-2　在两个电控单元之间用网线传递大量信息

❷ 利用车载网络可使传感器的信息高度共享,提高传递的速度,减少电控单元对数据重复处理的成本

以前在没有车载网络的车上,由于传感器的信息不能共享,四个电控单元需要冷却液温度信息,不但各自装备了一个冷却液温度传感器,而且各自需要一个处理冷却液温度的电路,如图 2-3 所示。

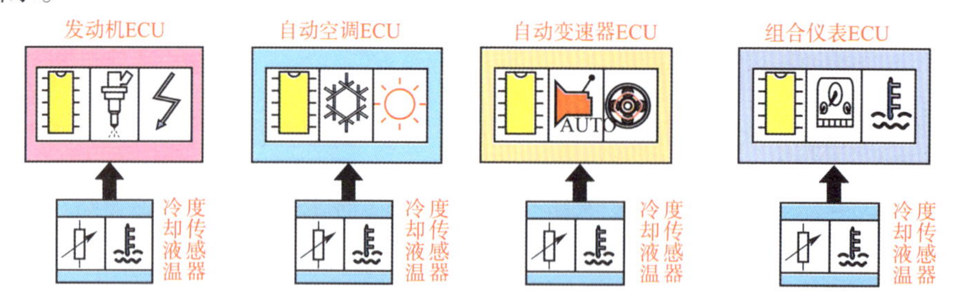

图 2-3　冷却液温度传感器的信息没有共享

装备了车载网络后,只需要为发动机 ECU 配备一个冷却液温度传感器,由发动机 ECU 将冷却液温度信号传递到网络上,自动变速器 ECU、组合仪表 ECU、自动空调 ECU 则可通过网络获取冷却液温度信号,如图 2-4 所示。信息共享后,可大大减小汽车电路中传感器的数量,简化汽车线路,降低故障率。

❸ 车载网络可使电控单元充分利用各传感器的信息,实行多方位控制,提高了控制质量

对点火提前角的控制是发动机 ECU 最重要的控制,而影响发动机点火提前角的因素很多,以前传统点火系只能根据发动机转速和发动机负荷控制点火,因此,点火控制的质量不高,

点火系故障率较高，如图2-5a)所示。使用车载网络后，可以将各电控系统中对点火有影响的因素，用传感器收集信息、然后通过网络将这些信息传递给发动机ECU，发动机ECU根据多种影响点火提前角的因素，对点火提前角进行多方位控制，这样可大大提高点火控制的质量，使发动机在各种工况下都能平稳运行，如图2-5b)所示。

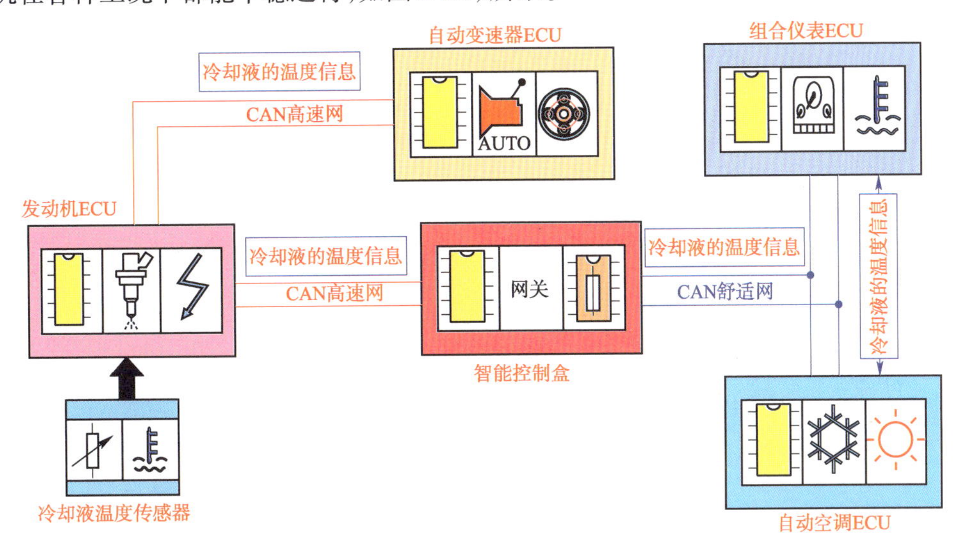

图2-4　冷却液温度传感器的信息共享

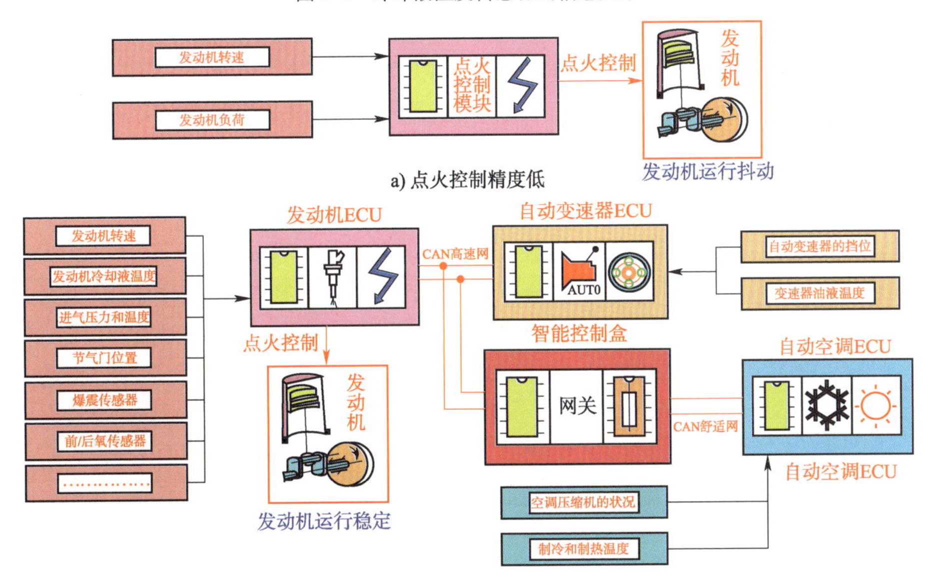

图2-5　二种控制点火的质量

4 电控单元在不增加或少增加元件的前提下，增加新的控制功能，提高车辆的舒适性和安全性

以前的中控锁系统只有单一的锁定和解锁车门的功能。在车上装备了车载网络后，中控锁系统增加了许多新的功能，如图2-6所示。

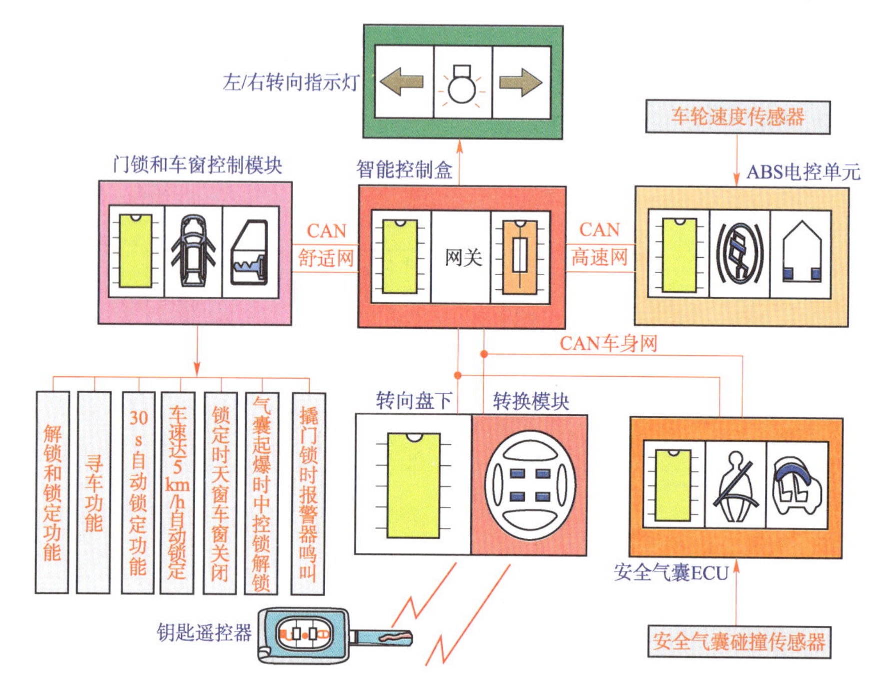

图 2-6　中控锁系统的新功能

特别需要指出的是，使用了车载网络后，中控锁系统在增加这些新的功能时，主要是通过增添电控单元的软件功能来实现的，并没有增加多少新的元件。使用车载网络后，为在不增加硬件或少增加硬件的前提下增加电控单元的功能，为通过软件升级来增加电控单元新的功能奠定了坚实的基础。

5 使用车载网络后，可使各电控单元相互协调和配合，共同完成大型、复杂的控制功能

例如实现对车辆的稳定性控制是一项大型的复杂的功能，需要多个电控单元相互协调和共同配合才能完成，如图 2-7 所示。

在对车辆进行稳定性控制的过程中，ESP 电控单元通过车载网络，用转向盘角度传感器检测驾驶员的意愿，用偏航率传感器来检测车辆的实际运行轨迹。当车辆的实际运行轨迹与驾驶员的意愿不一致时，ESP 电控单元一方面通过自带的液压单元对四个车轮的制动力进行合理的分配和调整，另一方面通过车载网络通知发动机 ECU 用电子节气门等来调整发动机的驱动力；转向盘上控制模块把定速、巡航信号、组合仪表把 ESP 的关闭信号、自动变速器把挡位信号、制动开关把制动信号、车轮速度传感器把车速信号通过车载网络或直接传递给 ESP 电控单元，ESP 电控单元则用这些信号对自己的控制指令和方案进行修正，使相关电控单元共同配合、协调工作，共同实现对车辆稳定性控制的复杂功能。

6 车载网络应用于现代轿车后，汽车电控系统故障的诊断与检测发生了质的变化

通过集成在诊断插头上的诊断网对所有连接在车载网络上电气系统进行诊断，同时利用网络是传递信息的公共通道这一特点，可以更快、更准确地找到电气系统的故障部位。而没有车载网络的车辆，一旦电气系统出现故障，要依赖人工对汽车电气系统复杂的线束和大量的导线、插接器逐个测量，还需要对相关电器依次检测，整个过程非常费时费力。如世嘉轿车上，出现接通刮水器开关、前风窗刮水器不工作的故障，按照传统的方法，需要检测刮水器开关、转向

盘下转换模块、智能控制盒、发动机舱控制盒、前风窗刮水器电机及其线路。利用车载网络检查的方法是:第一步操作诊断仪进入智能控制盒电控单元,对前风窗刮水器电机进行执行机构测试,测试结果为刮水器电机能正常工作,由此可判定智能控制盒、发动机舱控制盒、前风窗刮水器电机以及它们之间的线路没有故障;第二步打开灯光开关,如示廓灯、近光灯、远光灯中只要有一个灯能点亮,说明转向盘下转换模块、智能控制盒以及它们之间的线路也没有故障。经过简单的检查,就可以把本故障锁定在刮水器开关或开关与转向盘下转换模块之间的电路连接这一很小的范围之内,如图2-8所示。

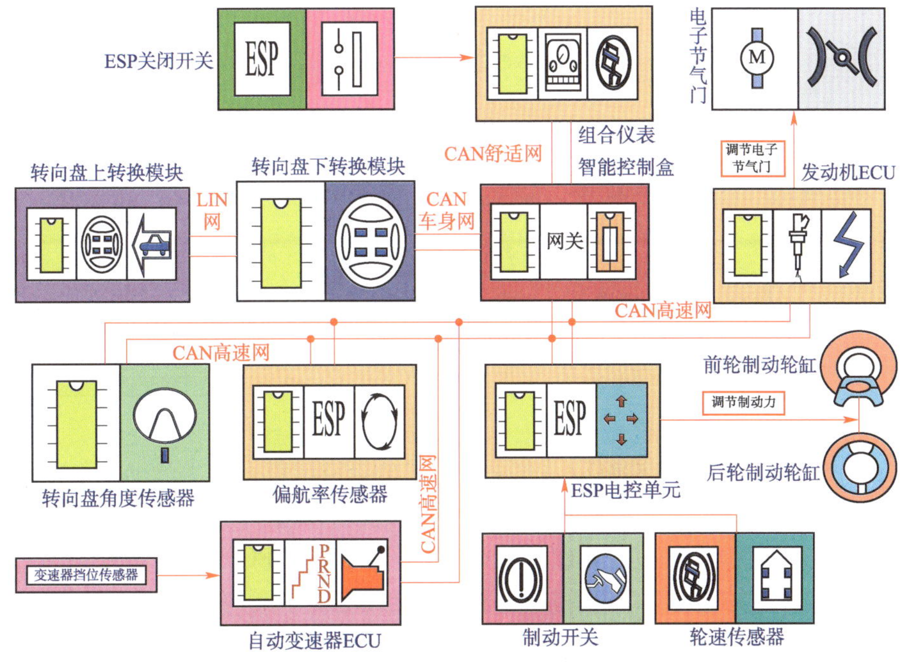

图2-7　多个电控单元共同配合完成车辆的稳定性控制

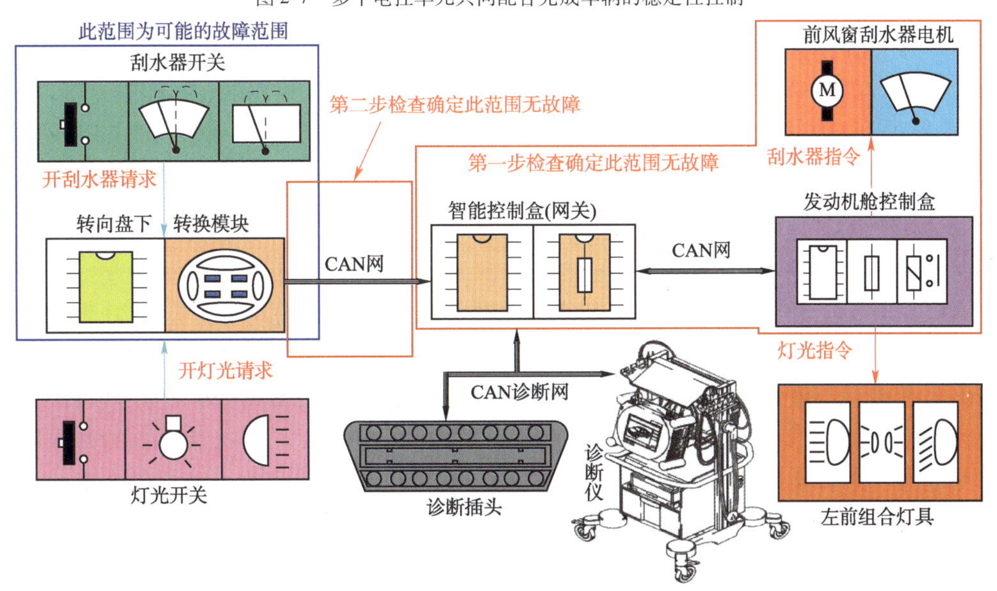

图2-8　利用车载网络来诊断刮水器不工作的故障

二、车载网络的电路结构

下面以东风雪铁龙轿车为例介绍其车载网络的电路结构，东风雪铁龙轿车上电控单元的布置如图2-1所示，各电控单元分布在CAN高速网、CAN车身网、CAN舒适网和LIN网中，车载网络的总体结构如图2-9所示。

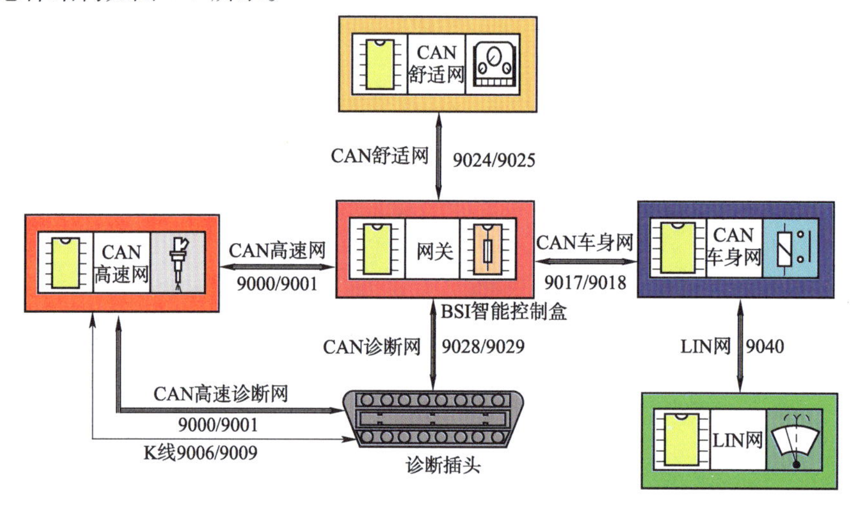

图2-9 东风雪铁龙轿车车载网络的总体结构

CAN高速网(传输速度为500kb/s)用来在数据传输速度要求很高的动态电控单元(如发动机ECU、自动变速器ECU、ABS/ESP电控单元等)之间传递信息;CAN舒适网(传输速度为250kb/s)用来在舒适性电控单元(如组合仪表、双区自动空调ECU、多媒体音响等)之间传递信息;CAN车身网(传输速度为250kb/s)用来在安全性电控单元(如安全气囊、发动机舱控制盒、转向盘下转换模块等)之间传递信息;LIN网(传输速度为19.2kb/s)因网速低、价格便宜，用来在信息传输速度要求不高的电控单元(如发动机舱控制盒、左风窗刮水器ECU、右风窗刮水器ECU等)之间传递信息;CAN高速诊断网(传输速度为500kb/s)主要用来诊断发动机方面的排放故障，为CAN高速网上的电控单元加载升级软件;CAN诊断网(传输速度为500kb/s)主要用来诊断车载网络中各电控单元的故障，为CAN舒适网和CAN车身网上的电控单元加载升级软件、设置各电控单元的装备和功能。不同网络有不同的通信协议，在东风雪铁龙轿车上，智能控制盒BSI是网关，由BSI来控制和管理不同网络之间的信息传递。

1 CAN高速网

CAN高速网包括的电控单元有:BSI智能控制盒(在仪表台的左下方)、1320发动机ECU(在蓄电池后方)、1630自动变速器ECU(在发动机舱左方、变速器壳体上)、7800 ESP电控单元(ESP电控单元与液压单元集成为一体，它装在发动机舱左侧，蓄电池的前方)、7130转向盘角度传感器(注:它实际上也是一个具有ECU功能的元件，装在转向盘下方的转向柱上)、6606转向前照灯系统ECU(在蓄电池的右侧)、7600轮胎气压监测ECU(在行李舱左侧)、7804偏航率传感器(注:它实际上也是一个具有ECU功能的元件，装在驾驶室变速器换挡杆附近的车辆中轴线上)等电控单元。各电控单元的外形和在电路中的连接关系如图2-10所示。

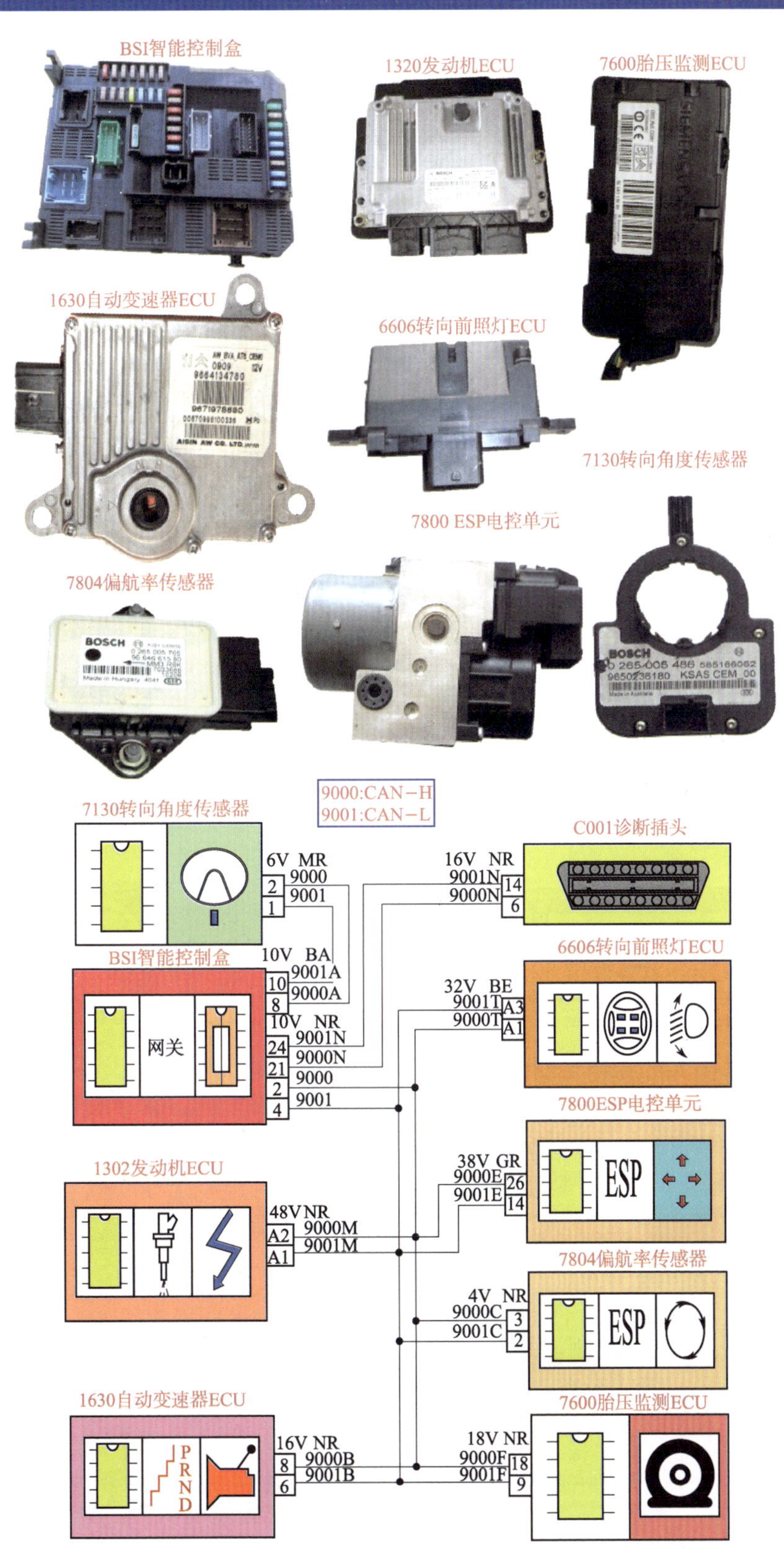

图 2-10　CAN 高速电控单元的外形和连接关系

另外，CAN 高速网有两根网线，它们是：CAN－H（CAN 高），两根网线中编号小的网线，如 9000；CAN－L（CAN 低），两根网线中编号大的网线，如 9001。

2 CAN 车身网

CAN 车身网包括的电控单元有：BSI 智能控制盒、CV00 转向盘下转换模块（在转向盘下方）、PSF1 发动机舱控制盒（在发动机舱左侧）、5008 雨水阳光传感器（在前风窗玻璃正中间）、6570 安全气囊 ECU（在驾驶室变速器换挡杆前方）、8600 防盗报警控制盒（装在发动机舱左下方）。CAN 车身网各电控单元的外形和在电路中的连接关系如图 2-11 所示。

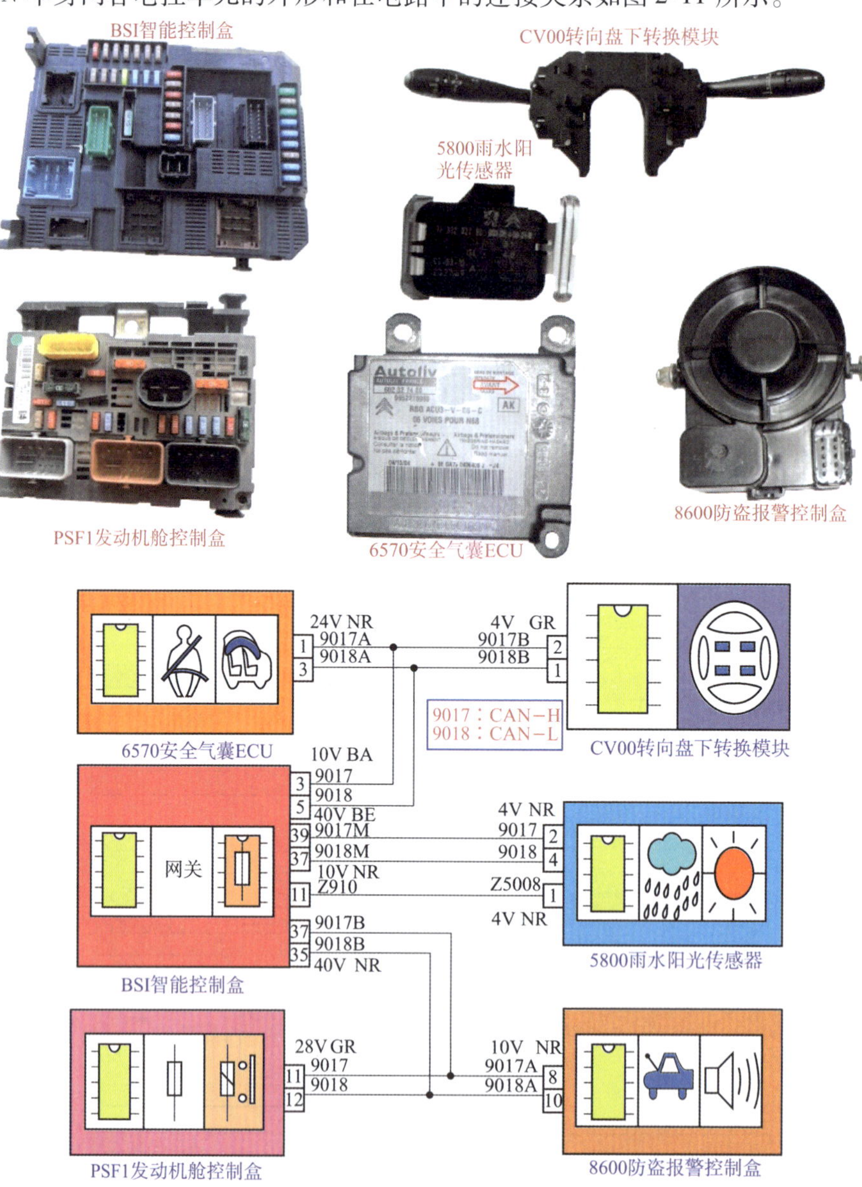

图 2-11　CAN 车身网各电控单元的外形和连接关系

CAN 车身网有三根网线，它们是：+CAN，导线编号中以“Z”开头，如雨水阳光传感器插头 1 脚上的导线 Z5008，+CAN 是由 BSI 内继电器控制的、为 CAN 车身网和 CAN 舒适网电控单

元提供的供电;CAN - H(CAN 高),两根网线中编号小的网线,如 9017;CAN - L(CAN 低),两根网线中编号大的网线,如 9018。

❸ CAN 舒适网

CAN 舒适网包括的电控单元有:BSI 智能控制盒、0004 组合仪表(在仪表台左上方)、6036 驾驶员车窗后视镜控制面板(在左前车门开关面板上)、6338 驾驶员座椅记忆控制盒(在驾驶员座椅下方)、7215 多功能显示屏(装在仪表台中部)、7500 泊车辅助 ECU(装在行李舱左侧)、自动空调 ECU(装在空调控制面板上)、音响放大器(装在仪表台右下方)、汽车音响(在空调控制面板的下方)。CAN 舒适网电控单元的外形和在电路中的连接关系如图 2-12 所示。

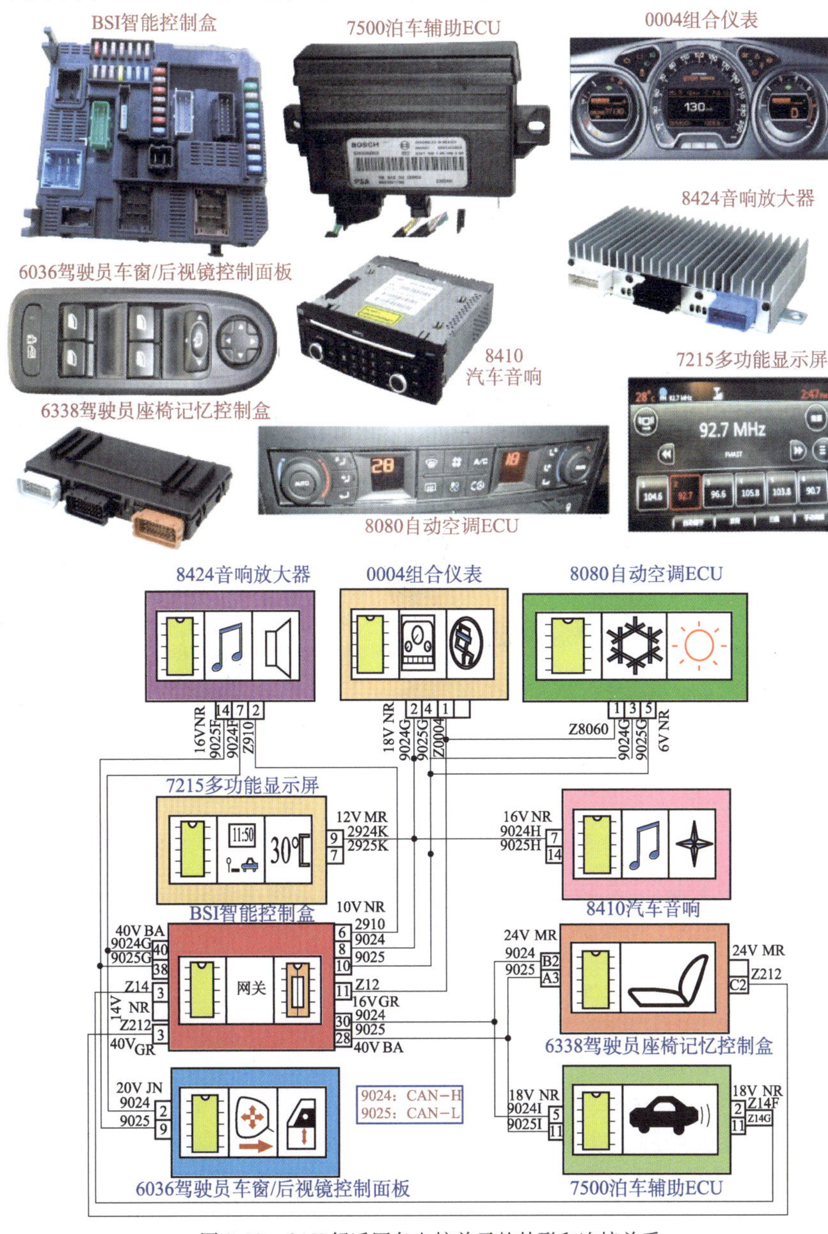

图 2-12 CAN 舒适网各电控单元的外形和连接关系

CAN 舒适网有三根网线,它们是:+CAN,导线编号中以“Z”开头,如组合仪表插头 1 脚上的导线 Z0004, +CAN 是由 BSI 内继电器控制的,为 CAN 舒适网和 CAN 车身网电控单元提供的供电;CAN-H(CAN 高),两根网线中编号小的网线,如 9024;CAN-L(CAN 低),两根网线中编号大的网线,如 9025。

❹ LIN 网

东风雪铁龙轿车上有四个 LIN 网,一是转向盘上控制模块 VMF(在转向盘上方,上面布置有定速、巡航、音响、导航、电话、多功能显示屏调整等按键)与转向盘下转换模块 CV00 组成的 LIN 网;二是电动车窗系统组成的 LIN 网,包括的电控单元有:6036 驾驶员车窗后视镜控制面板(装在左前车门上)、6404 乘客后视镜照明控制盒(装在右前车门内饰板左上方)、6032/6031/6132/6131 四个车窗控制模块(装在各车门内饰下部);三是转向前照灯系统组成的 LIN 网,包括的电控单元有:6606 转向前照灯 ECU(装在蓄电池右侧)、2010/2015 左、右前照灯 ECU(装在左、右前照灯总成内);四是前风窗刮水器系统组成的 LIN 网,包括的电控单元有:5025 左刮水器 ECU 和右刮水器 ECU(分别装在前风窗玻璃下方的左侧和右侧)。LIN 网电控单元在车上的外形和在电路中的连接关系如图 2-13 和图 2-14 所示。LIN 网只有一根网线(如 9040、9043、9046、5010 等)。

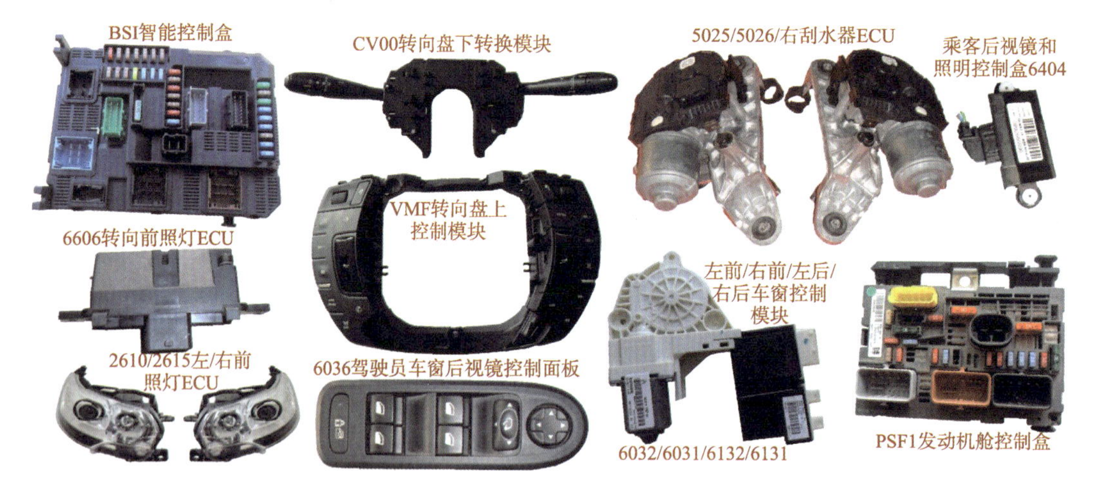

图 2-13　LIN 网各电控单元的外形

CAN 高速网的数据传输速度为 500kb/s;CAN 车身网和 CAN 舒适网的数据传输速度为 250kb/s;LIN 网的据传输速度为 19.2 kb/s。在东风雪铁龙轿车上由智能控制盒 BSI 来管理和协调各个网络之间的通讯。为了防止电磁干扰,将同一网络的两根数据线绞在一起,如图2-15 所示。

三、车载网络的特性和检测

车载网络是将汽车上各电控单元联系起来,使各电控单元之间高效传递信息、相互配合、协调工作、共同完成各种控制功能的重要纽带和桥梁。熟悉车载网络电路的特性,对于判断车载网络是否正常工作、各电控系统与车载网络相关联的故障具有重要意义。下面对东风雪铁龙轿车车载网络电路的主要特性和检测说明如下。

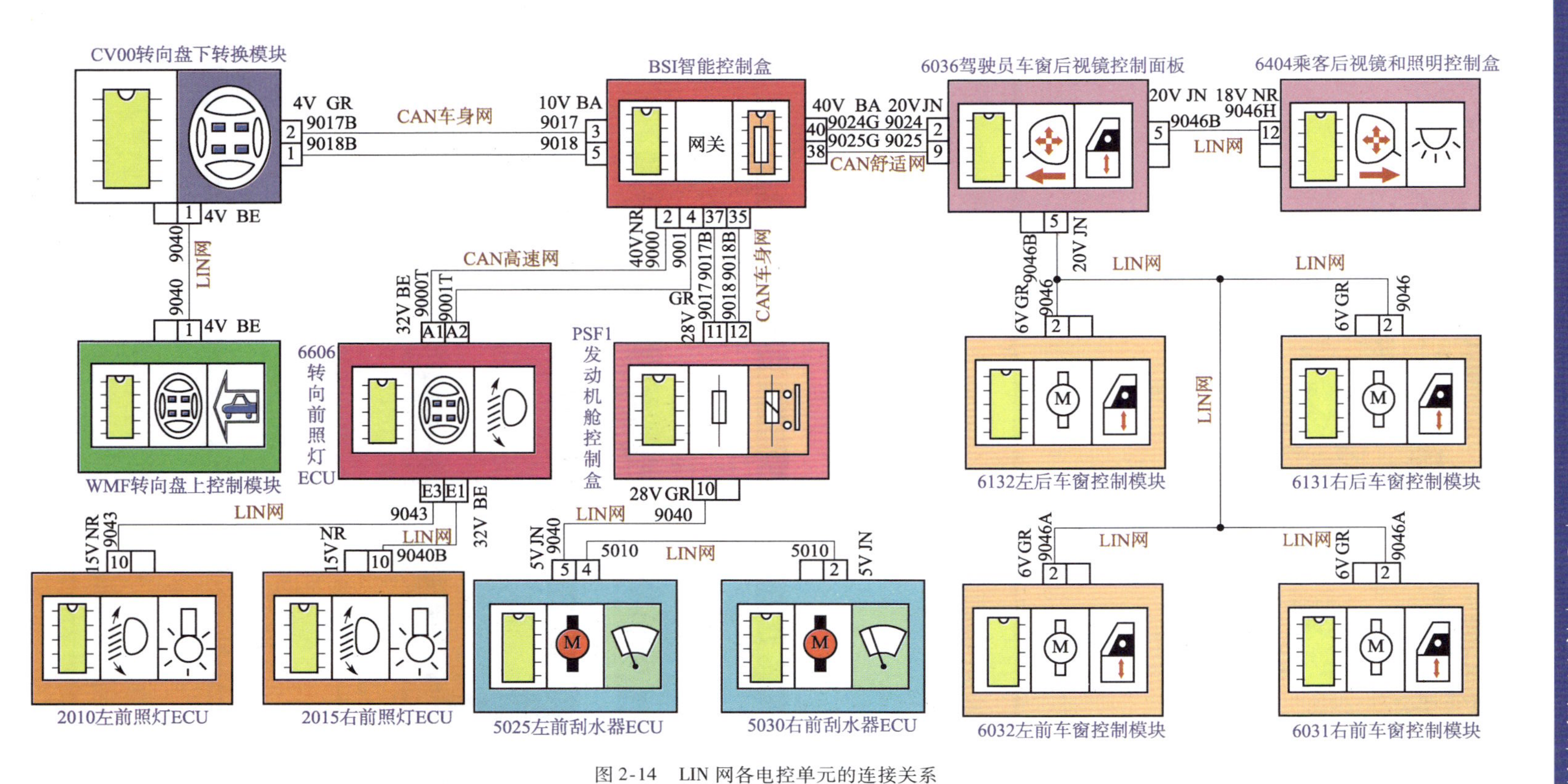

图2-14　LIN网各电控单元的连接关系

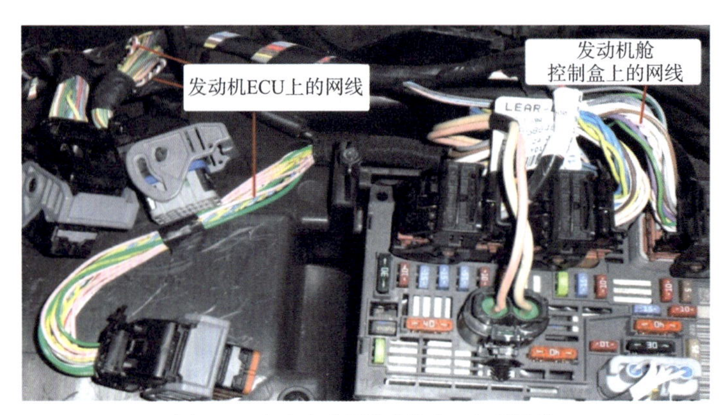

图 2-15　汽车车载网络中绞在一起的网线

❶ 网络的唤醒与休眠

车载网络的主要任务是汽车运行时，在各电控单元之间传递信息，帮助各电控单元完成各种控制任务。一般点火钥匙在点火挡（包括起动挡），车载网络就被唤醒进入工作状态，开始传递信息；一般发动机熄火后，关闭点火开关 1min 以后，CAN 高速网就进入不工作的休眠状态；关闭点火开关，网络上所有电控单元不工作 1.5min 左右以后，CAN 车身网和 CAN 舒适网就进入不工作的休眠状态。车载网络休眠的目的主要是为了在汽车各电控系统不工作时，节约蓄电池的电能。我们判断网络唤醒和休眠的简单方法是：仪表上有信息显示时，表示网络处在唤醒的工作状态；一般在组合仪表黑屏无信息显示时，表示网络处在休眠的状态，如图 2-16 所示。

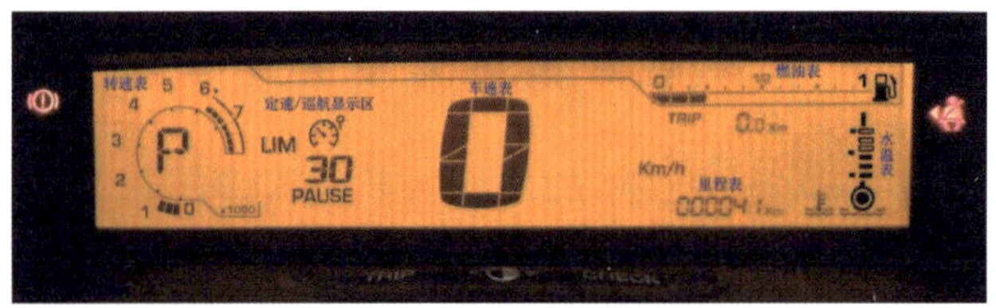

a)车载网络工作时，仪表上有信息显示

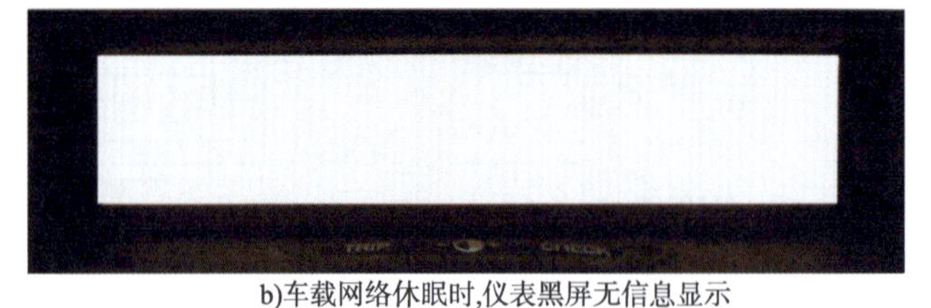

b)车载网络休眠时，仪表黑屏无信息显示

图 2-16　组合仪表在车载网络工作和休眠时的不同状态

❷ CAN 高速网电路的特性

CAN 高速网又称为动力网，它主要包含发动机 ECU、自动变速器 ECU、ESP 电控单元等，由于发动机喷油、点火的时间周期只有短暂的几毫秒，所以要求 CAN 高速网传递信息的速度很快（注：CAN 高速网的速率为 500kb/s）。

为了防止信号在网络上反弹，发动机 ECU 和智能控制盒被安排在 CAN 高速网的两端，它们内部各有一个 120Ω 的电阻，如图 2-17 所示，这两个电阻的作用是使信号从一端传递到另一端后被吸收掉，以防止前一个信号反弹回来后，对后一个信号造成干扰。CAN 高速网电路的部分特性见表 2-1。

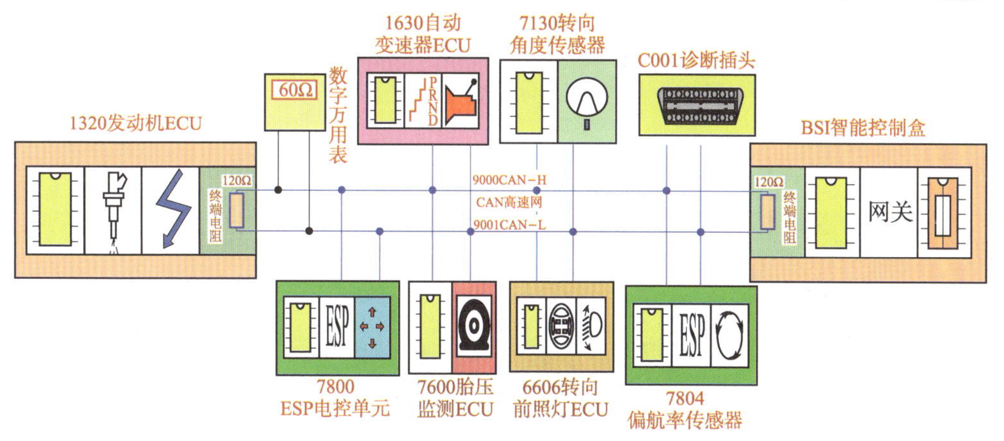

图 2-17　CAN 高速网上的终端电阻

CAN 高速网电路的部分特性　　表 2-1

网线编号	网线名称	工作状态时对搭铁电位	休眠状态时对搭铁电位	9000与9001两根网线之间电阻	网络唤醒的条件	网络休眠的条件
9000	CAN－H	2.6V	0V	60Ω	点火开关在点火挡	关闭点火开关1min以后
9001	CAN－L	2.4V	0V			
网络有故障时的现象	9000和9001两根网线中有一根断路、搭铁、接电源正极，CAN高速瘫痪，不能传递信息，且发动机不能起动(因发动机ECU、智能控制盒等必须通过CAN高速网进行防盗对话后，发动机ECU才能解锁起动)					

CAN 高速网工作时和休眠时，9000(CAN－H)、9001(CAN－L)的检测波形如图 2-18 至图 2-21 所示。

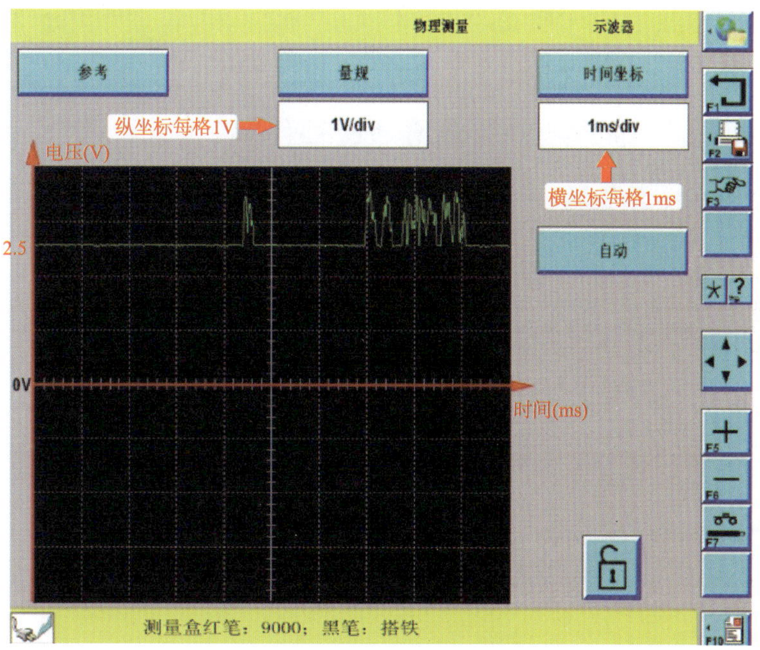

图 2-18　CAN 高速网工作时 9000 的波形

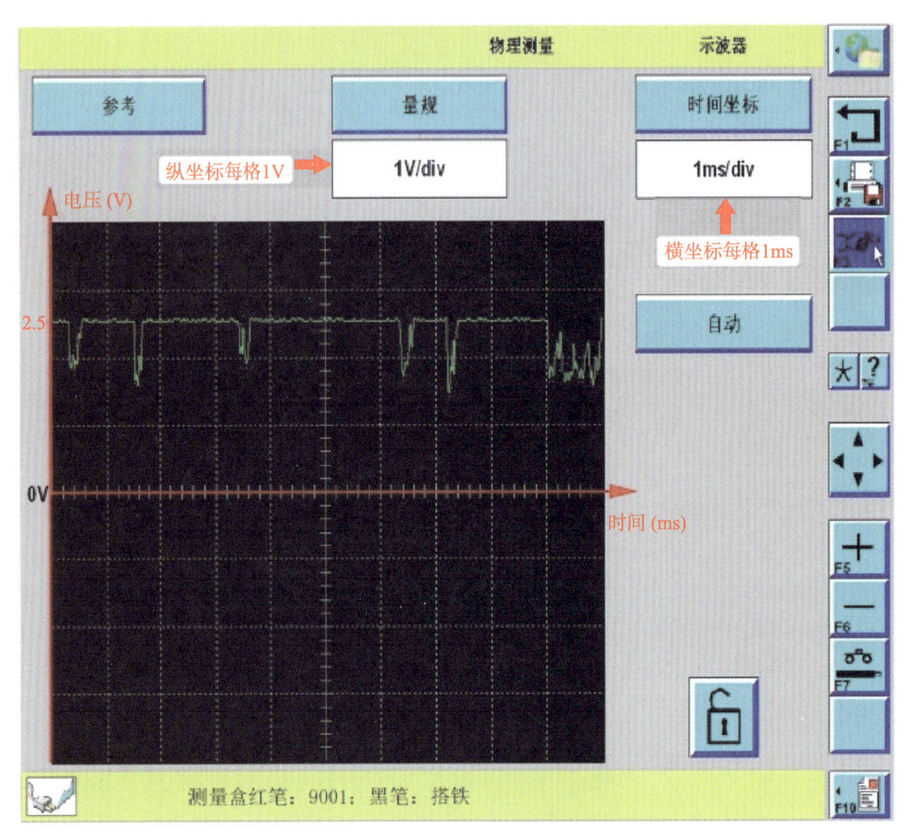

图 2-19　CAN 高速网工作时 9001 的波形

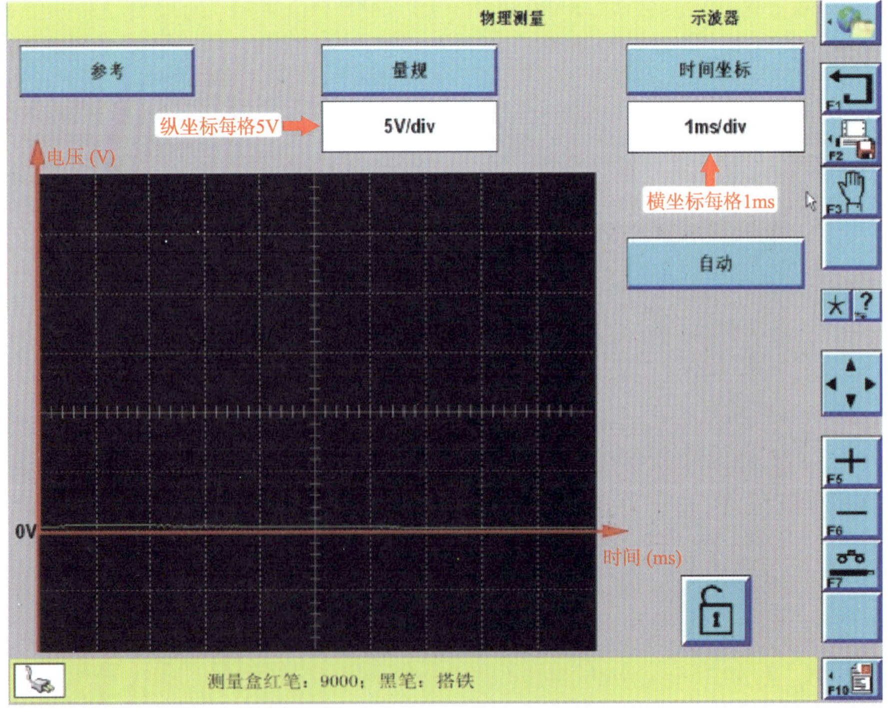

图 2-20　CAN 高速网休眠时 9000 的波形

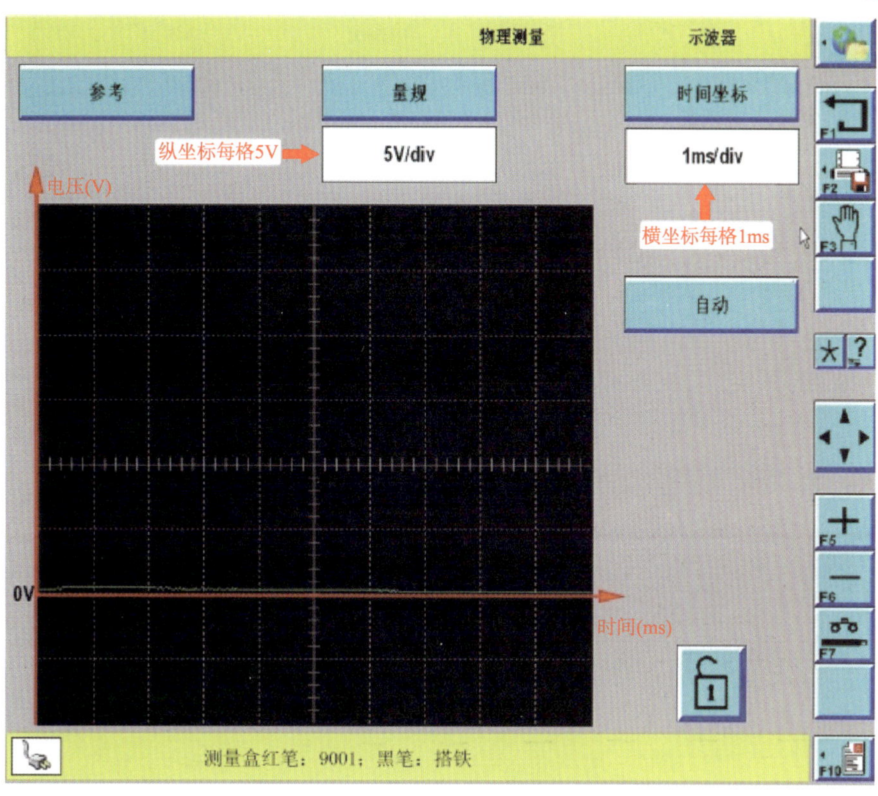

图 2-21　CAN 高速网休眠时 9001 的波形

❸ CAN 车身网电路的特性

CAN 车身网主要包含智能控制盒 BSI、安全气囊 6570 等管理车辆安全性功能的电控单元，它的传输速率为 250kb/s。CAN 车身网电路的部分特性见表 2-2。CAN 车身网的工作和休眠时的检测波形如图 2-22 至图 2-25 所示。

CAN 车身网电路的部分特性　　表 2-2

网线编号	网线名称	工作状态时对搭铁电位	休眠状态时对搭铁电位	9017 与 9018 两根网线之间电阻	网络唤醒的条件	网络休眠的条件
9017	CAN－H	0.3V 左右	0V	检测 9017 与 9018 两根网线的电阻无意义	任意一个电控单元工作	关闭点火开关，各电控单元都不工作 1.5 min 以后
9018	CAN－L	4.7V 左右	12V			
Z 开头的导线：Z5008	＋CAN	12～14V	0V			
网络有故障时的现象		9017 和 9018 两根网线同时断路、搭铁、接电源正极，CAN 车身网瘫痪，不能传递信息；且前照近光灯自动点亮，前风窗刮水器自动间隙刮扫				

❹ CAN 舒适网电路的特性

CAN 舒适网主要包含智能控制盒 BSI、组合仪表 0004、空调 ECU 等管理车辆舒适性功能的电控单元，它的传输速率为 250kb/s。CAN 舒适网电路的部分特性见表 2-3。CAN 舒适网的工作和休眠时的检测波形如图 2-26 至图 2-29 所示。

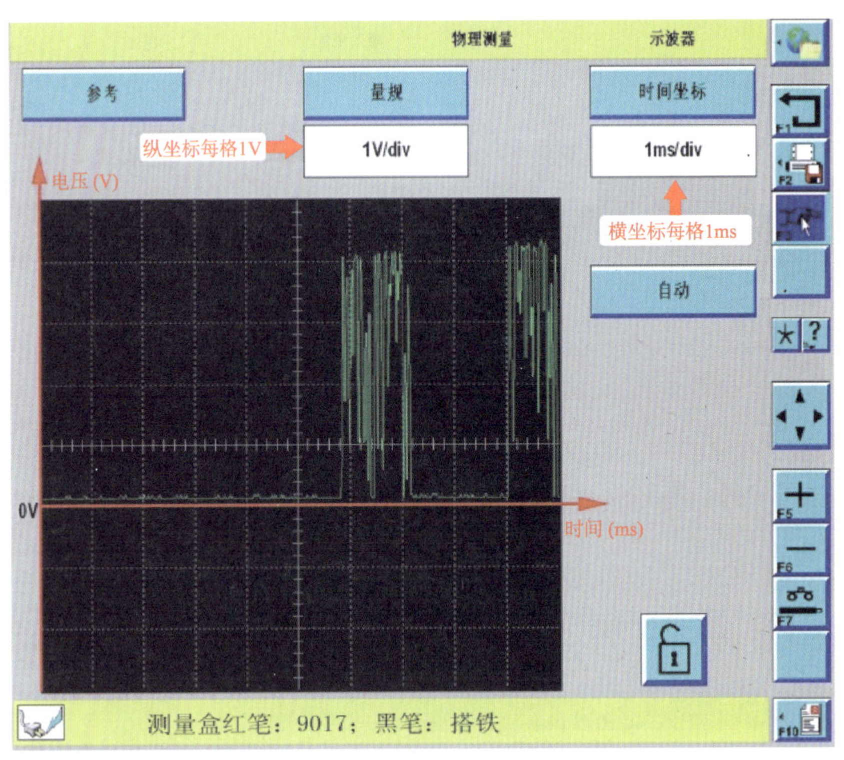

图 2-22　CAN 车身网工作时 9017 的波形

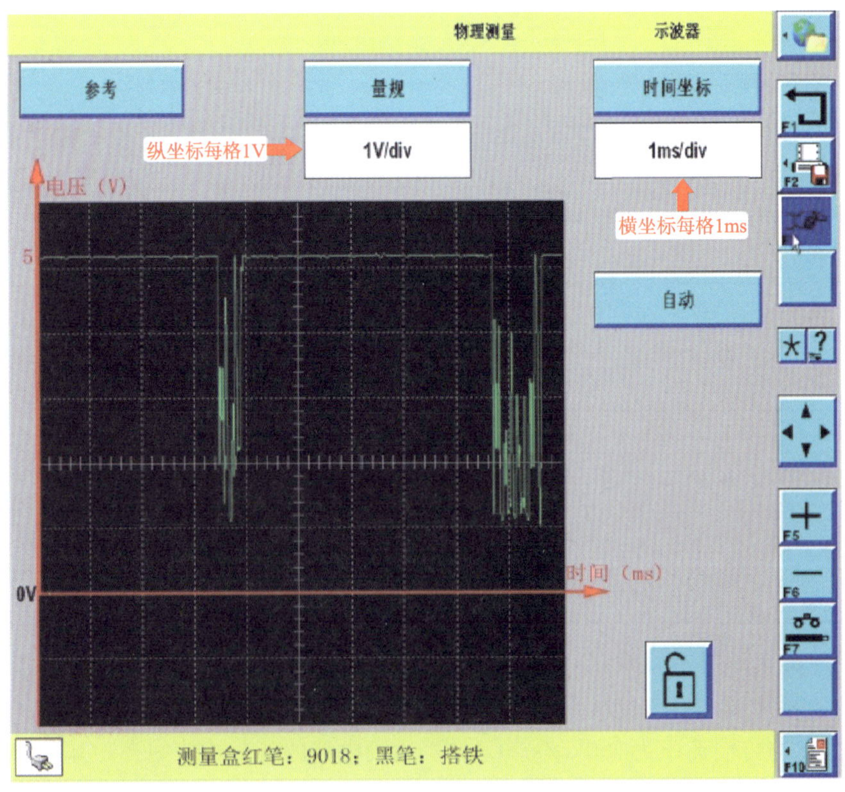

图 2-23　CAN 车身网工作时 9018 的波形

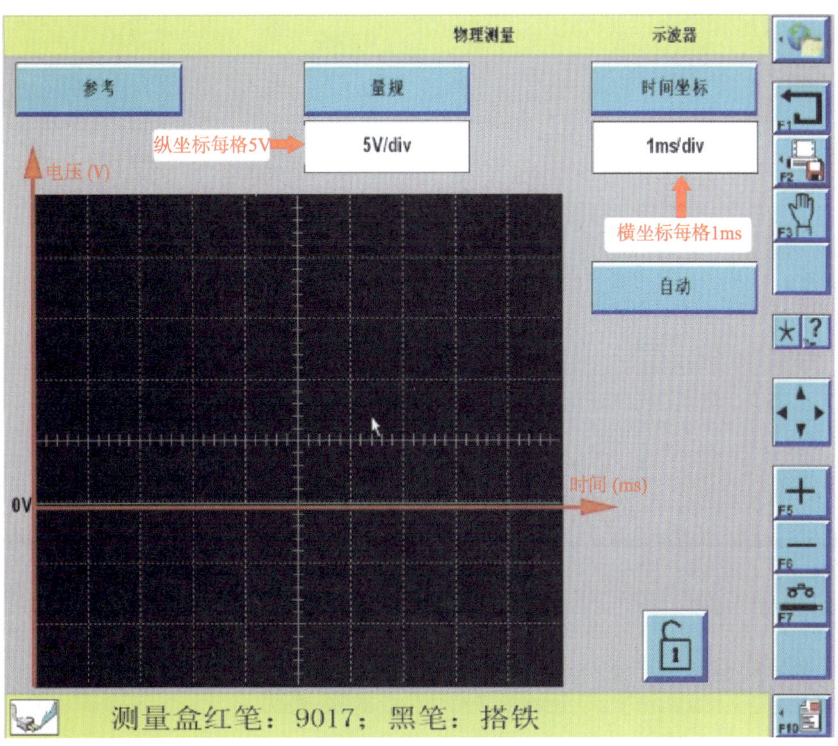

图 2-24　CAN 车身网休眠时 9017 的波形

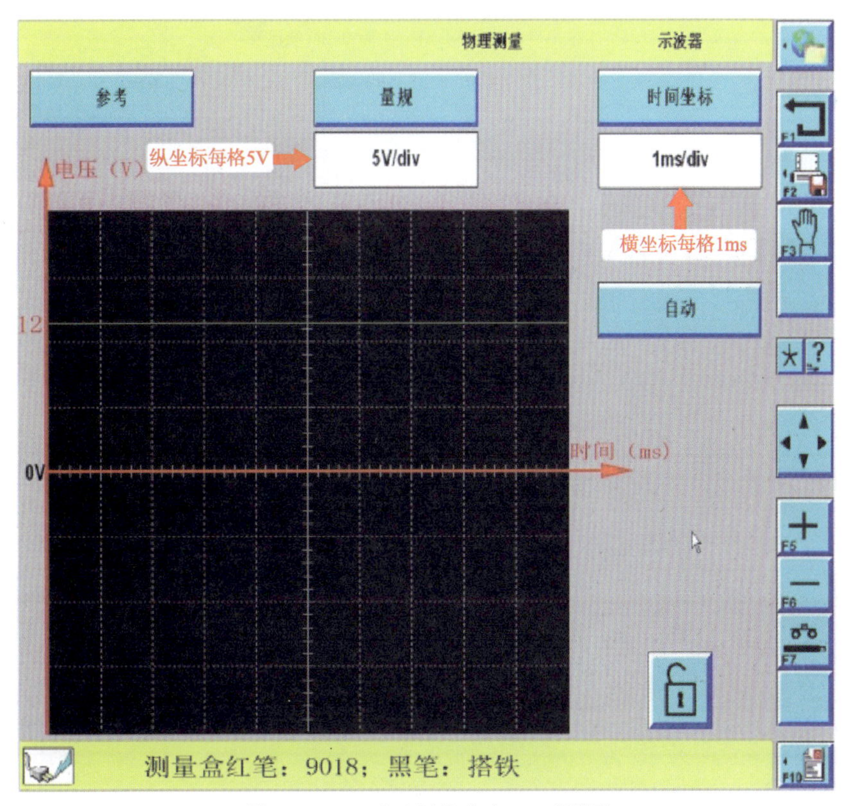

图 2-25　CAN 车身网休眠时 9018 的波形

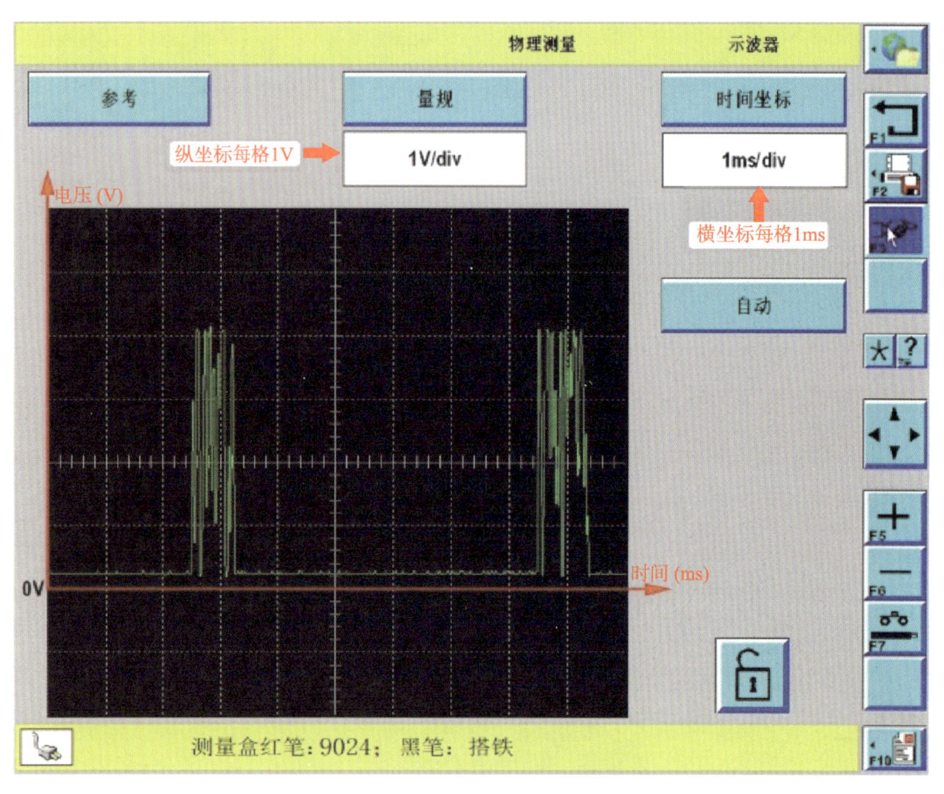

图 2-26 CAN 舒适网工作时 9024 的波形

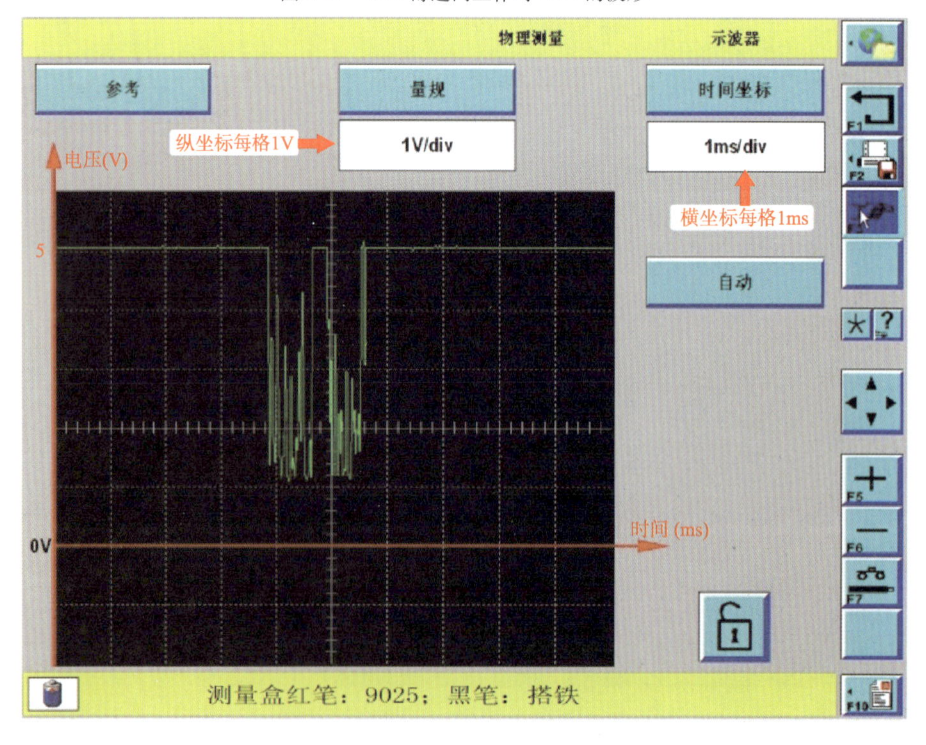

图 2-27 CAN 舒适网工作时 9025 的波形

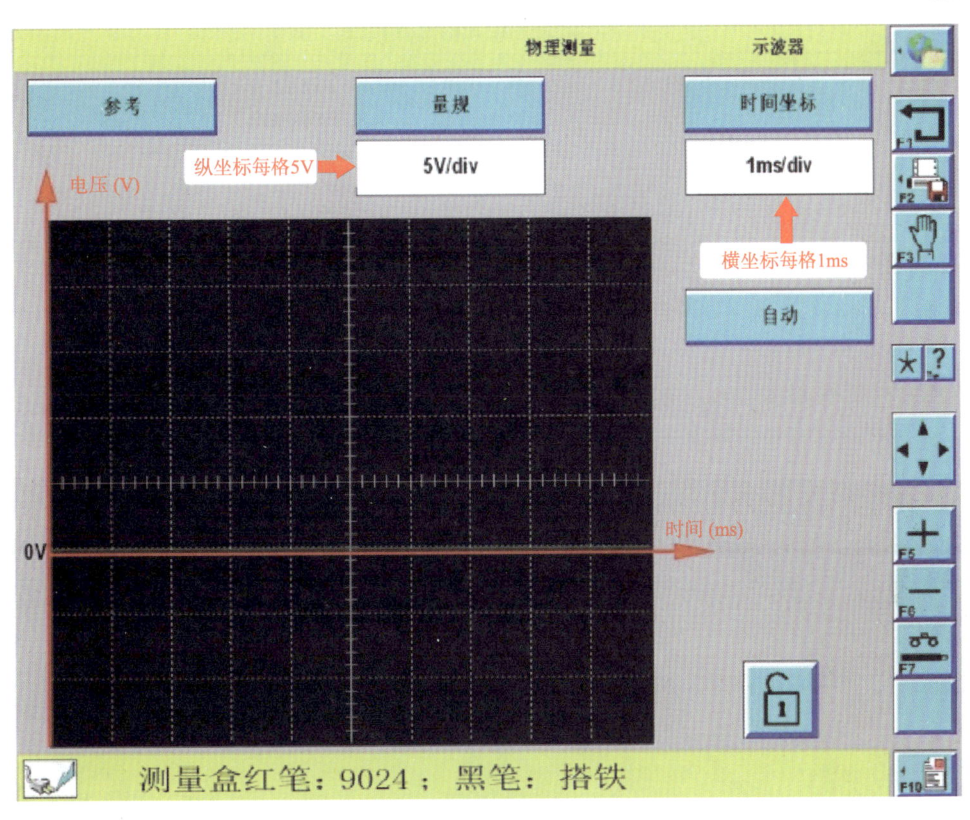

图 2-28　CAN 舒适网休眠时 9024 的波形

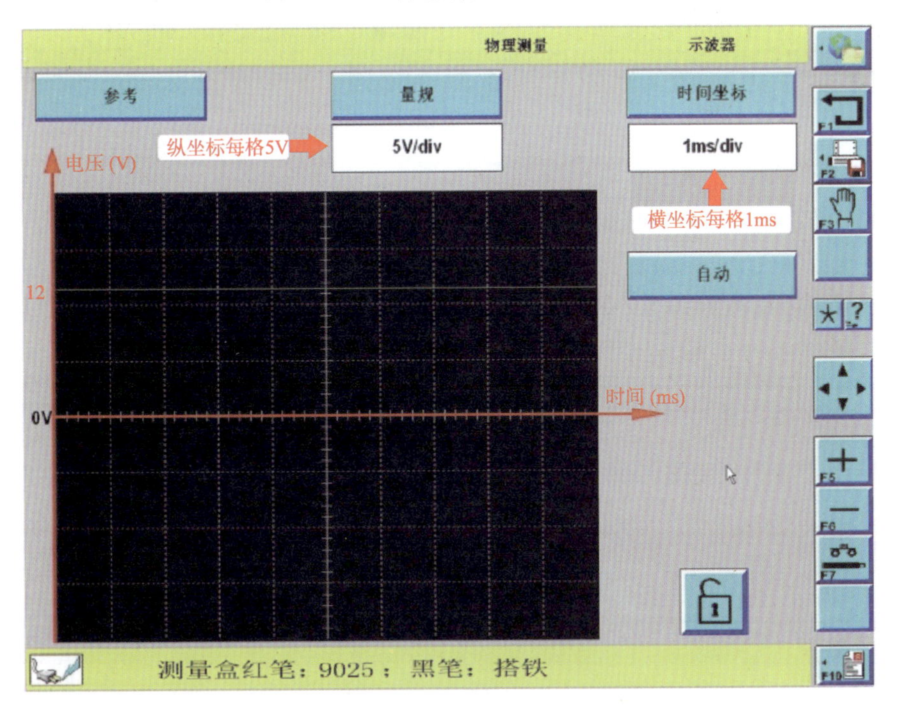

图 2-29　CAN 舒适网休眠时 9025 的波形

CAN 舒适网电路的部分特性　　表 2-3

网线编号	网线名称	工作状态时对搭铁电位	休眠状态时对搭铁电位	9024 与 9025 两根网线之间电阻	网络唤醒的条件	网络休眠的条件
9024	CAN－H	0.6V 左右	0V	检测 9024 与 9025 两根网线的电阻无意义	任意一个电控单元工作	关闭点火开关，各电控单元都不工作1.5min 以后
9025	CAN－L	4.4V 左右	12V			
Z 开头的导线；Z0004	＋CAN	12～14V	0V			
网络有故障时的现象	9024 和 9025 两根网线同时断路、搭铁、接电源正极，CAN 舒适网瘫痪，不能传递信息；且组合仪表上所有报警灯点亮如图 2-30 所示					

图 2-30　舒适网瘫痪时组合仪表上的显示

5 LIN 网电路的特性

LIN 网主要包含转向盘上控制模块 VMF、左刮水器 ECU、右刮水器 ECU 等信息传递速度要求不高的电控单元，它的传输速率为 19.2kb/s。LIN 网电路的部分特性见表 2-4。LIN 网的工作和休眠时的波形检测如图 2-31 和图 2-32 所示。

LIN 网电路的部分特性　　表 2-4

网线编号	网线名称	工作状态时对搭铁电位	休眠状态时对搭铁电位	网络唤醒的条件	网络休眠的条件
9040、9046、9043、5010	LIN 线	10V 左右	0V	任意一个电控单元工作	关闭点火开关，各电控单元都不工作 1.5min 以后
网络有故障时的现象		LIN 网线断路、搭铁、接电源正极，LIN 网瘫痪，不能传递信息			

注：①LIN 网与 CAN 车身网和舒适网同时休眠与唤醒；②LIN 网比 CAN 网传输速率低很多，汽车上使用 LIN 网的主要原因是 LIN 网比 CAN 网的成本低，在能满足使用要求的前提下，尽量使用 LIN 网，以节约成本。

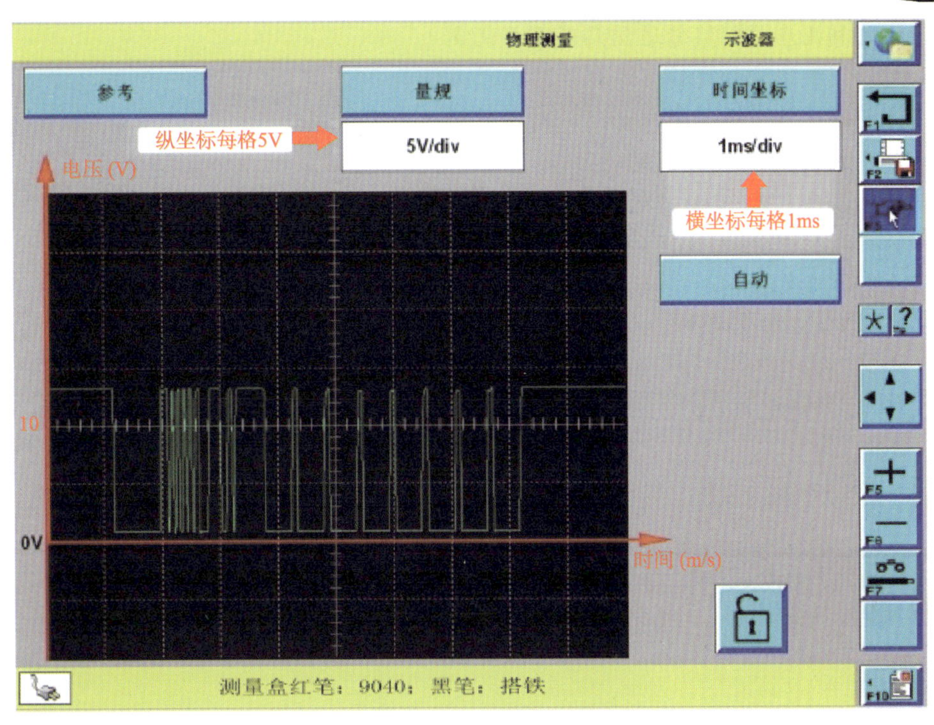

图2-31　LIN网工作时9040的波形

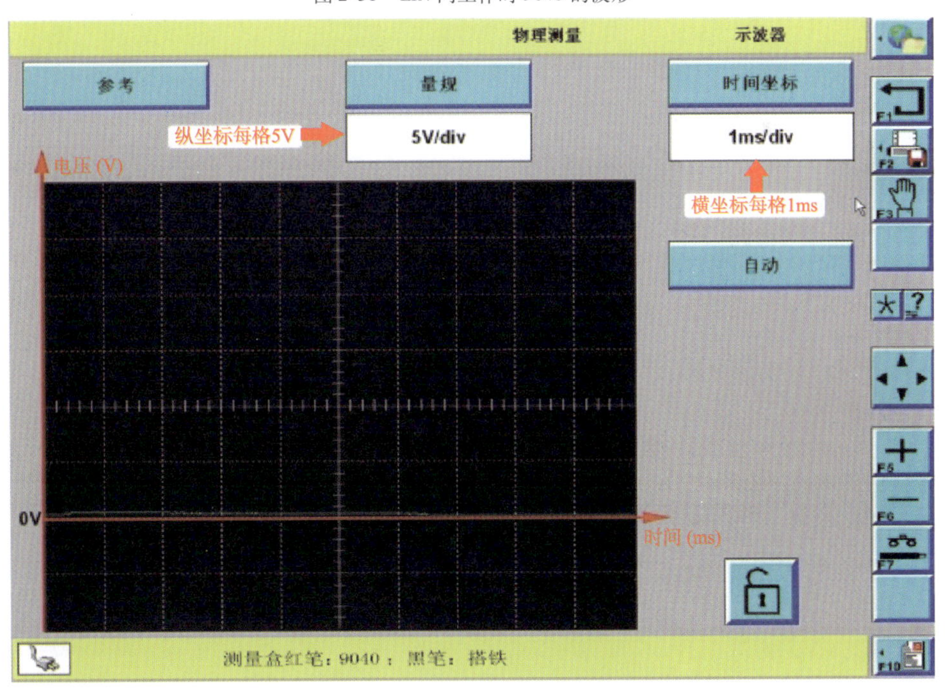

图2-32　LIN网休眠时9040的波形

学习思考与拓展

1. 在现代轿车上为什么要用车载网络将各电控单元连接起来？

2. 请简述利用车载网络传递信息有哪些优点。
3. 请用简图表达雪铁龙轿车车载网络的总体结构。
4. 车载网络为什么要休眠？如何判断车载网络处于休眠状态？
5. 请画表说明 CAN 高速网的特性。
6. 请画表说明 CAN 车身网的特性。
7. 请画表说明 CAN 舒适网的特性。
8. 请画表说明 LIN 网的特性。
9. 请简述 CAN 高速网、CAN 车身网、CAN 舒适网瘫痪后各有什么样的特点或表现形式。

单元3　发动机电喷系统电路分析与检测

一、发动机电喷系统的组成和主要元件的作用

东风雪铁龙 C5 轿车 2.3L 发动机电喷系统的组成和工作原理简图如图 3-1 所示。现对发动机电喷系统主要元件的作用说明如下。

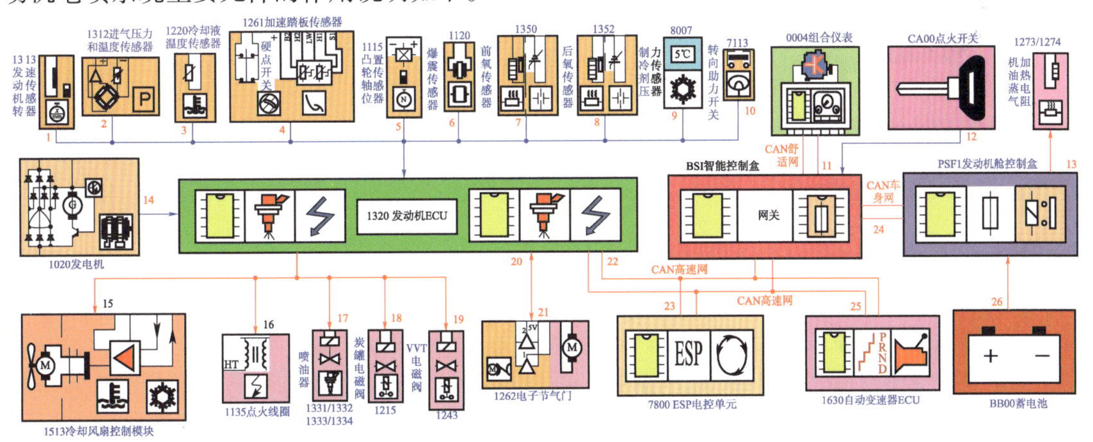

图 3-1　C5 轿车 2.3L 发动机电喷系统的组成和工作原理简图

❶ 发动机转速传感器 1313

发动机转速传感器装在发动机飞轮壳体上，传感器的结构和产生的信号如图 3-2 所示，该传感器为磁感应式传感器，它的发动机 ECU 提供发动机转速和曲轴位置（1-4 缸上止点）信号。该传感器有故障将造成发动机不能起动或熄火。

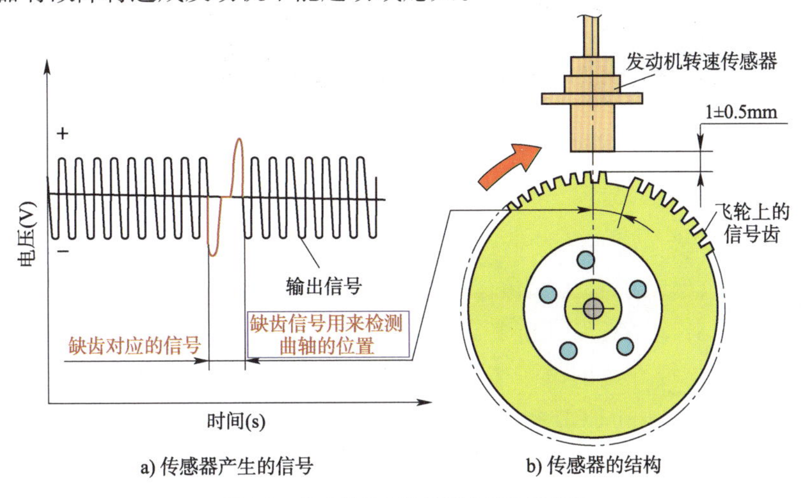

a) 传感器产生的信号　　b) 传感器的结构

图 3-2　发动机转速传感器的结构和信号

❷ 进气压力和温度传感器 1312

进气压力和温度传感器装在电子节气门后方的发动机进气总管上，用来检测发动机的进气压力和进气温度，其外形如图 3-3 所示。发动机 ECU 根据进气压力传感器的信号，计算出发动机的进气量，根据进气量来确定基本喷油量；根据进气温度传感器的信号修正喷油量。进气压力传感器是根据单晶硅材料在受到应力作用后，其电阻率发生明显变化（压阻效应）这一原理制成的。进气温度传感器的热敏电阻集成在进气压力传感器的内，它是负温度系数型热敏电阻。当进气压力和温度传感器电路有故障时，将造成发动机转速不稳定。

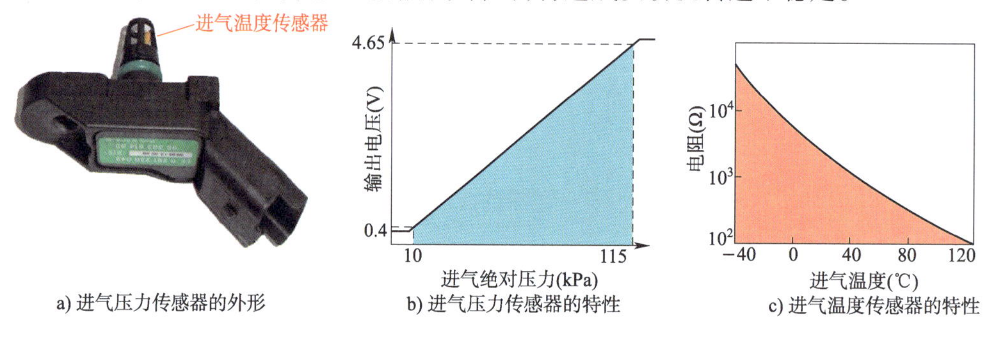

a) 进气压力传感器的外形　b) 进气压力传感器的特性　c) 进气温度传感器的特性

图 3-3　进气压力和温度传感器外形和特性

❸ 冷却液温度传感器 1220

冷却液温度传感器装在发动机左侧的出水室上，它的安装位置和外形如图 3-4 所示。该传感器的作用是检测发动机的冷却液温度，发动机 ECU 根据冷却液温度信号修正喷油量和点火提前角，控制冷却风扇的工作，该传感器有故障将造成发动机冷却风扇高速旋转。

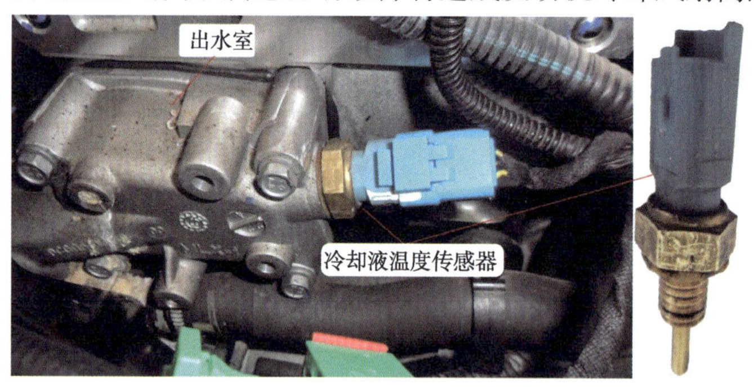

图 3-4　冷却液温度传感器的安装位置和外形

❹ 加速踏板传感器 1261

加速踏板传感器装在加速踏板上，如图 3-5 所，它是霍尔式传感器，它将驾驶员操纵加速踏板的信号传递给发动机 ECU。该传感器插头的 1、3 脚分别为两个信号脚，提供两个电位信号 $S1$ 和 $S2$，且 $S1=2S2$，发动机 ECU 对这两个信号不断进行比较，以此判断传感器可能存在的故障（以下将要介绍的电子节气门中的节气门位置传感器也有这样的特点），传感器插头 4、2 脚之间为发动机 ECU 提供的 5V 电压。发动机 ECU 根据该传感器的信号控制电子节气门的开度、修正喷射时间和点火提前角等。加速踏板传感器有故障将造成发动机不能加速。

加速踏板上的硬点开关用于发动机的巡航控制，当驾驶员踩下加速踏板使硬点开关触点与车底板硬块撞击时，硬点开关动作，发动机可加速超过巡航设定的车速。

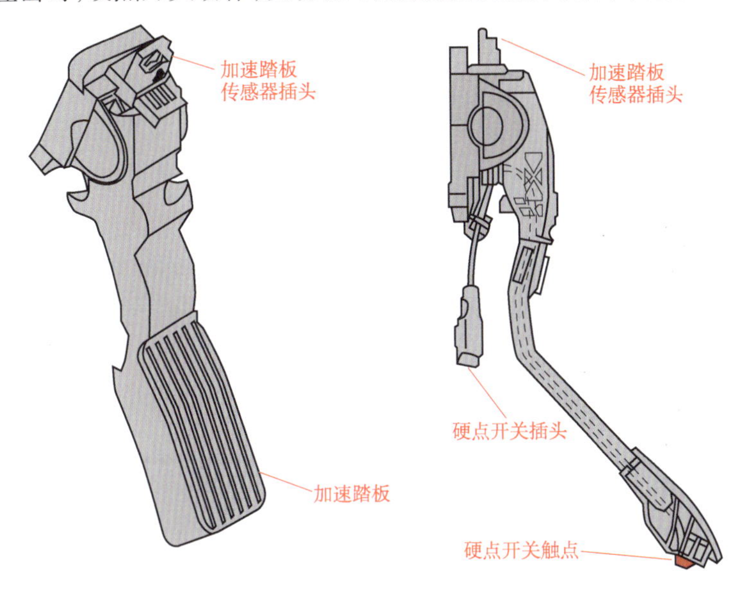

图3-5　加速踏板和硬点开关

5 凸轮轴位置传感器1115

凸轮轴位置传感器与发动机转速传感器配合为发动机ECU提供判缸信号(注：①凡顺序喷射的发动机必须判缸；②发动机转速传感器判断1-4缸上止点位置；③凸轮轴位置传感器判断1缸压缩上止点位置)。它装在进气凸轮轴信号齿轮的上方，用来检测凸轮轴的位置，它是霍尔式传感器，传感器的安装位置和产生的波形如图3-6所示。该传感器损坏将造成发动机ECU无法判缸，电喷系统由顺序喷射降级为同时喷射。

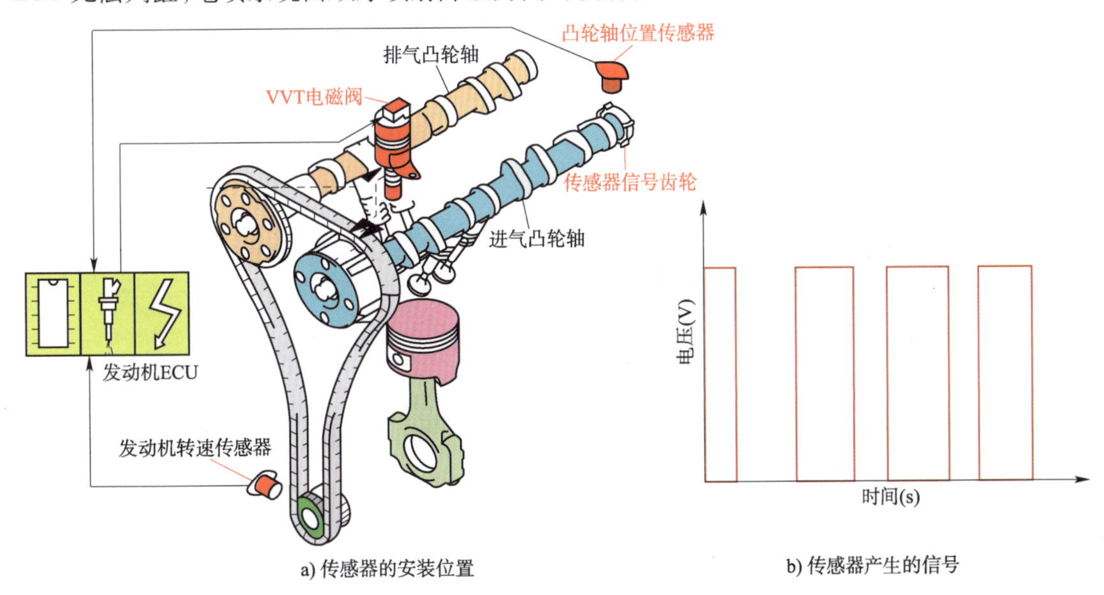

a) 传感器的安装位置　　b) 传感器产生的信号

图3-6　凸轮轴位置传感器的安装位置和产生的波形

6 爆震传感器 1120

爆震是由于点火过早导致可燃混合气在燃烧室中异常燃烧而产生的震动现象，爆震对发动机是有害的。爆震传感器用于检测发动机运行时的爆震状况，它的外形和信号波形如图3-7所示。它是压电式传感器，当发生爆震时，传感器就会将爆震信号传给发动机 ECU，于是发动机 ECU 就控制减小点火提前角。该传感器有故障将造成发动机易产生爆震。

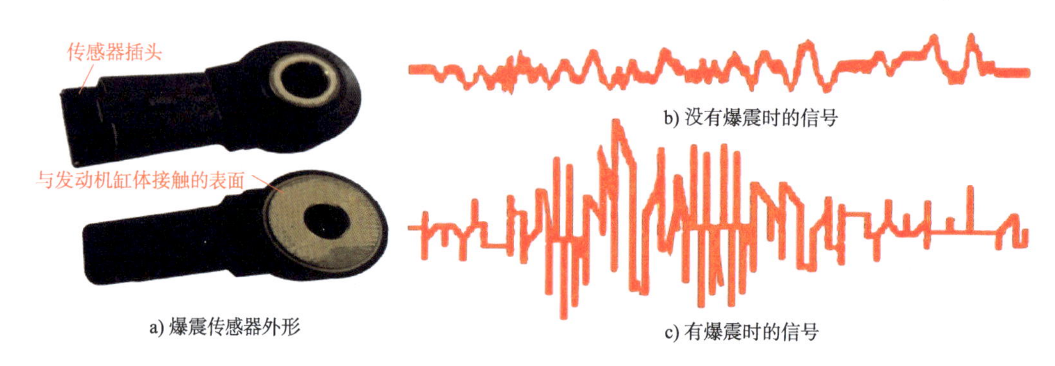

图 3-7　爆震传感器的外形和信号

7 前氧传感器 1350 和后氧传感器 1352

前氧传感器和后氧传感器分别装在排气管三元催化转换器的前端和后端，它们的外形如图 3-8 所示。前氧传感器的信号主要用于发动机 ECU 修正喷油量，将空燃比控制在理论空燃比附近，因为把空燃比控制在理论空燃比附近时，不但可以降低发动机燃油的消耗，而且可使三元催化转换器的转换效率最高[如图 3-9a)所示]。后氧传感器的作用是监测三元催化转换器的转化效率，当后氧传感器二电极检测的电压值为 0.6V 左右，波形近似为一条直线时，说明三元催化转换器工作正常[如图 3-9b)所示]；当后氧传感器与前氧传感器的波形相同时，说明三元催化转换器失效[如图 3-9c)所示]，此时应更换三元催化转换器。为了防止电磁干扰，前氧和后氧传感器导线的外部加装了屏蔽层。氧传感器的工作温度在 300℃以上，为使其尽快达到工作温度，在前氧和后氧传感器插头的 1 与 2 脚之间都装备了加热电阻。前氧传感器电路有故障将造成发动机转速不稳定，后氧传感器电路有故障将造成抗污染故障。

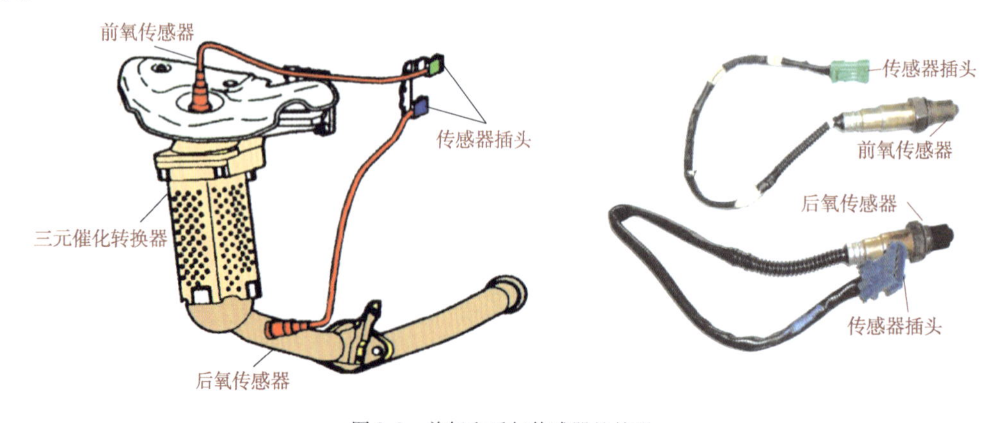

图 3-8　前氧和后氧传感器的外形

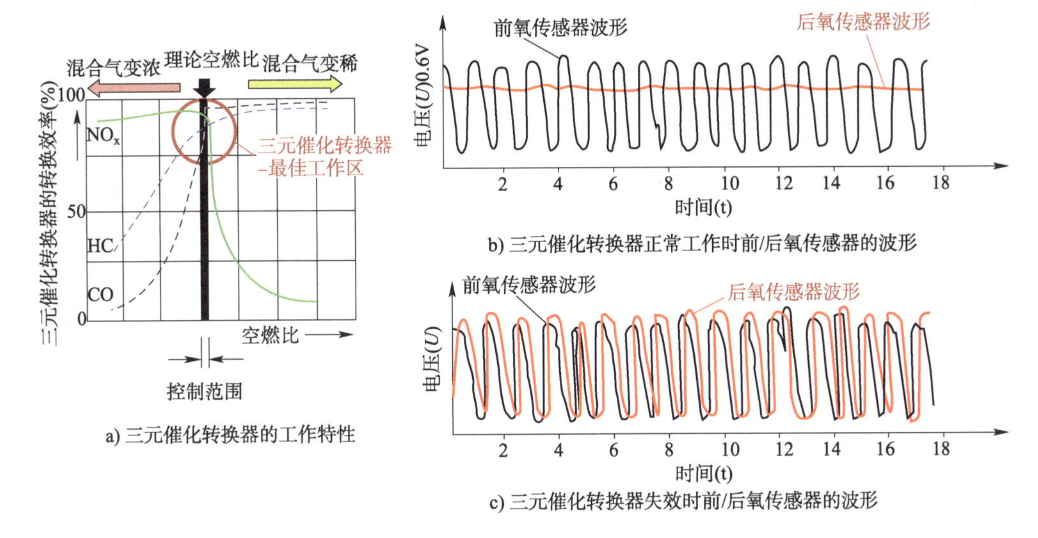

图3-9　三元催化转换器的工作特性和前/后氧传感器的波形

8 制冷剂压力传感器8007

制冷剂压力传感器安装在空调制冷系统的高压管路上，如图3-10所示，它是线性压力型传感器。发动机ECU等电控单元根据该传感器的信号控制冷却风扇和变排量压缩机。

9 转向助力开关7113

转向助力开关装在机械转向助力泵附近的高压管路上，如图3-11所示。当车速小于4km/h时，该开关闭合，发动机ECU根据该信号，提高发动机怠速，以提高机械助力泵的转速，增加低车速时的转向助力。

图3-10　制冷压力传感器的安装位置

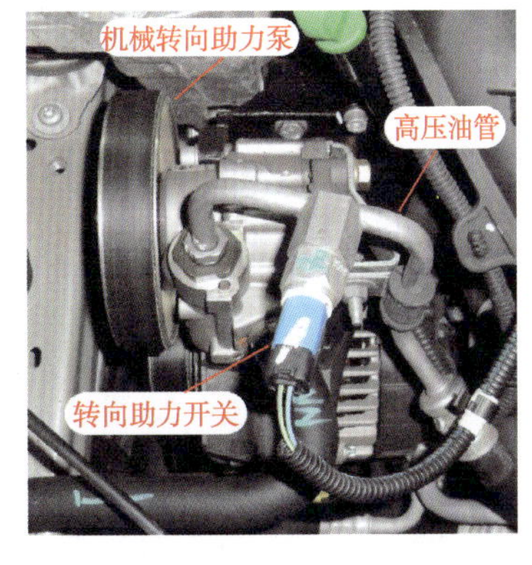

图3-11　转向助力开关的安装位置

10 发电机1020

发电机的外形如图3-12所示，其2号接线柱上的导线104将发电机的负荷传递给发动机ECU。发动机ECU和智能控制盒BSI根据该信号，控制发电机的发电量，进行电源能量管理。

11 冷却风扇控制模块1513

冷却风扇控制模块与冷却风扇集成了一体，其外形如图3-13所示。发动机ECU主要根据冷却液温度传感器和制冷剂压力传感器的信号控制冷却风扇的工作。

图 3-12　发电机的外形和接线柱

1-发电机磁场接线柱;2-发电机负荷接线柱;3-发电机输出接线柱

图 3-13　冷却风扇和控制模块

12 点火线圈 1135

点火线圈的作用是将汽车电源的低压电(12V)通过电磁感应变为高压电(30 000V 左右),供火花塞产生电火花,点燃混合气;此电喷系统为四缸独立点火,点火线圈将四个独立的点火线圈集成了一个整体,其外形如图 3-14 所示。发动机 ECU 根据发动机转速传感器、进气压力传感器、凸轮轴位置传感器等信号控制点火,点火次序为 1-3-4-2。

图 3-14　点火线圈的外形

13 喷油器 1331、1332、1333、1334

喷油器外形和内部结构如图 3-15 所示,它是发动机电喷系统的一个重要执行器,它接收发动机 ECU 喷油脉冲信号,准确控制喷油量,同时将燃油喷射后雾化。发动机 ECU 根据发动机转速传感器和凸轮轴位置传感器的信号控制在各缸进气行程前喷油,喷油次序为 1-3-4-2。

14 炭罐电磁阀 1215

活性炭罐的作用是吸附燃油箱中蒸发的燃油分子,炭罐电磁阀的作用是控制活性炭罐中的燃油分子进入发动机进气歧管参与燃烧。由活性炭罐、炭罐电磁阀等组成的燃油蒸发控制系统的工作原理简图如图 3-16 所示。

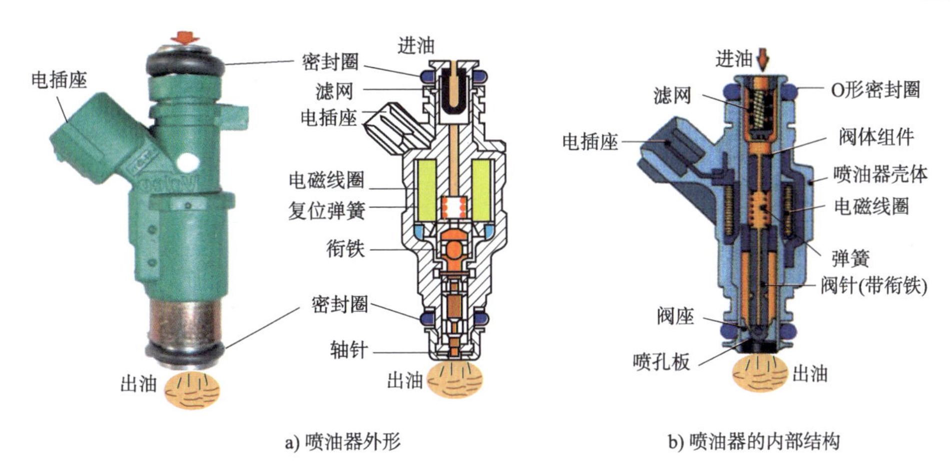

a) 喷油器外形　　b) 喷油器的内部结构

图3-15　喷油器的外形和内部结构

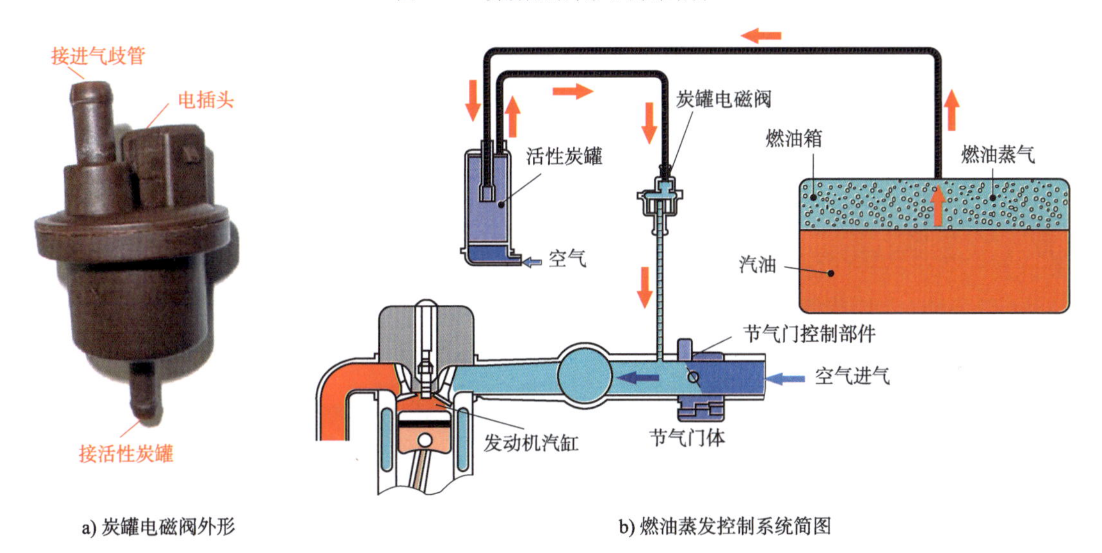

a) 炭罐电磁阀外形　　b) 燃油蒸发控制系统简图

图3-16　炭罐电磁阀在燃油蒸发控制系统中的作用

发动机运转时,如果进气温度达到5℃以上,冷却液温度达到60℃以上,发动机ECU就可控制炭罐电磁阀开启,则在进气管真空吸力的作用下,外界空气从活性炭罐的底部进入经过活性炭至上出气口,再经真空软管进入发动机进气歧管。流动的空气使吸附在活性炭表面的汽油分子又重新蒸发,随新鲜空气一起被吸入发动机汽缸燃烧,一方面使汽油得到充分利用,另一方面也恢复了活性炭的吸附能力。

⑮ VVT电磁阀1243

VVT电磁阀的外形和工作原理如图3-17所示。机油泵泵出的油经发动机主油道输送到VVT电磁阀,发动机ECU根据发动机转速传感器、凸轮轴位置传感器等信号,发出指令,控制VVT电磁阀将高压机油输送到配气相位调整装置,配气相位调整装置则控制进气凸轮轴顺时针或逆时针转动0~20°,使进气门开启时刻提前或滞后0~20°,以提高发动机在不同工况时的动力性。

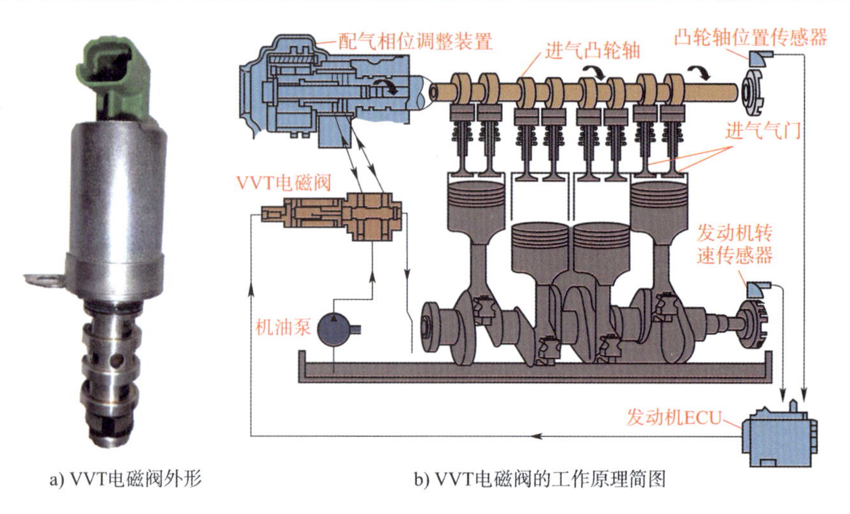

a) VVT电磁阀外形　　b) VVT电磁阀的工作原理简图

图 3-17　VVT 电磁阀外形和工作原理

16 电子节气门 1262

电子节气门由节气门电机和节气门位置传感器组成，如图 3-18 所示，节气门电机的作用是通过控制节气门的开度来实现控制进入发动机汽缸的空气量，同时控制发动机怠速的高低。节气门位置传感器的作用是检测节气门的开度，因为节气门的开度反映发动机的负荷，一般节气门开度大，则表示发动机负荷大，发动机 ECU 根据节气门位置传感器的信号来修正喷油量和点火提前角。节气门位置传感器为霍尔式传感器，发动机 ECU 将 5V 电压加在传感器 1、5 脚，传感器的 2、6 脚分别为信号△1 和△2，且踩加速踏板时，△1 的信号增大，△2 信号减小，即△1 与△2 反相变化，发动机 ECU 可根据这一性质检测传感器的故障。电子节气门有故障将造成发动机不能加速。

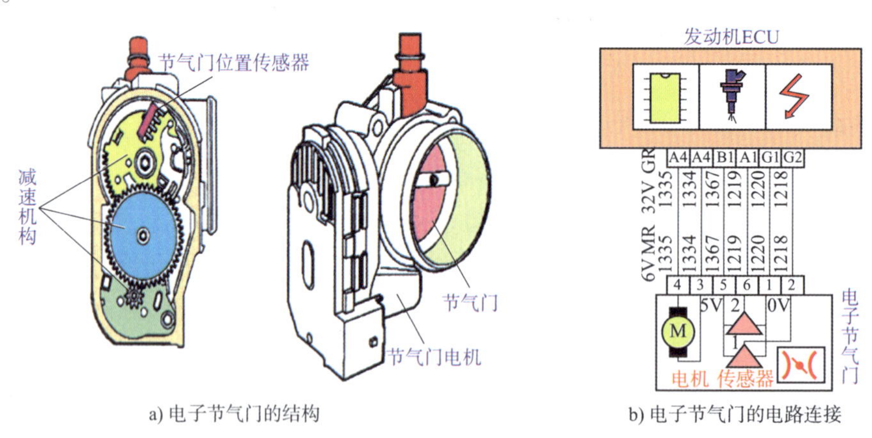

a) 电子节气门的结构　　b) 电子节气门的电路连接

图 3-18　电子节气门的结构和电路连接

发动机电喷系统电路原理图的解读

C5 轿车 2.3L 发动机电喷系统的电路原理图如图 3-19 所示，经过对发动机电喷系统电路原理图的分析，可将该系统的工作原理简化成图 3-1 所示的简图，对简图的说明见表 3-1。现根据图 3-1 和图 3-19 将发动机电喷系统的电路原理解读如下。

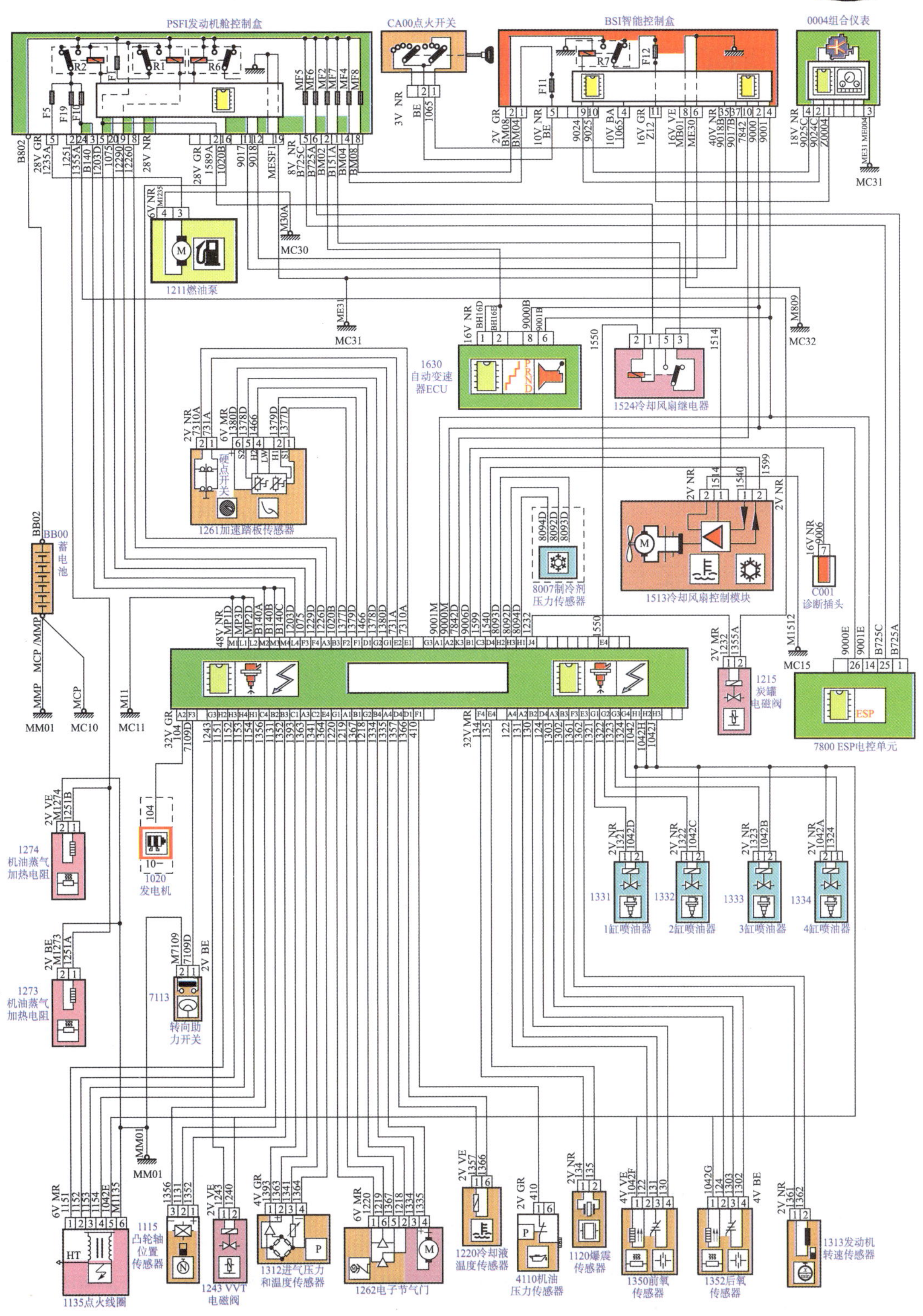

图3-19 C5轿车2.3L发动机电喷系统的电路原理图

C5 轿车 2.3L 发动机电喷系统工作原理简图的说明 表 3-1

连接号	信　号	信号类型	发生器/接收器	电路图中对应的导线编号
1	发动机转速信号	模拟信号	1313/1320	1361、1362
2	进气压力和温度信号	模拟信号	1312/1320	1393(进气压力)、1341(进气温度)
3	冷却液温度信号	模拟信号	1220/1320	1357、1366
4	加速踏板信号	模拟信号	1261/1320	13770、13780(S1 和 S2 加速信号);731A、7310A(巡航信号)
5	凸轮轴位置信号	模拟信号	1151/1320	1131
6	爆震信号	模拟信号	1120/1320	134、135
7	前氧传感器信号	模拟信号	1350/1320	130、131
8	后氧传感器信号	模拟信号	1352/1320	1302、1303
9	制冷剂压力信号	模拟信号	8007/1320	8092D
10	转向助力开关信号	开关信号	7113/1320	7109D
11	发动机电喷系统的工作状况	CAN 舒适网信号	BSI/0004	9024－9024C、9025－9025C
12	点火信号	开关信号	CA00/BSI	1065
13	机油蒸气加热电阻控制信号	模拟信号	PSF1/1273; PSF1/1274;	1251;1251
14	发电机负荷信号	模拟信号	1020/1320	104
15	冷却风扇控制信号	模拟信号	1320/1513	1540
16	点火控制信号	模拟信号	1320/1135	1151(1 缸);1152(2 缸);1153(3 缸);1154(4 缸);
17	喷油控制信号	模拟信号	1320/1331、1332、1333、1334	1321(1 缸);1322(2 缸);1323(3 缸);1324(4 缸)
18	炭罐电磁阀控制信号	模拟信号	1320/1215	1232
19	VVT 电磁阀控制信号	模拟信号	1320/1243	1243
20	对节气门电机的控制信号	模拟信号	1320/1262	1334、1335
21	节气门位置信号	模拟信号	1262/1320	1218(信号 1)、1219(信号 2)
22	发动机电喷系统的工作状况	CAN 高速网信号	1320/BSI	9000M－9000、9001M－9001
23	车速信号	模拟信号	7800/1320	9000M、9001M
24	对发动机 ECU 等电控单元的供电指令	CAN 车身网信号	BSI/PSF1	9017－9017B、9018－9018B
25	自动变速器的工作状况	CAN 高速网信号	1320/BSI	9000－9000M、9001B－9001M
26	蓄电池供电信号	模拟信号	BB00/PSF1	BB02

(1)蓄电池通过导线 BB02 为发动机舱控制盒 PSF1 供电;PSF1 通过导线 BM04、BM08 为智能控制盒 BSI 供电;PSF1 通过导线 BM02 为自动变速器 ECU 供电;PSF1 通过导线 B725A、B725C 为 ESP 电控单元供电。

(2)接通点火开关 M 位(点火挡),点火开关将点火信号通过导线 1065 传送到智能控制盒 BSI;BSI 收到点火信号后,唤醒 CAN 高速网、CAN 车身网、CAN 舒适网等车载网络进入工作状态。

(3)车载网络工作后,点火钥匙中的钥匙应答器、智能控制盒 BSI、发动机 ECU1320 三者之间,通过车载网络进行防盗对话:核对钥匙密码、计算第一密码函数 $f(x)$ 和第二密码函数 $g(y)$;如防盗对话成功就控制发动机 ECU 解锁,于是发动机 ECU 通过导线 1229D 控制 PSF1 中的 R1(注:为发动机 ECU 供电)继电器为发动机 ECU 提供工作供电,发动机 ECU 通过导线 1226D 控制 PSF1 中的 R2(注:为发动机 ECU 控制的喷油器、点火线圈等功率元件供电)继电器为发动机 ECU 提供功率供电;继电器 R1 和 R2 工作后,发动机 ECU 就根据各传感器的信号,控制燃油泵泵油、喷油器喷油、点火线圈点火,控制发动机的起动和运行,如图 3-20 所示。如防盗对话不成功,发动机 ECU 就锁止,发动机不能起动。

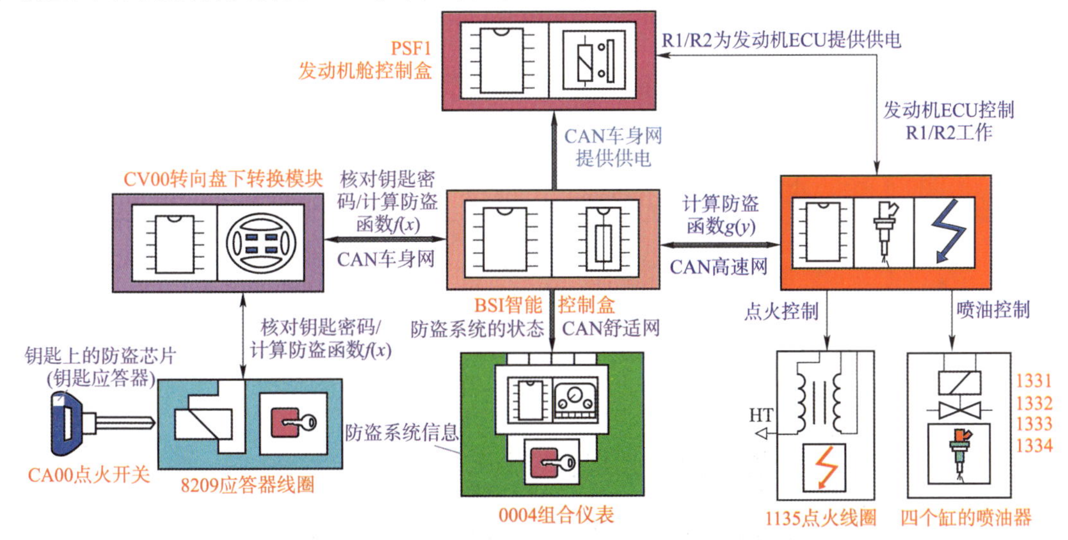

图 3-20　发动机 ECU 电子防盗过程示意图

(4)全车网络工作后,BSI 一方面通过网线 Z12-Z0004 为组合仪表 0004 提供 + CAN 供电,一方面通过 CAN 车身网线 9017B-9017、9018B-9018 通知发动机舱控制盒 PSF1 为电控单元和用电器供电;PSF1 收到 BSI 的指令后,通过 R1、R2、R6 继电器,为发动机 ECU1320、燃油泵 1211 等提供供电。

(5)发动机 ECU 得到供电后,首先为进气压力和温度传感器 1312、凸轮轴位置传感器 1115、电子节气门 1262 中的节气门位置传感器、加速踏板传感器 1261、制冷剂压力传感器 8007 等有源传感器提供 5V 供电;通过导线 1042、1042H、1042J 为四个喷油器 1331、1332、1333、1334、前/后氧传感器 1350、1352、VVT 电磁阀 1243、点火线圈 1135 等功率元件提供供电。

(6)各电控单元得到供电后,立即控制各电控系统的传感器、执行器进入工作状态,配合发动机 ECU 完成各项控制功能。ESP 电控单元 7800 将轮速传感器检测到的车速信号、自动变速器 ECU1630 将挡位和变速器的工作信号通过车载网络传递给发动机 ECU;组合仪表将通过车载网络获得的发动机电喷系统的工作状态显示在仪表上,以告知驾驶员;在发动机运行时,发动机舱控制盒 PSF1 通过 R2 继电器控制的导线 1251 为机油蒸气加热电阻 1273、1274 送电工作,使发动机和平衡轴系统(注:C5 轿车 2.3L 发动机曲轴箱内装备有减小发动机工作振动的平衡轴系统,如图 3-21 所示)工作时在曲轴箱内产生和聚集的油蒸气,顺利进入发动机燃烧,机油蒸气加热电阻安装在构成曲轴通风系统通道的发动机进气歧管上,如图 3-22 所示。

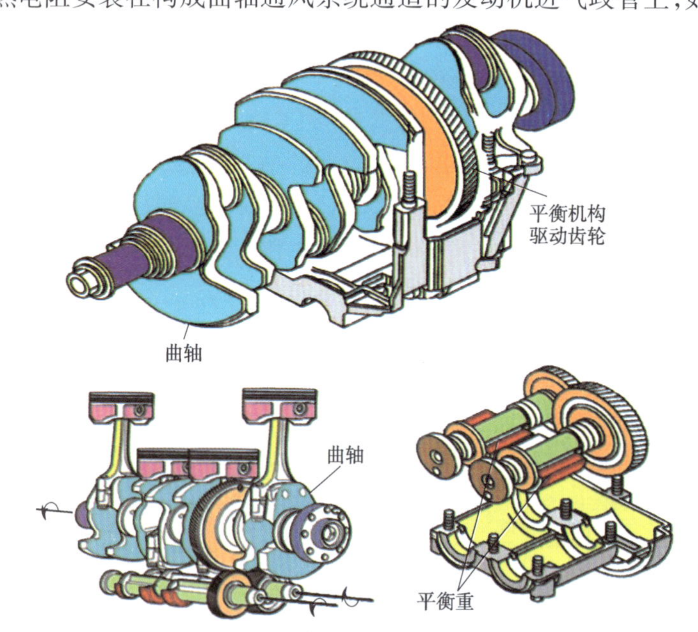

图 3-21　C5 轿车 2.3L 发动机的平衡轴系统

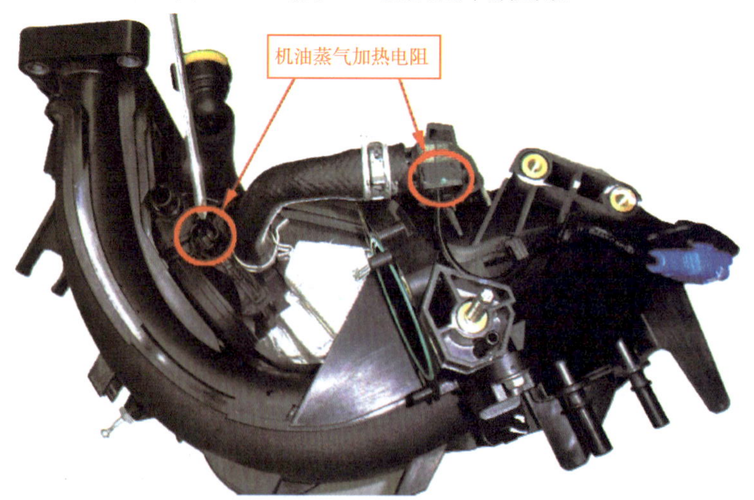

图 3-22　机油蒸气加热电阻的安装位置

(7)在各电控单元的配合上,发动机 ECU 完成的主要功能如下:

①控制燃油喷射功能:发动机 ECU 通过对四个喷油器 1331、1332、1333、1334 线圈搭铁控制脚导线 1321、1322、1323、1324 的控制实现该功能。

②控制点火提前角和点火能量功能：发动机ECU通过对点火线圈1135四个初级绕组搭铁控制脚1151、1152、1153、1154搭铁时刻和时间的精确控制实现该功能。由于发动机ECU内集成有高速电子开关，使点火线圈在发动机的任何工况下，都能产生足够和恒定的点火能量保证发动机的可靠点火。

③控制怠速功能：发动机ECU通过对电子节气门1262节气门电机导线1334、1335的控制实现该功能。

④控制炭罐电磁阀：发动机ECU通过对炭罐电磁阀1215线圈搭铁控制脚导线1232的控制实现该功能。

⑤控制冷却风扇：C5轿车有一个冷却风扇，风扇有低速和高速两种冷却方式。发动机ECU通过导线1540、1550控制冷却风扇的低速和高速运转，通过冷却风扇反馈脚导线1599检测其运行状况。

⑥控制空调压缩机：空调控制面板上的空调开关把空调启动的信号传给空调ECU，空调ECU通过CAN舒适网（网线9024、9025）和CAN高速网（网线9000、9001）把该信号传送到发动机ECU。发动机ECU则通过传感器检测发动机的转速、负荷是否满足空调压缩机的起动条件，如不满足，则通过CAN高速网通知BSI禁止压缩机工作（注：防止压缩机启动运行后造成发动机转速过低或负荷过重，使发动机熄火），同时控制电子节气门提高发动机的转速，增加发动机的输出功率，一旦转速和输出功率满足空调压缩机的使用要求，则通过CAN高速网通知BSI，允许压缩机工作。BSI则通过CAN车身网（网线9017B和9018B）把禁止或允许压缩机工作的指令传送到PSF1，由PSF1通过R6继电器控制对压缩机的供电。而且在压缩机工作过程中，如果发动机ECU检测到发动机转速过低、负荷过重等工况，还可通知BSI临时中断压缩机的工作，待发动机转速、负荷等恢复到正常值后，再去通知BSI恢复压缩机的工作。

⑦电子防起动功能：此功能前面已介绍，此处略。

⑧故障存储和自诊断功能：当发动机ECU上的一些传感器和执行器出现故障时，发动机ECU可将故障信息存储在内部的随机存储器中，还可将故障信息通过CAN高速网传送到BSI，由BSI通过CAN舒适网传送到组合仪表，由组合仪表控制点亮发动机故障灯。维修人员还可把诊断仪连接到诊断插头C001上，通过CAN诊断网读取存储在发动机ECU中的故障信息，利用该信息诊断和排除发动机电喷系统的故障。

⑨EOBD功能：发动机ECU始终通过发动机转速传感器1313、前氧传感器1350、后氧传感器1351等监视发动机点火是否失败、三元催化转换器是否失效（请参看图3-9）等，一旦检测到排放超标，立即点亮发动机故障灯，并在组合仪表上显示“排放控制系统故障”，如图3-23所示。

图3-23　组合仪表上显示的发动机排放控制系统故障

⑩对电源能量进行管理的功能：发电机通过导线104将发电机的负荷信号传递给发动机ECU，发动机ECU将此信号通过车载网络传递给智能控制盒BSI和发动机舱控制盒PSF1，由发动机ECU、BSI和PSF1共同参入控制发电机的发电量，并对全车的电源能量进行管理，优先保证蓄电池对发动机起动供电的能力。

⑪可变配气正时(VVT)功能:发动机 ECU 可通过 VVT 电磁阀 1243 将进气凸轮轴连续调整 0 ~ 20°转角,优化发动机在低中速区间的转矩输出,提高发动机的动力性,同时减小排放污染。

⑫定速巡航和车速限制功能:发动机 ECU 通过对电子节气门 1262 的控制,调节发动机的输出转矩,实现定速巡航和车速限制功能;并通过车载网络将定速巡航和车速限制的工作状态显示在组合仪表上,如图 3-24 所示。

图 3-24　组合仪表上显示的限速工作状态

⑬电子稳定控制程序(ESP)功能:发动机 ECU 通过对电子节气门 1262 的调节,参入驱动防滑控制,与 ESP 电控单元一道共同完成对车辆的电子稳定性控制。

⑭根据海拔高度调节喷油量:发动机吸入的空气量随着大气压强以及海拔高度的变化而变化,发动机 ECU 可根据大气压强的变化,并按照一定的比例调整喷射时间(喷油量)。发动机在低速满负荷(此时电子节气门 1262 全开)运行时,发动机 ECU 通过进气压力传感器 1312,可检测不同海拔高度地区大气压强的差别。

⑮自适应调节:发动机 ECU 可检测到前氧传感器 1350、后氧传感器 1351、电子节气门 1262 等部件的老化,并根据某部件的老化状况对相应的控制参数进行调整,此项功能称为发动机的自适应调节功能。自适应调节程序存储在发动机 ECU 中,因此在更换或维修电喷系统的某些元件(如电子节气门、氧传感器、进气压力传感器等)后,应进行初始化操作,使发动机 ECU 运行自适应的调节程序。

⑯其他功能:

a. 当电喷系统的传感器(发动机转速传感器 1313 除外)及线路出现故障不能正常传递参数时,发动机 ECU 就启用储存在 ECU 内部的该传感器的后备值,来控制发动机的运行,这是一种降级控制模式,显然这种降级控制模式不是发动机 ECU 的最佳控制模式。

b. 当电子节气门 1262、加速踏板位置传感器 1261 运行不良,发动机 ECU 将限制发动机转矩的输出,此时发动机不能加速。

c. 当发动机 ECU 存储器、发动机 ECU 供电、发动机转速传感器 1313 出现故障时,发动机 ECU 将立即停止发动机的运转。

d. 制冷剂压力信息出现故障、发动机满负荷运行时,发动机 ECU 将中断空调压缩机的工作。

三、发动机电喷系统的检测

我们可用诊断仪对发动机电喷系统进行检测,检测方法主要是:读取发动机电喷系统的故

障，检测发动机电喷系统相关元件的参数，对发动机电喷系统的执行器进行测试。这些检测方法基本可以检测到发动机电喷系统的所有元件，下面分别加以说明。

（1）读取发动机电喷系统的故障。操作诊断仪在完成C5轿车的全局测试后，选择发动机电喷系统，如图3-25所示；在进入发动机电喷系统后，可通过选择读取故障功能，读取发动机电喷系统存在的故障，如图3-26和图3-27所示。

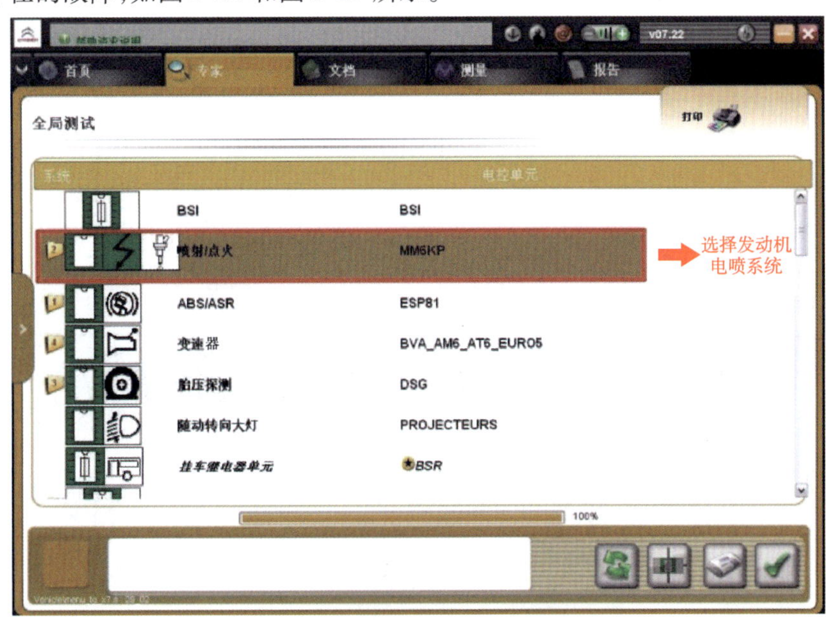

图3-25 选择发动机电喷系统

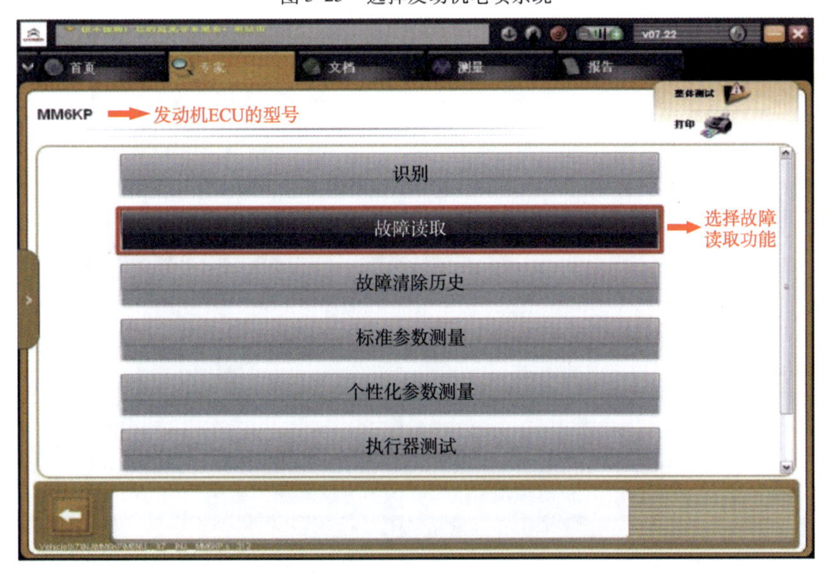

图3-26 选择读取故障功能

（2）检测发动机电喷系统的参数。操作诊断仪进入发动机电喷系统进行参数测量，分别检测发动机电喷系统的七组参数，如图3-28至图3-36所示，各参数的含义和被检测的元件见表3-2。

图 3-27 读取发动机电喷系统的故障

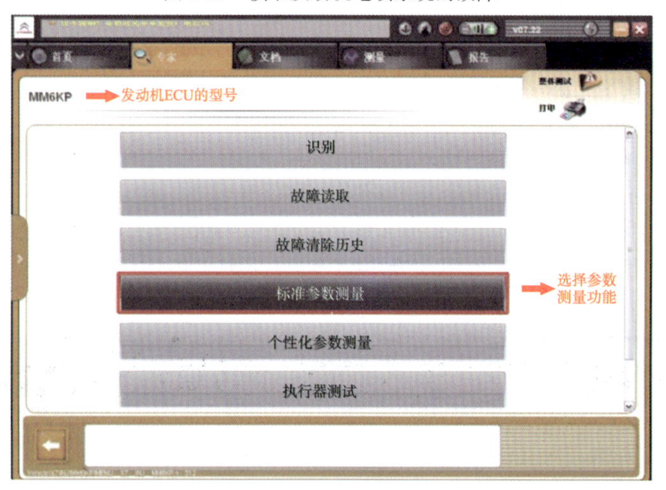

图 3-28 选择参数测量功能

图 3-29 发动机电喷系统七组参数的名称

图3-30　检测行驶组参数

图3-31　检测发动机环境组参数

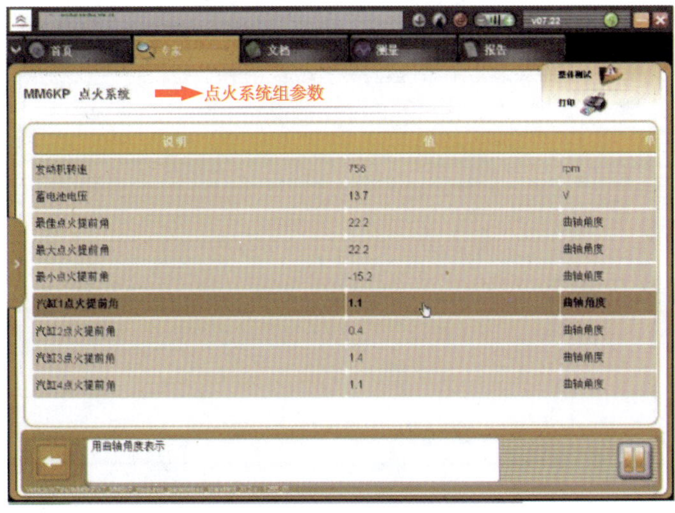

图3-32　检测点火系统组参数

图 3-33　检测混合气组参数

图 3-34　检测进气回路组参数

图 3-35　检测发动机转矩组参数

图 3-36　检测控制单元状态组参数

发动机电喷系统的主要参数和传递参数的元件　　表 3-2

序号	参 数 名 称	参 数 值	传递参数的元件(注:被检测的元件)
1	发动机转速	756r/min	发动机转速传感器 1313
2	蓄电池电压	13.6V	蓄电池 BB00
3	节气门最小停止位置 1	0	电子节气门 1262 中的节气门位置传感器
4	主制动开关状态	关闭	制动开关 2120
5	应急制动开关状态	关闭	制动开关 2120
6	加速踏板位置传感器 1	471mV	加速踏板传感器 1261
7	加速踏板位置传感器 2	451mV	加速踏板传感器 1261
8	重新计算的加速踏板位置	0.8%	加速踏板传感器 1261
9	阻力点传感器状态	关闭	加速踏板传感器 1261 中的硬点开关
10	未修正的空气温度	36℃	进气压力和温度传感器 1312
11	未修正的冷却液温度	88℃	冷却液温度传感器 1220
12	冷却风扇参考速度	31.8%	冷却风扇控制模块 1513
13	冷却风扇速度测量	31.4%	冷却风扇控制模块 1513
14	冷却风扇继电器状态	ON	冷却风扇继电器 1524
15	空调请求的状态	关闭	空调控制面板上的 A/C 按键
16	最佳点火提前角	22.2°(曲轴转角)	点火线圈 1135
17	最大点火提前角	22.2°(曲轴转角)	点火线圈 1135
18	最小点火提前角	−15.2°(曲轴转角)	点火线圈 1135
19	汽缸 1 点火提前角	1.1°(曲轴转角)	点火线圈 1135 一缸搭铁控制脚 1151
20	汽缸 2 点火提前角	0.4°(曲轴转角)	点火线圈 1135 二缸搭铁控制脚 1152
21	汽缸 3 点火提前角	1.4°(曲轴转角)	点火线圈 1135 三缸搭铁控制脚 1153
22	汽缸 4 点火提前角	1.1°(曲轴转角)	点火线圈 1135 四缸搭铁控制脚 1154
23	汽缸 1 喷射时间	3.88ms	1 缸喷油器 1131

续上表

序号	参 数 名 称	参 数 值	传递参数的元件(注:被检测的元件)
24	汽缸 2 喷射时间	3.89ms	2 缸喷油器 1132
25	汽缸 3 喷射时间	3.90ms	3 缸喷油器 1133
26	汽缸 4 喷射时间	3.90ms	4 缸喷油器 1134
27	喷射相位值	280°(曲轴转角)	凸轮轴位置传感器 1115
28	上游氧传感器状态	稀	前氧传感器 1350
29	下游氧传感器状态	浓	后氧传感器 1352
30	上游氧传感器电压	137mV	前氧传感器 1350
31	气流	16.1kg/h	进气压力和温度传感器 1312 中的压力信号
32	进气压力参考值	330mbar	进气压力和温度传感器 1312 中的压力信号
33	测量的进气压力	377mbar	进气压力和温度传感器 1312 中的压力信号
34	节气门角度参考值	4.2%	电子节气门 1262 中的节气门位置传感器
35	通过点火提前获得的实际发动机转矩	-0.5N·m	发动机 ECU1320
36	通过进气量获得的实际发动机转矩	68.0N·m	发动机 ECU1320
37	估计的发动机摩擦转矩	59.2N·m	发动机 ECU1320
38	驾驶员希望的转矩	0.0N·m	加速踏板传感器 1261
39	电控单元的锁止	控制单元未闭锁	发动机 ECU1320
40	发动机防起动编程	已匹配的电控单元	发动机 ECU1320
41	传送解锁密码时出现问题	未发现问题	钥匙应答器、BSI、发动机 ECU1320
42	电源继电器控制状态	ON	PSF1 中的 R1 继电器
43			

(3)对发动机电喷系统执行器进行测试。操作诊断仪进入发动机电喷系统,选择执行器测试功能,如图 3-37 至图 3-40 所示,各执行器的名称和检测的元件见表 3-3。

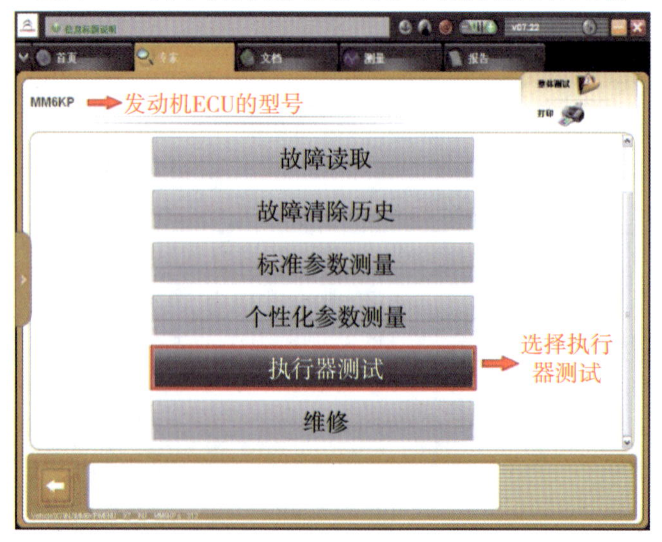

图 3-37　在发动机电喷系统中选择执行器测试

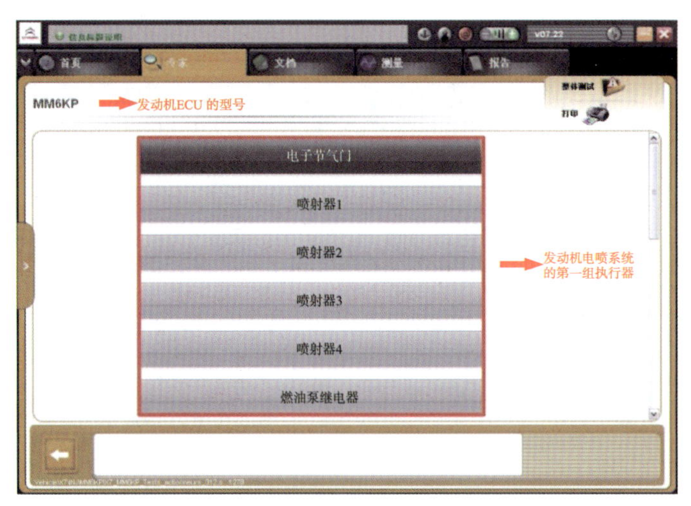

图3-38　发动机电喷系统的第一组执行器

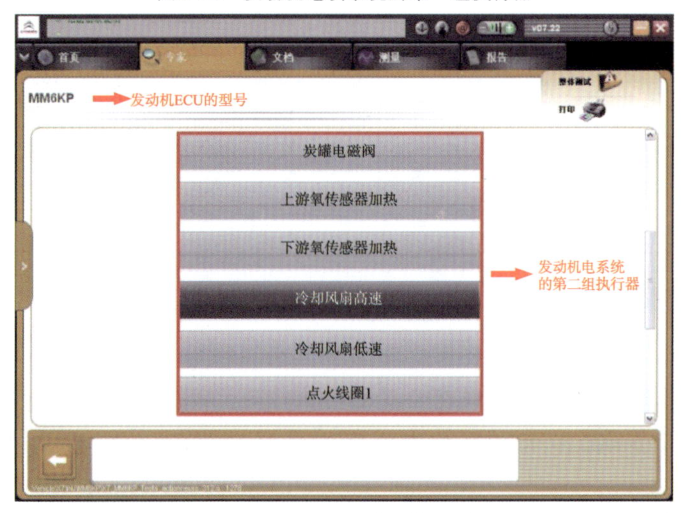

图3-39　发动机电喷系统的第二组执行器

图3-40　发动机电喷系统的第三组执行器

发动机电喷系统执行器的名称和被检测的元件 表 3-3

序号	执行器名称	被检测的元件
1	电子节气门	电子节气门 1262 中的节气门电机
2	喷射器 1	喷油器 1331
3	喷射器 2	喷油器 1332
4	喷射器 3	喷油器 1333
5	喷射器 4	喷油器 1334
6	燃油泵继电器	PSF1 中的 R2 继电器
7	炭罐电磁阀	炭罐电磁阀 1215
8	上游氧传感器加热	前氧传感器 1350 中的加热电阻
9	下游氧传感器加热	后氧传感器 1352 中的加热电阻
10	冷却风扇高速	冷却风扇控制模块 1513
11	冷却风扇低速	冷却风扇控制模块 1513
12	点火线圈 1	点火线圈 1135 一缸搭铁控制脚 1151
13	点火线圈 2	点火线圈 1135 二缸搭铁控制脚 1152
14	点火线圈 3	点火线圈 1135 三缸搭铁控制脚 1153
15	点火线圈 4	点火线圈 1135 四缸搭铁控制脚 1154
16	可变正时电磁阀	VVT 电磁阀 1243

学习思考与拓展

1. C5 轿车 2.3L 发动机电喷系统有哪些主要传感器？简述各主要传感器的作用。

2. C5 轿车 2.3L 发动机电喷系统有哪些主要执行器？简述各主要执行器的作用。

3. 请画出 C5 轿车 2.3 L 发动机电喷系统的原理简图，并简述发动机电喷系统的工作原理。

4. C5 轿车 2.3L 发动机平衡轴系统由哪些主要元件组成？平衡轴系统的作用是什么？

5. C5 轿车 2.3L 发动机 ECU 的主要功能是什么？

6. 请画表说明用诊断仪的参数测量功能可检测 C5 发动机电喷系统的哪些元件。

7. 请画表说明用诊断仪的执行器测试功能可检测 C5 发动机电喷系统的哪些元件。

单元4 发动机电子防起动系统电路分析与检测

一、爱丽舍轿车的发动机电子防起动系统分析与检测

1 爱丽舍轿车发动机电子防起动系统的作用和组成

爱丽舍轿车发动机电子防起动(又称电子防盗)系统的主要作用是:控制钥匙应答器、防盗控制盒、发动机 ECU 之间进行防盗密码的核对工作,允许通过合法的点火钥匙起动车辆;禁止通过非法的点火钥匙起动发动机,把车辆盗走。

爱丽舍轿车发动机电子防起动系统主要由点火钥匙上的应答器芯片、应答器模拟模块、防盗控制盒、发动机 ECU、仪表板上的防盗指示灯、危险灯开关上的防盗指示灯等组成。爱丽舍轿车发动机电子防起动系统在车上的布置如图 4-1 所示。

图 4-1 爱丽舍轿车发动机电子防起动系统的组成

2 爱丽舍轿车发动机电子防起动系统各元件的作用

1)点火钥匙内的应答器芯片

点火钥匙内的应答器芯片如图 4-2 所示,在应答器芯片内有一个 ID 码,每一把点火钥匙都有一个唯一的 ID 码,它是点火钥匙的身份证。每一把点火钥匙必须用诊断仪经过电子配钥匙后,才能成为合法的点火钥匙;只有合法的点火钥匙才能起动发动机。在电子配钥匙的过程中,点火钥匙的 ID 码被记录在防盗控制盒中。

2)应答器模拟模块

应答器模拟模块套在点火锁上,它的外形如图 4-3 所示,它的作用是产生电磁感应,为钥匙应答器与防盗控制盒进行 ID 码的核对工作提供能量。

3)防盗控制盒

防盗控制盒安装在驾驶员座椅前方的仪表台下,它的外形和内部密码如图 4-4 所示。

其作用为:①为应答器模拟模块产生电磁感应提供能量;②存储发动机电子防起动系统的所有密码;③与钥匙应答器和发动机 ECU 进行核对密码的对话;④控制防盗指示灯的点亮与熄灭。

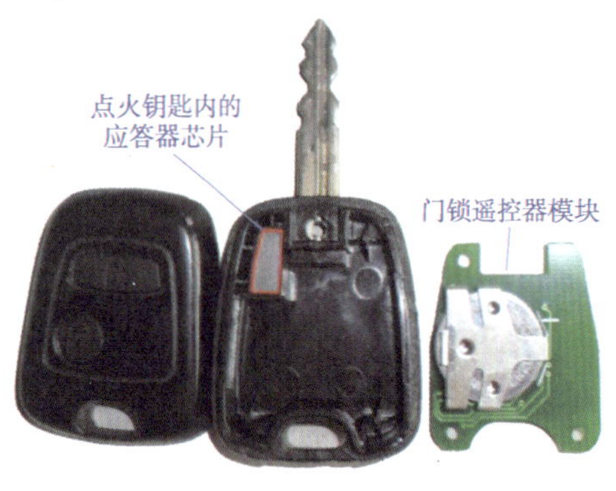

图 4-2　点火钥匙内的应答器芯片

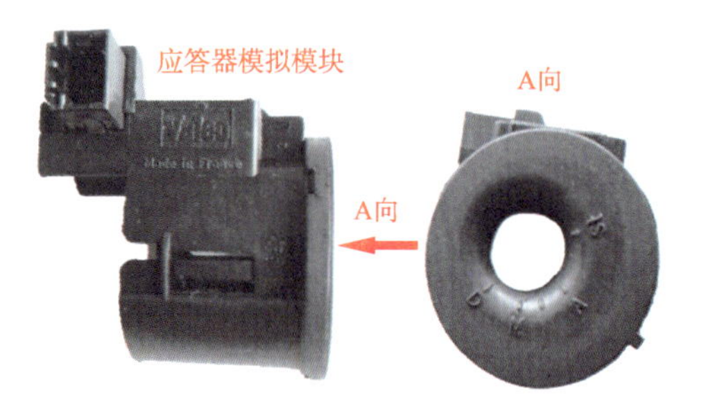

图 4-3　应答器模拟模块

在防盗控制盒内有三种密码。①用户密码:用户密码记录在钥匙牌的密封区内,由 4 位字母与数字组成,如图 4-5 所示,它是生产厂家根据车辆的 VIN 号生成的,用户密码是诊断仪进入发动机电子防起动系统的唯一密码,当我们用诊断仪进行电子配钥匙、更换防盗控制盒、更换发动机电脑等操作时,都必须首先输入用户密码。②记录在钥匙应答器内的 ID 码:在用诊断仪进行配钥匙时,钥匙应答器内的 ID 码被写入防盗控制盒内,由于每一台车通过诊断仪最多可以配 5 把电子钥匙,因此,一辆车的防盗控制盒最多可以记录 5 个 ID 码。③防起动码(又称 ECM 码):它是用诊断仪进行防盗控制盒与发动机 ECU 电子匹配操作时生成的,换句话说同一辆车的防盗控制盒和发动机 ECU 内有相同的 ECM 码。

防盗控制盒内的密码

ID1	ECM防起动码
ID2	
ID3	
ID4	用户密码
ID5	

图 4-4　防盗控制盒外形与密码

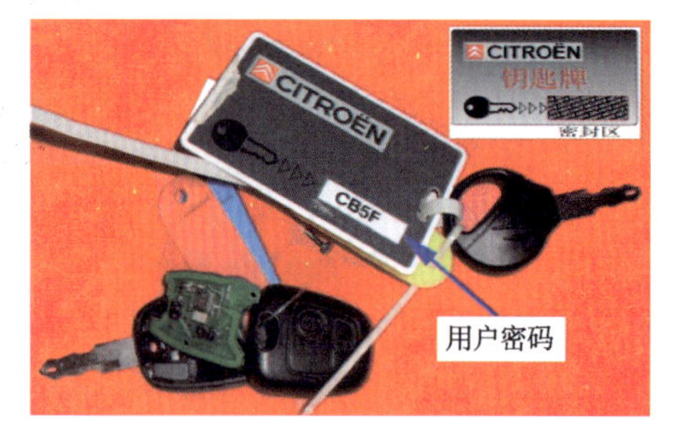

图 4-5　钥匙牌上的用户密码

4)发动机 ECU

发动机 ECU 装在蓄电池的后方,它的外形如图 4-1 所示,在发动机电子防起动系统中,发动机 ECU 的作用是与防盗控制盒进行核对 ECM 码的对话,并把发动机 ECU 解锁(所谓解锁就是发动机可以起动)或闭锁(所谓闭锁就是发动机不能起动)的状态,通知给防盗控制盒。

5)防盗指示灯

仪表板上的防盗指示灯如图 4-6 所示,将点火开关旋转到 M 位,如发动机 ECU 处于闭锁状态时,它常亮或快速闪亮;如发动机 ECU 处于解锁状态时,它熄灭。危险报警开关装在仪表台中部,危险报警开关上的防盗指示灯如图 4-7 所示,当点火钥匙从点火锁内拔出后,如发动机 ECU 处于解锁状态时,它不亮;当发动机 ECU 进入闭锁状态后,它有节奏地闪亮。

图4-6 仪表板上的防盗指示灯

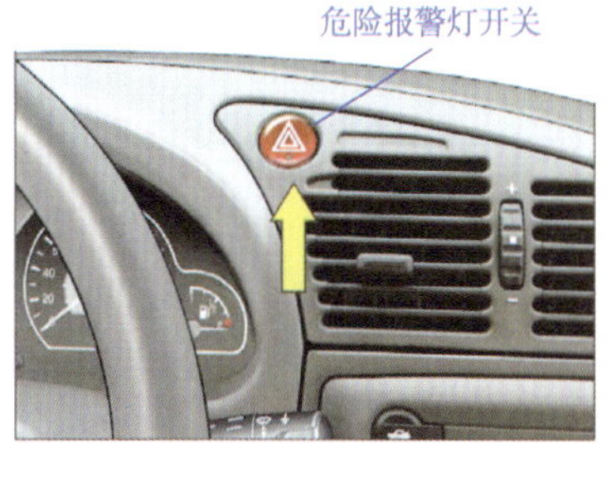

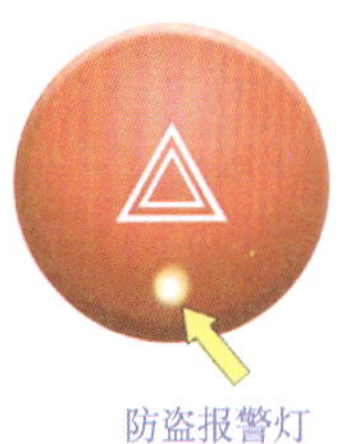

图4-7 危险报警开关上的防盗指示灯

3 发动机电子防起动系统的电路解析

爱丽舍轿车发动机电子防起动系统的电路原理如图4-8所示,下面对该原理图说明如下。

(1)将点火开关旋至M位,组合仪表上的防盗指示灯点亮,其电流走向为:蓄电池+→发动机舱熔断器BF01→点火开关CA00→座舱熔断器F12→组合仪表上的防盗报警灯→防盗控制盒内的电子开关→搭铁点MC31。

(2)在点火开关旋至M位时,发动机ECU的48MB4脚同时得到一12V信号,于是置于点火钥匙CA00内的防盗芯片就通过套在点火锁上的应答器模拟模块8220产生电磁感应,与防盗控制盒8630进行核对钥匙码(ID码)的工作,此项工作成功完成后,防盗控制盒又与发动机ECU通过二者之间的导线8200和8269进行核对防起动码(ECM码)的工作,当核对防起动码的工作成功完成后,发动机ECU就控制解锁,发动机可以起动,同时发动机ECU还把解锁状态的信息通知防盗控制盒,防盗控制盒则发出熄灭组合仪表上防盗指示灯的指令。如果上述二次核对密码的工作只要有一次不成功,则发动机ECU控制闭锁,发动机不能起动,同时组合仪表上的防盗指示灯点亮报警,如图4-9所示。

(3)发动机ECU解锁后,发动机ECU就控制密封双继电器通电工作;密封双继电器的左线圈通电后,其触点闭合,通过导线1203为发动机ECU供电,发动机ECU得到密封双继电器的供电后,为进气压力传感器、加速踏板位置传感器等提供5V的供电,各传感器得到供电后,开始工作并为发动机ECU提供信号;密封双继电器的右线圈通电后,其触点闭合,为点火线圈、各喷油器等供电,使发动机能顺利起动并稳定运行。当发动机ECU闭锁时,发动机ECU不能控制密封双继电器通电工作,导致发动机电喷系统的各传感器和各执行器都不工作,于是发动机不能起动。

(4)关闭点火开关后,处在运行中的发动机就会熄火;发动机熄火后,在发动机还没有进入防盗状态时,危险报警开关2300中的防盗报警灯不亮;只有当发动机进入防盗状态后,危险报警开关中的防盗报警灯才会有节奏地闪亮,防盗报警灯的电流走向为:蓄电池+→发动机舱熔断器BF01→座舱熔断器中的SH和F15→导线B15C→危险报警开关中的电阻和发光二极管(即防盗指示灯)→防盗控制盒内的电子开关→搭铁点MC31。

(5)驾驶员打开左前门,左前门开关3000闭合,左前门开关通过导线6200给防盗控制盒18N4脚一搭铁信号,防盗控制盒得到该信号后,可控制发动机电子防起动系统更快地进入防盗状态。

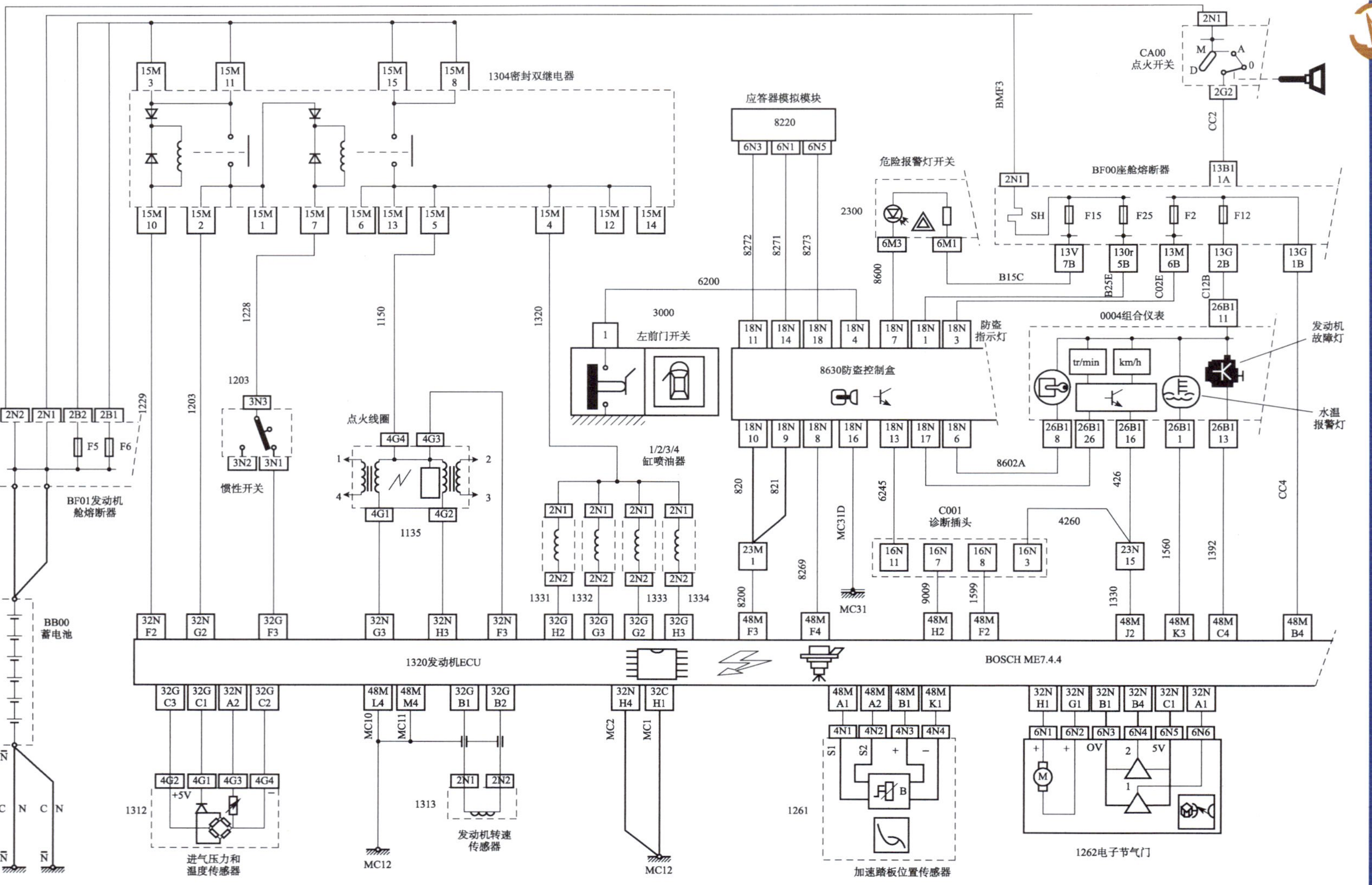

图4-8 爱丽舍轿车发动机电子防起动系统的电路

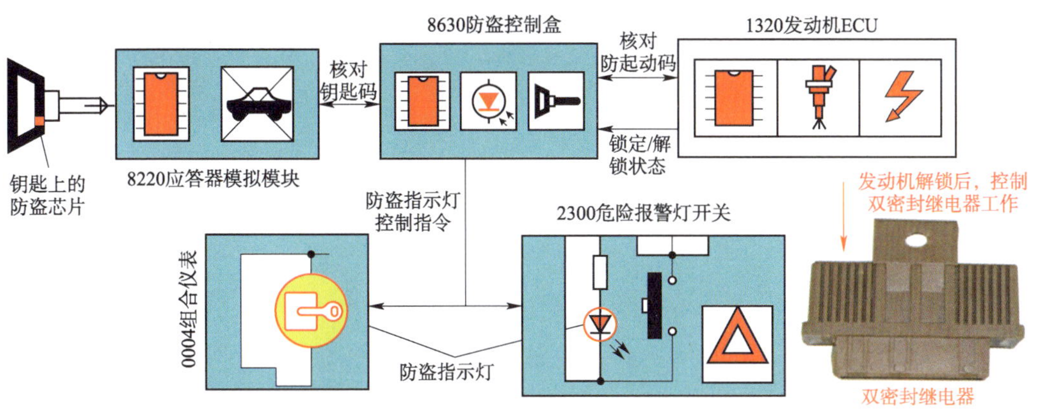

图4-9　爱丽舍轿车发动机电子防起动系统防盗密码核对过程示意图

❹ 发动机电子防起动系统的检测

1)读取发动机电子防起动系统的故障

打开点火开关,启动诊断仪,在车型选择界面,选择新爱丽舍轿车,如图4-10;在电控单元选择界面选择防盗如图4-11所示;在防盗界面选择电子钥匙,如图4-12所示;在电子钥匙主菜单界面,选择故障读取,如图4-13所示;诊断仪显示防盗系统没有故障,如图4-14所示。

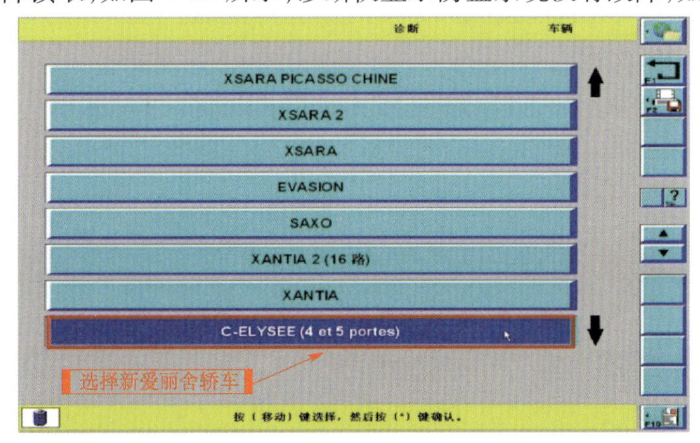

图4-10　选择新爱丽舍轿车

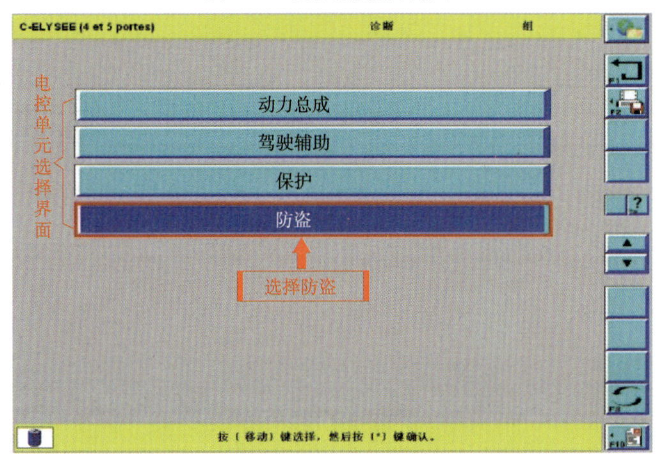

图4-11　选择防盗

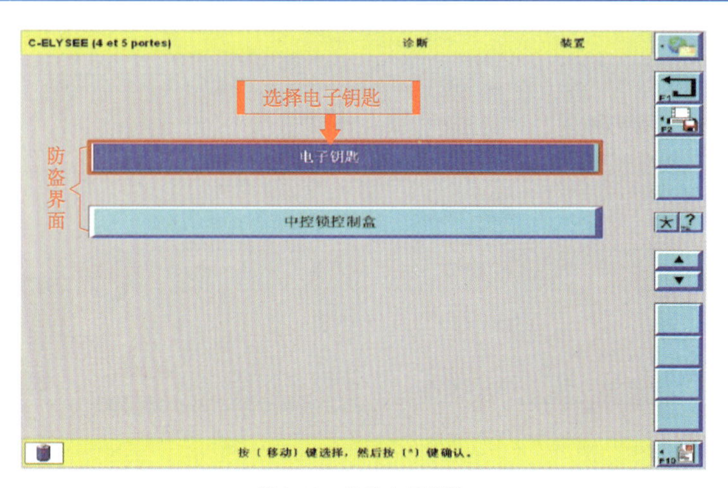

图 4-12　选择电子钥匙

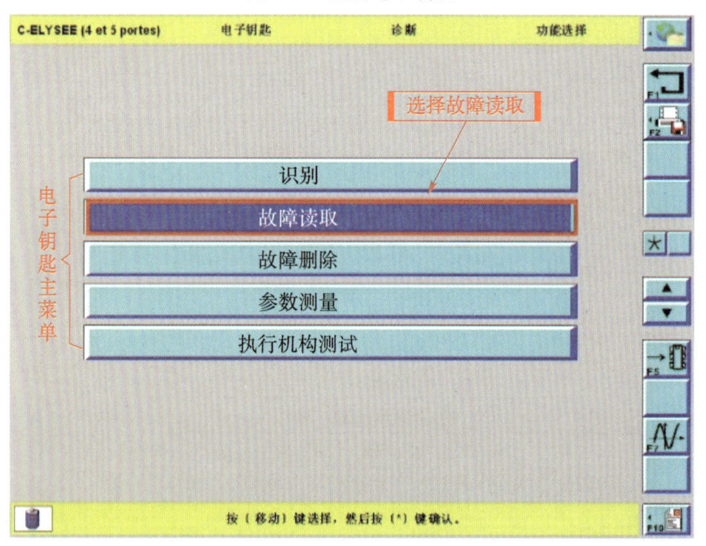

图 4-13　选择故障读取

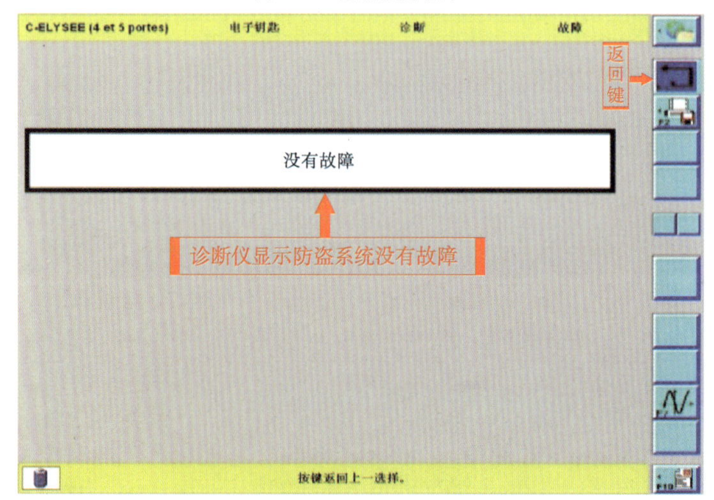

图 4-14　诊断仪显示防盗系统没有故障

2）检测发动机电子防起动系统的参数

按返回键，返回到电子钥匙主菜单后，选择参数测量，如图4-15所示，诊断仪显示电子防盗系统的参数如图4-16所示，对电子防盗系统各参数的说明见表4-1。

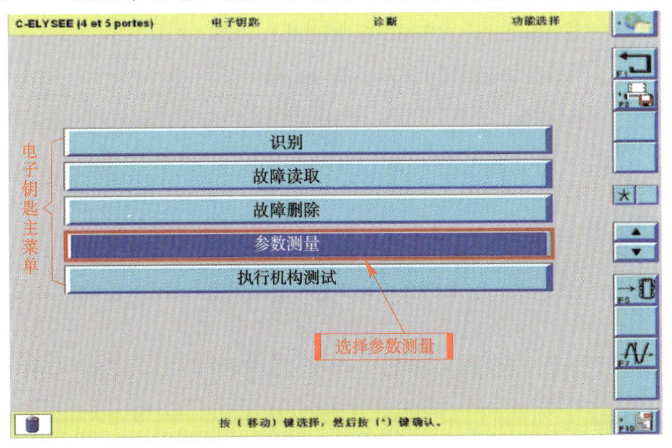

图4-15　选择参数测量

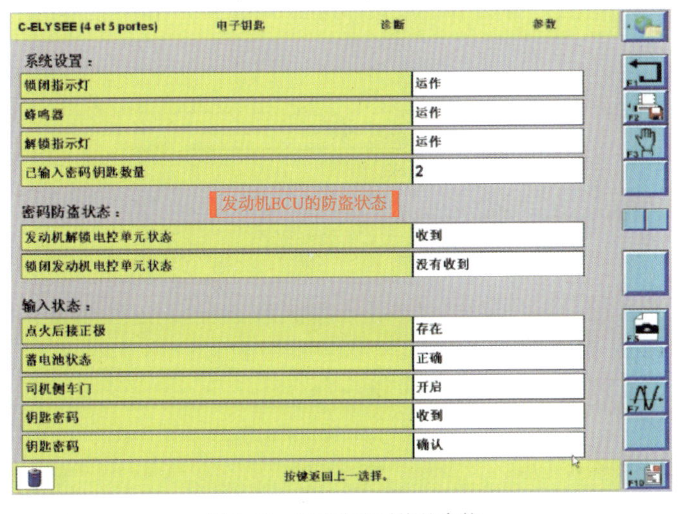

图4-16　电子防盗系统的参数

发动机电子防盗系统各参数说明　　表4-1

参数名称	参数说明
锁闭指示灯	关闭点火开关，发动机ECU进入防盗锁止后，危险报警开关中的防盗指示灯有节奏地闪亮
蜂鸣器	点火开关旋至M位后，如钥匙应答器、防盗控制盒、发动机ECU之间核对密码的工作失败，集成在组合仪表中的蜂鸣器会鸣叫报警
解锁指示灯	将点火开关旋至M位时，如钥匙应答器、防盗控制盒、发动机ECU之间核对密码的工作成功后，组合仪表板上的防盗指示灯熄灭；如核对密码的工作不成功，则该防盗指示灯点亮
已输入密码钥匙数量	表示经过最后一次电子配钥匙后，记录在防盗控制盒中合法点火钥匙的数量
发动机解锁电控单元状态	发动机ECU解锁时，该参数为：收到；发动机ECU闭锁时，该参数为：没有收到（注：发动机ECU闭锁时，发动机不能起动）
闭锁发动机电控单元状态	发动机ECU解锁时，该参数为：没有收到

续上表

参　数　名　称	参　　数　　说　　明
点火后接正极	将点火开关旋至 M 位时,该参数为:存在;关闭火开关后,该参数为:不存在
蓄电池的状态	蓄电池电压在 12V 以上时,该参数为:正确
驾驶员侧车门	驾驶员侧车门打开时,该参数为:开启
钥匙密码	将点火开关旋至 M 位时,如钥匙应答器与防盗控制盒之间核对密码的工作成功后,该参数为:收到
钥匙密码	将点火开关旋至 M 位时,如钥匙应答器与防盗控制盒之间核对密码的工作成功后,该参数为:确认

3)测试发动机电子防起动系统的执行元件

按返回键,返回到电子钥匙主菜单后,选择执行机构测试,如图 4-17 所示;诊断仪进入执行机构界面后,分别选择发光二极管、蜂鸣器、指示灯进行测试,如图 4-18、图 4-19、图 4-20 和图 4-21 所示,对电子防盗系统执行机构的说明见表 4-2。

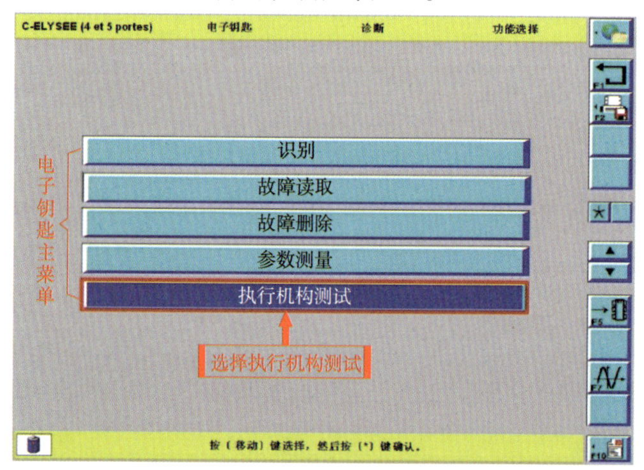

图 4-17　选择执行机构测试

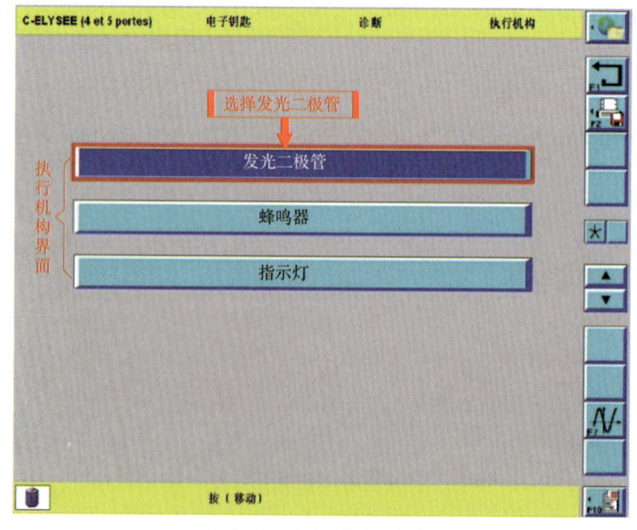

图 4-18　选择发光二极管

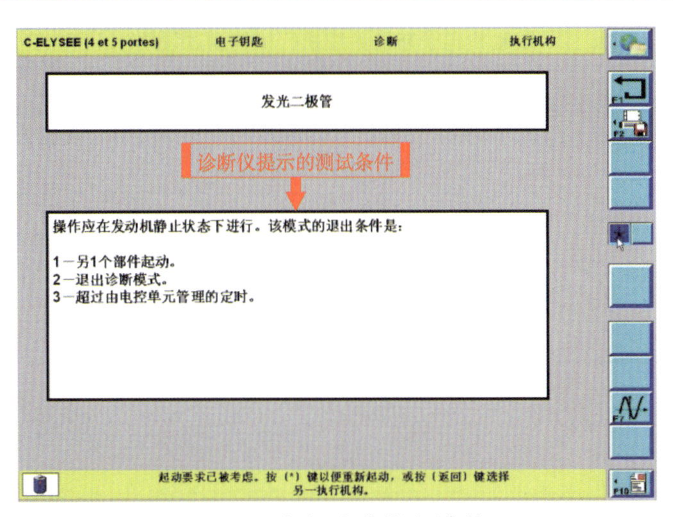

图4-19　发光二极管的测试条件

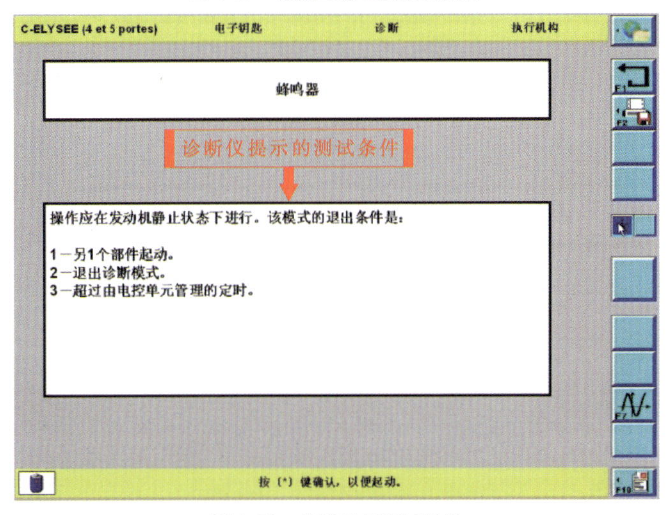

图4-20　蜂鸣器的测试条件

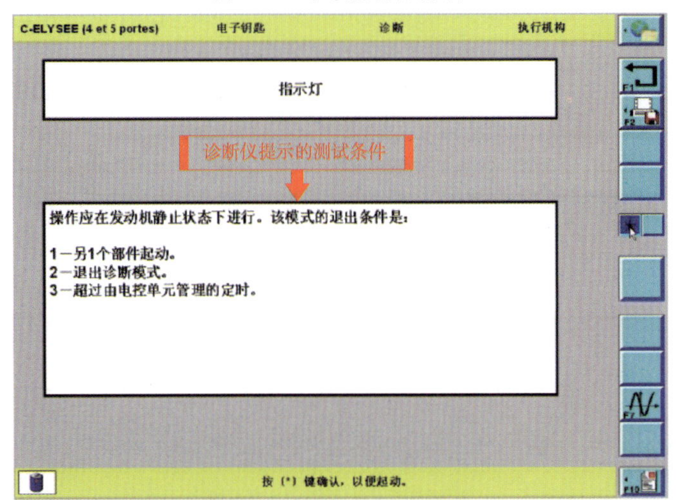

图4-21　防盗指示灯的测试条件

发动机电子防盗系统执行机构测试说明　　表4-2

执行机构名称	元件名称	执行机构测试说明
发光二极管	危险报警灯开关中的防盗指示灯	测试时该灯点亮,说明指示灯和连接指示灯的线路(导线B15C、8600等)正常
蜂鸣器	集成在组合仪表中的蜂鸣器	测试时该蜂鸣器鸣叫,说明蜂鸣器和连接蜂鸣器的线路正常
指示灯	组合仪表中的防盗指示灯	测试时该灯点亮,说明指示灯和连接指示灯的线路(导线C12B、8602A、MC31D等)正常

提示 在图4-8中,导线8200和8269是防盗控制盒与发动机ECU之间的通信线,当导线8200和8269断路后,将造成发动机不能起动,用诊断仪检测时,发动机ECU和防盗控制盒内都无故障,如图4-22和图4-23所示;但发动机ECU内所有参数均为"---",如图4-24和图4-25所示。

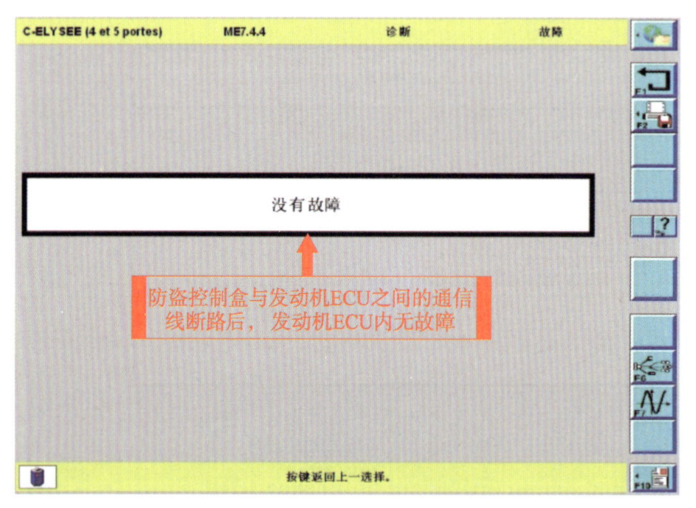

图4-22　发动机ECU内无故障

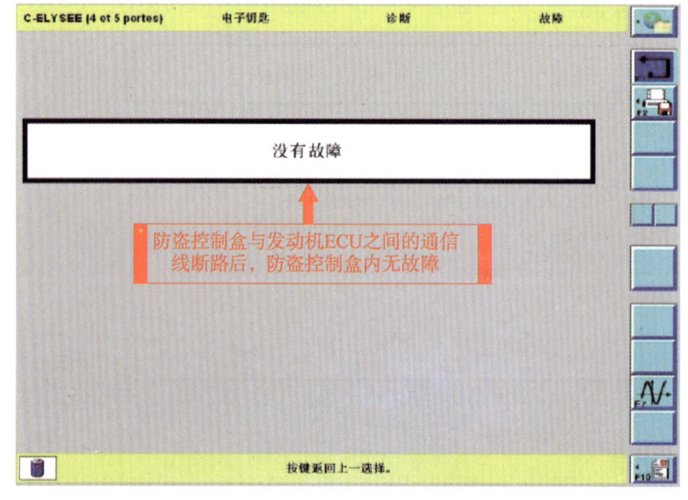

图4-23　防盗控制盒内无故障

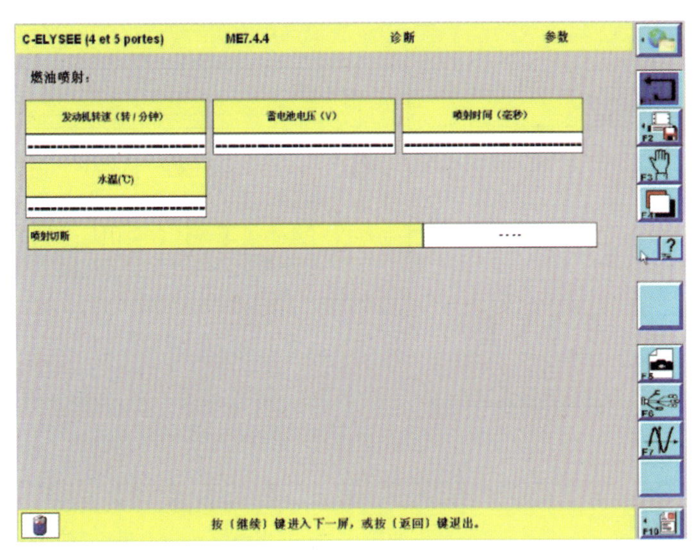

图 4-24 异常的燃油喷射参数

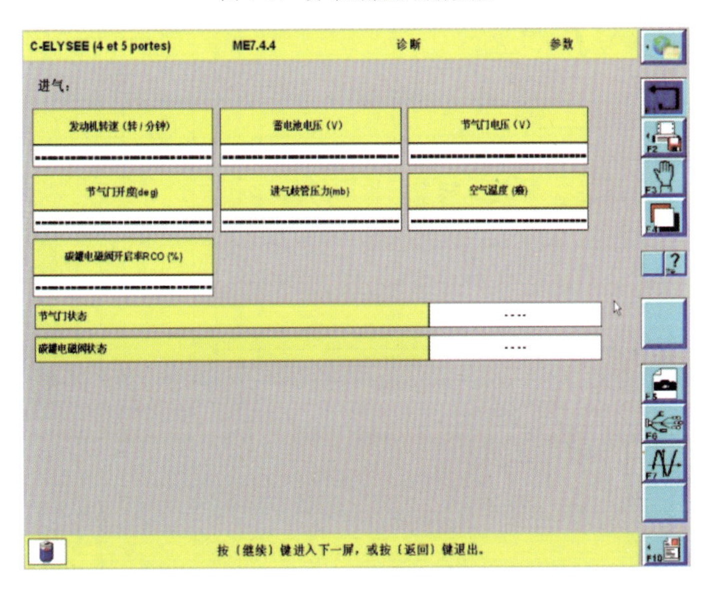

图 4-25 异常的进气参数---

注：当用诊断仪检测发动机 ECU 内所有参数均为“---”时，首先应根据图 4-8 检测修复防盗控制盒与发动机 ECU 之间通讯线 8200 和 8269；如在通讯线 8200 和 8269 正常时，故障现象仍不消除，应更换防盗控制盒。

二、C5 轿车的发动机电子防起动系统分析与检测

东风雪铁龙 C5 轿车（注：发动机型号为：EW12A，发动机排量 2.3L，发动机 ECU 型号为：MM6KP，六速自动变速器型号为：AT6）采用了先进的车载网络防盗技术，又称第二代数码应答式防盗（或电子防起动）系统，简称 ADC2。雪铁龙轿车由于采用了先进的 ADC2 型防盗系统，被国内外汽车界人士称为“一款盗不走的轿车”。发动机电子防起动系统的原理电路见图 4-26，下面对该电路的工作原理解析如下。

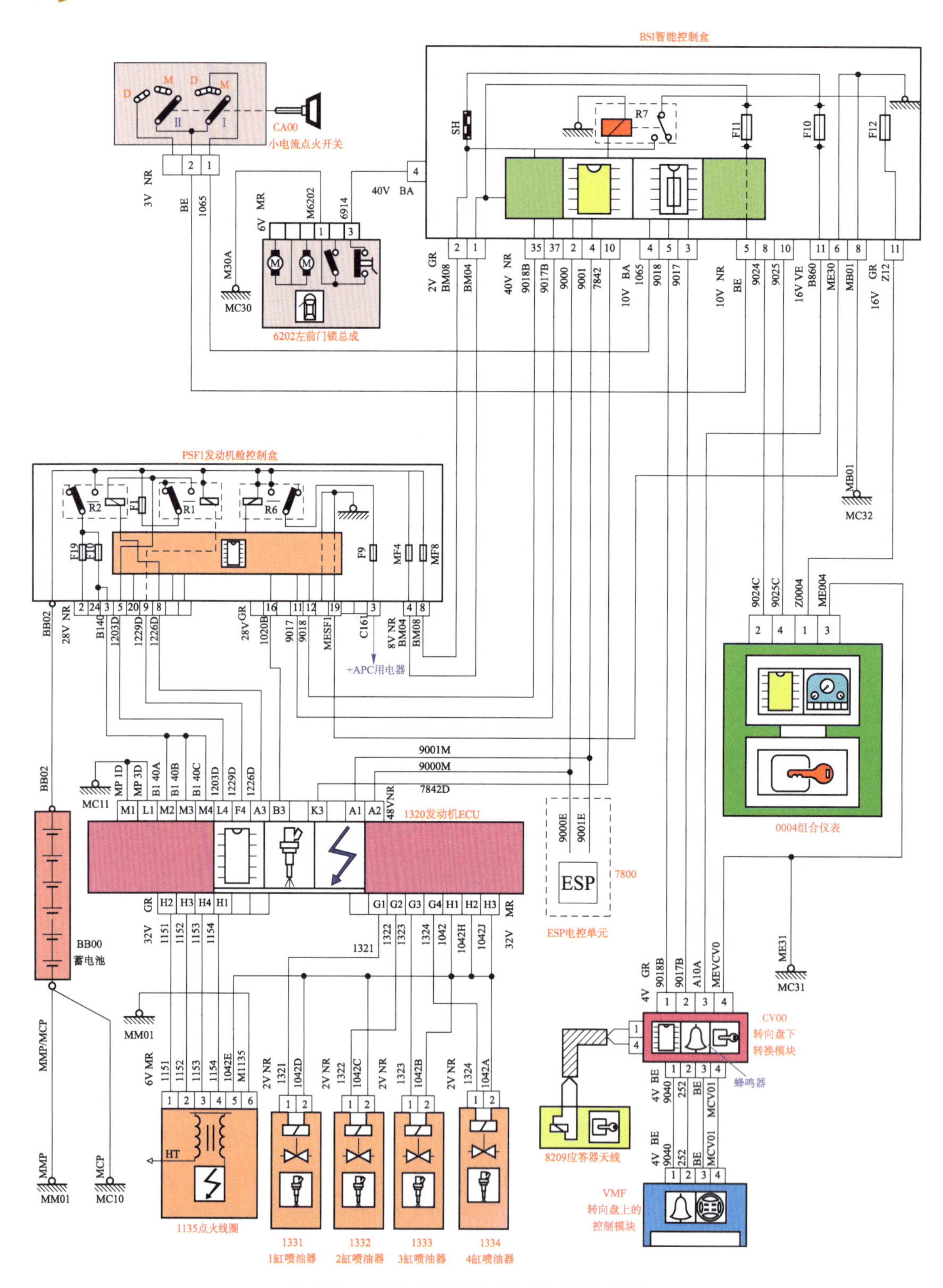

图 4-26　C5 轿车发动机电子防起动系统的原理图

1 电子防起动系统的工作过程

C5 轿车发动机电子防起动系统工作过程如图 4-27(对图的说明见表 4-3)所示,下面对系统的主要元件和工作过程说明如下。

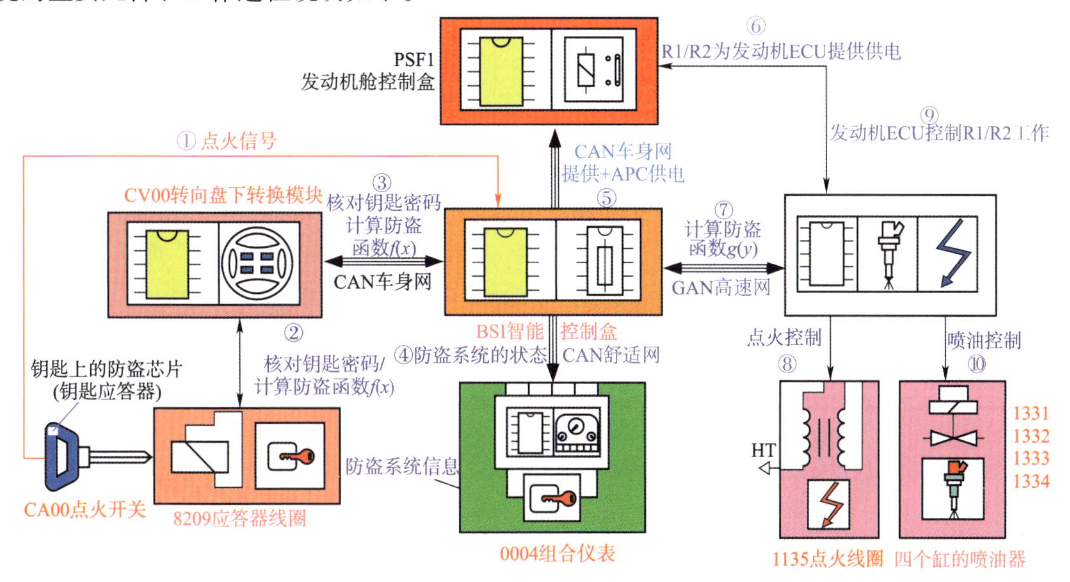

图 4-27 C5 轿车发动机电子防起动系统工作过程示意图

C5 轿车发动机电子防起动系统工作过程示意图说明 表 4-3

连接号	信　号	信号性质	发送和接收的元件	电路图中对应的导线编号	故障说明
①	点火信号	开关信号	CA00/BSI	1065	导线 1065 断路,发动机不能起动,组合仪表黑屏
②	1)核对钥匙密码; 2)计算防盗函数$f(x)$	模拟信号	CA00/CV00	CV00 插头 1、4 脚的导线	插头 1 或 4 脚上的导线断路,不能传递防盗密码和函数,发动机不能起动
③	1)核对钥匙密码; 2)计算防盗函数$f(x)$	CAN 车身网信号	CV00/BSI	9017/9018	网线 9017/9018 二根断路,不能传递防盗密码和函数,发动机不能起动
④	防盗系统状态	CAN 舒适网信号	BSI/0004	9024/9025	网线 9024/9025 二根断路,组合仪表上无发动机电子防盗系统的故障显示
⑤	提供 + APC 供电	CAN 车身网信号	BSI/PSF1	9017/9018	9017/9018 二根网线都断路,PSF1 不控制内部的 R6 继电器工作,不为 + APC 用电器提供供电
⑥	R1/R2 为发动机 ECU 提供供电;	模拟信号	PSF1/1320	1203D/B140A/B140B/B140C	导线 1203D 断路,发动机 ECU 因缺主供电不能起动并与诊断仪无对话;导线 B140A/B140B/B140C 断路,发动机 ECU 因缺功率供电不能起动

续上表

连接号	信号	信号性质	发送和接收的元件	电路图中对应的导线编号	故障说明
⑦	计算防盗函数 $g(y)$	CAN 高速网信号	BSI/1320	9000/9001	网线 9000 或 9001 断路，因防盗函数无法交流，发动机不能起动
⑧	点火控制信号	模拟信号	1320/1135	导线 1151/1152/1153/1154	四根导线 1151/1152/1153/1154 中，断几根就有几个缸不点火
⑨	发动机 ECU 控制 R1/R2 工作	模拟信号	PSF1/1320	导线 1229D/1226D	导线 1229D/1226D 断路，PSF1 中的继电器 R1/R2 不工作，发动机 ECU 因缺主供电/功率供电，发动机不能起动
⑩	喷油控制	模拟信号	1320/1331，1332，1333，1334	导线 1321/1322/1323/1324	四根导线 1321/1322/1323/1324 中，断几根就有几个缸不喷油

(1)点火开关 CA00：它的作用是传递点火信号给智能控制盒 BSI，并与 BSI 之间进行核对钥匙密码和计算防盗函数的工作。在点火钥匙内部有一个存储着 ID 码(它又称为钥匙的身份证)的防盗芯片(它又称为钥匙应答器)，如图 4-28 所示。

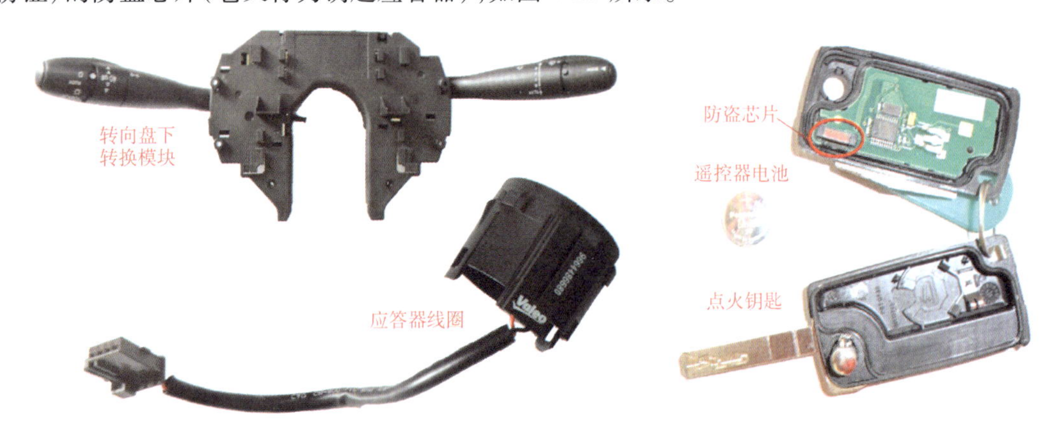

图 4-28　转向盘下转换模块、应答器线圈、钥匙应答器

(2)应答器线圈 8209：它套在点火锁上，如图 4-29 所示；它与转向盘下转换模块 CV00 共同配合完成以下任务：①为钥匙应答器与 BSI 之间的防盗对话传递信息；②为钥匙应答器与 BSI 之间的防盗对话调制和解调信号；③为钥匙应答器与 BSI 之间的防盗对话提供能量。应答器线圈 8209 和 CV00 是钥匙应答器与 BSI 进行防盗密码对话的桥梁。

(3)CV00 与 BSI 之间通过 CAN 车身网(网线 9017 和 9018)进行信息传递；BSI 与发动机 ECU 之间通过 CAN 高速网(见图 4-26 中的网线 9000 和 9001)传递信息。

(4)钥匙应答器与 BSI 之间首先要核对钥匙密码(又称 ID 码)。每把点火钥匙的防盗芯片上都有一个唯一表示身份的 ID 码；BSI 最多可以存储同一辆车 5 把点火钥匙的 ID 码。

(5)在核对完 ID 码后，钥匙应答器与 BSI 之间要共同计算第一密码函数 $f(x)$。

(6)在计算第一密码函数 $f(x)$ 成功后，发动机 ECU 与 BSI 之间还要核对防起动码(又称 ECM 码)，发动机 ECU 与 BSI 是通过共同计算第二密码函数 $g(y)$ 来核对 ECM 码的。

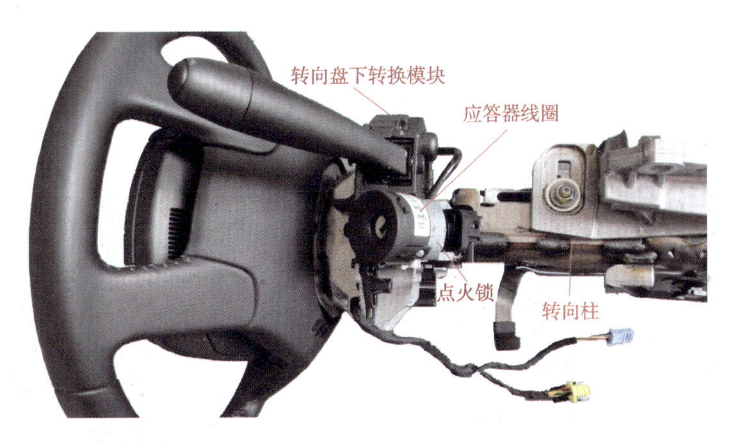

图4-29　应答器线圈的安装位置

（7）发动机电子防起动过程的实质是，钥匙应答器、智能控制盒BSI、发动机ECU1320三者之间，通过车载网络进行防盗对话：核对ID码、计算第一密码函数$f(x)$和第二密码函数$g(y)$；如防盗对话成功就控制发动机ECU解锁，发动机可以起动运行；如防盗对话不成功就控制发动机ECU闭锁，发动机不能起动运行。我们可以通过诊断仪检测发动机ECU是处在闭锁还是处在解锁状态，见图4-30所示。

图4-30　诊断仪显示发动机ECU处于解锁状态

2 发动机防起动系统电路原理图解析

（1）接通点火开关M位（点火挡），点火开关将点火信号通过导线1065传送到智能控制盒BSI；

（2）BSI收到点火信号（又称+APC信号）后，唤醒CAN高速网、CAN车身网、CAN舒适网等车载网络进入工作状态；

（3）全车网络工作后，BSI通过CAN车身网将“提供+APC供电”的指令通过CAN车身网线9017、9018传递给发动机舱控制盒PSF1；PSF1收到BSI的指令后，控制内部继电器R6（又称正时继电器）工作，R6继电器则通过内部触点和外部导线C161为+APC用电器供电；

（4）全车网络工作后，钥匙应答器（在CA00的防盗芯片中）、BSI和发动机ECU1320就通过CAN车身网线9017、9018和CAN高速网线9000、9001进行防盗密码核对和计算防盗函数的工作（核对过程在不到1S的时间内就完成了）。只要核对防盗密码和计算防盗函数的工作有一项不成功，发动机 ECU 就锁止，BSI 通过 CAN 舒适网线 9024、9025 将防盗系统的状态（发动机 ECU 锁止的信息）传递给组合仪表 0004，组合仪表显示“电子防盗系统故障！”如图 4-31 所示；只有当核对防盗密码和计算防盗函数的工作全部成功后，发动机 ECU 才能由闭锁状态转化为解锁状态。

图 4-31　发动机 ECU 锁止时组合仪表上的显示

（5）当发动机 ECU1320 解锁后，就先后控制 PSF1 中的 R1 继电器（发动机 ECU 的主继电器）和 R2 继电器（发动机 ECU 的功率继电器）投入工作：

①R1 继电器线圈电流的走向为：蓄电池 BB00 + →导线 BB02→PSF1 中的 R1 继电器线圈→导线 1229D→发动机 ECU1320 的 48V NR F4 脚→发动机 ECU 内的电子开关→48V　NR 的 L1 脚→MC11 搭铁点→BB00 – 。

R1 继电器线圈通电后，R1 继电器触点闭合，其触点通过导线 1203D 对发动机 ECU1320 进行“反馈”供电，电流走向为：BB00 + →导线 BB02→PSF1 中的 F1 保险→R1 继电器触点→导线 1203D→发动机 ECU 的 48V NR L4 脚。

②发动机 ECU 得到 R1 继电器的反馈供电后，接着控制 R2 继电器工作，R2 继电器线圈电流的走向为：BB00 + →导线 BB02→PSF1 中的 F1 保险→R1 继电器触点→R2 继电器线圈→导线 1226D→发动机 ECU1320 的 48V NR A3 脚→发动机 ECU 内的电子开关→MC11 搭铁点→BB00 – 。

（6）R2 继电器线圈通电后，R2 继电器触点闭合，其触点通过导线 B140、B140A、B140B、B140C 为发动机 ECU 提供功率元件（点火线圈、喷油器等）供电。

①点火线圈 1135 电流的走向为：蓄电池 BB00 + →导线 BB02→PSF1 中的 R2 继电器触点→PSF1 中的 F10 保险→导线 B140、B140A、B140B、B140C→发动机 ECU 内的电子开关→导线 1042、1042H、1042J→导线 1042E→1 缸/2 缸/3 缸/4 缸点火线圈的初级绕组→导线 1151/1152/1153/1154→发动机 ECU 内的电子开关→MC11 搭铁点→BB00 – 。

②喷油器的电流的走向为：蓄电池 BB00 + →导线 BB02→PSF1 中的 R2 继电器触点→PSF1 中的 F10 保险→导线 B140、B140A、B140B、B140C→发动机 ECU 内的电子开关→导线 1042、1042H、1042J→导线 1042D、1042C、1042B、1042A→1 缸/2 缸/3 缸/4 缸喷油器线圈→导线 1321/1322/1323/1324→发动机 ECU 内的电子开关→MC11 搭铁点→BB00 – 。

（7）当发动机 ECU1320 的主继电器 R1 和发动机 ECU 的功率继电器 R2 正常工作后，发动机就可正常起动了。

(8)发动机熄火后,关闭点火开关(点火钥匙在O位),在6S内发动机ECU进入锁止状态。

注:在发动机电子防起动系统中,点火钥匙CA00、智能控制盒BSI、发动机ECU1320中有防盗密码,更换这三个元件时,必须用雪铁龙轿车诊断仪进行电子匹配;而更换应答器线圈8209、转向盘下转换模块CV00等没有密码的元件时,不需要用诊断仪进行电子匹配。

3 探测防盗点火钥匙的过程

点火钥匙CA00关闭使发动机熄火后,BSI上的点火信号(导线1065没电)消失,如点火钥匙仍放在点火锁中,当驾驶员侧车门(左前门6202)一打开时,该车门状态开关(该开关集成在门锁驱动器总成内)就闭合,于是传给BSI一搭铁信号,该搭铁信号的路径是:

搭铁点MC30→导线M30A→左前门6202插头的6V MR 1脚→6202的门状态开关→6202插头的6V MR 3脚→导线6914→智能控制盒BSI插头的40V BA 4脚。

BSI收到这一搭铁信号后,就通过转向盘下转换模块CV00和应答器线圈8209探测点火钥匙应答器中的ID码,如探测到的ID码与BSI中的存储的ID码相同,BSI则控制转向盘下转换模块CV00中的蜂鸣器鸣叫,CV00中蜂鸣器电流的走向为:

蓄电池BB00+→导线BB02→PSF1中的MF8熔断器→BSI的SH熔断器→BSI的F10熔断器→导线B860、A10A→CV00的4V GR3脚→CV00中的蜂鸣器→CV00的4V GR4脚→导线MEVCV0→MC31搭铁点→BB00-。

蜂鸣器通电鸣叫后,提醒驾驶员从点火锁中取出点火钥匙。在鸣叫过程中,如驾驶员侧车门(左前门6202)关闭或点火开关的点火信号出现或点火钥匙从点火锁中取出,则蜂鸣器停止鸣叫。

4 发动机电子防起动系统的检测

(1)操作诊断仪进入BSI电控系统的参数测量功能,检测BSI中的防起动组参数,如图4-32和图4-33所示。

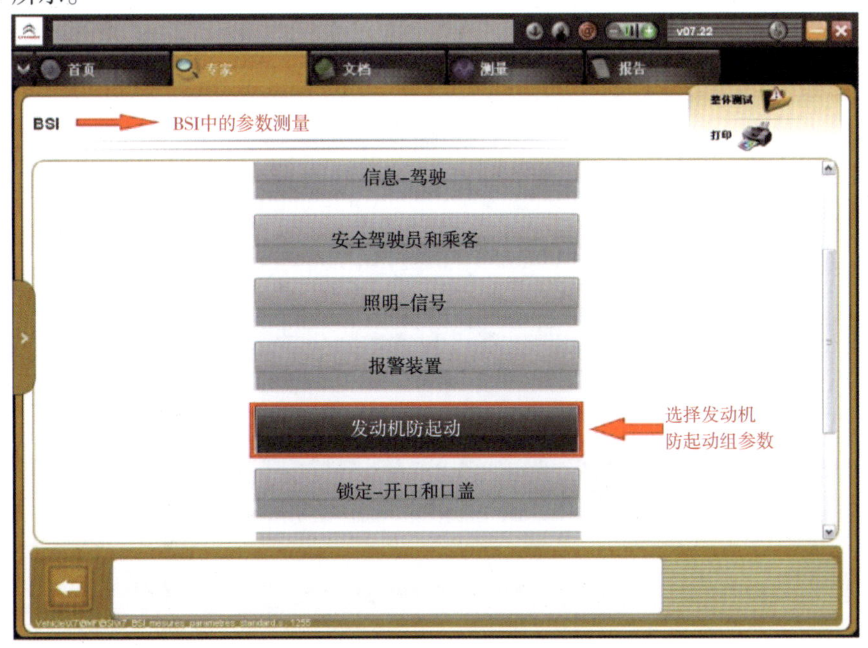

图4-32　进入BSI的参数测量

图 4-33　检测 BSI 中的防起动组参数

(2)操作诊断仪进入发动机电喷系统的参数测量功能,检测发动机电喷系统的中的控制单元状态组参数,如图 4-34 和图 4-35 所示;各参数的含义和检测元件见表 4-4。

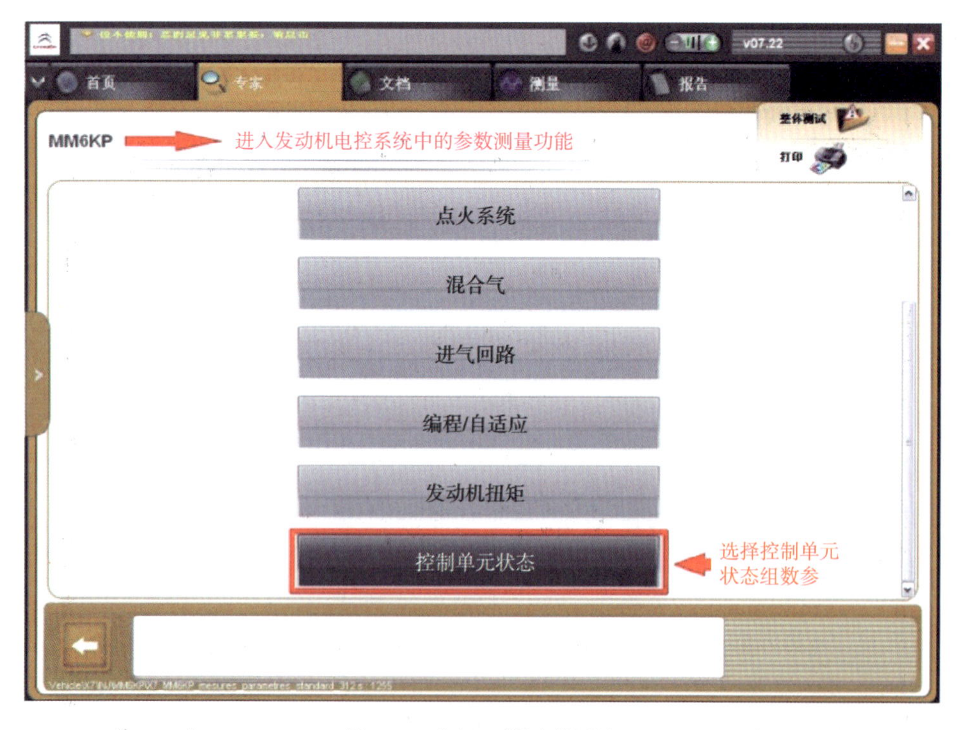

图 4-34　进入 BSI 的参数测量

图4-35　检测BSI中的防起动组参数

BSI和发动机电喷系统中的参数和传递参数的元件　　表4-4

序号	参数名称	参数值	传递参数的元件(注:被检测的元件)
1	遥控器同步1	是	车钥匙遥控器(注:用诊断仪进行电子配钥匙后接着配遥控器称遥控器同步,每车最多可配5把车钥匙和4个遥控器,诊断仪检测说明本车配了2把车钥匙遥控器)
2	遥控器同步2	是	
3	遥控器同步3	否	
4	遥控器同步4	否	
5	遥控器同步5	否	
6	发动机电控单元闭锁	否	发动机ECU 1320
7	应答器标记已识别	是	钥匙应答器
8	钥匙防盗芯片已学习	2车钥匙	钥匙应答器(注:诊断仪已配过2把车钥匙)
9	已初始化的遥控器数量	2遥控器	车钥匙遥控器(注:本车已配过2把车钥匙遥控器)
10	H高频遥控器未同步	否	车钥匙遥控器
11	蓄电池电压	13.7V	蓄电池BB00
12	电控单元的锁止	控制单元未闭锁	发动机ECU 1320
13	发动机防起动编程	已匹配的电控单元	发动机ECU与智能控制盒已经进行了电子匹配
14	传递解锁密码时出现问题	未发现问题	钥匙应答器→BSI→发动机ECU之间防盗对话成功
15	电源继电器控制状态	ON	PSF1发动机舱控制盒中R1继电器工作正常

学习思考与拓展

1. 爱丽舍轿车发动机电子防起动系统的作用是什么?
2. 爱丽舍轿车发动机电子防起动系统由哪些主要元件组成?各元件的作用是什么?

3. 请画出爱丽舍轿车发动机电子防起动系统防盗密码核对过程简图,并说明其工作原理。

4. 请画表说明用诊断仪的参数测量功能可检测爱丽舍轿车发动机电子防起动系统哪些元件?

5. 请画表说明用诊断仪的执行器测试功能可检测爱丽舍轿车发动机电子防起动系统哪些执行元件?

6. C5 轿车的电子防起动系统由哪些元件组成? 各元件的主要作是什么?

7. 请画出 C5 轿车发动机电子防起动系统原理示意图,并说明工作原理。

8. 在 C5 轿车发动机电子防起动系统中,更换哪些元件需要进行电子匹配?

9. 请画表说明用诊断仪可检测 C5 轿车发动机电子防起动系统中的哪些元件?

单元5　发动机冷却系统电路分析与检测

一、C5 轿车发动机冷却系统电路分析与检测

1 发动机冷却系统的组成

东风雪铁龙 C5 轿车(注:发动机型号为:ES9A,发动机排量 3.0L,发动机 ECU 型号为:ME7.4.7,六速自动变速器型号为:AM6)发动机冷却系统的组成如图 5-1 所示。

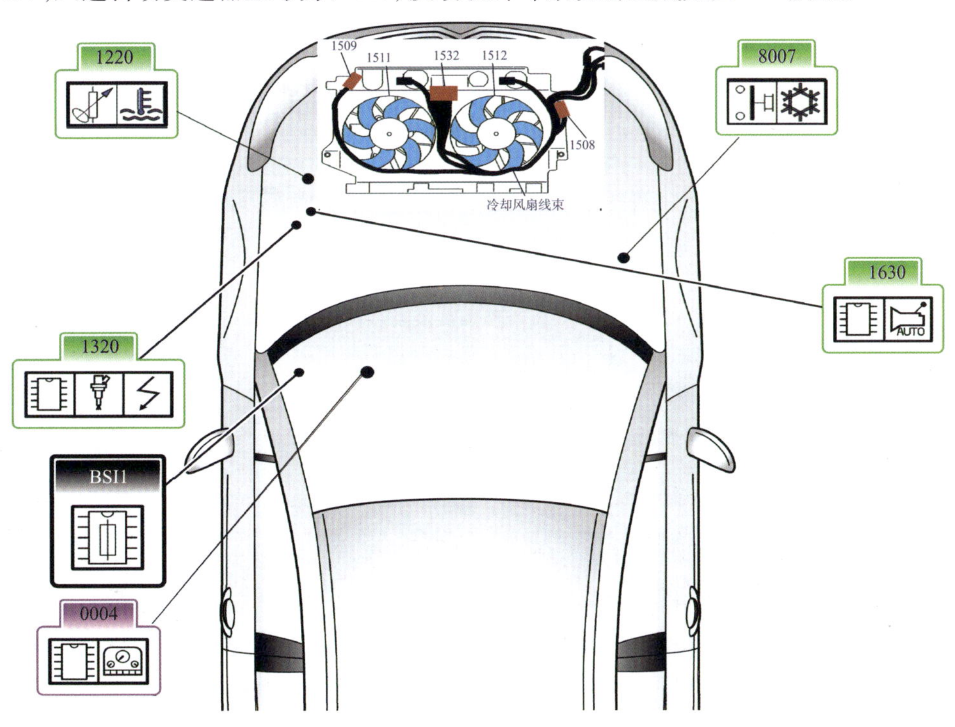

图 5-1　C5 轿车 3.0 升发动机冷却系统的组成

(1)冷却液温度传感器 1220:它装在发动机出水室上,如图 5-2 所示,它将发动机冷却液温度信息传递给发动机 ECU,发动机 ECU 根据此信号,控制冷却风扇的低速、高速、延时工作。

图 5-2　冷却液温度传感器的安装位置

(2)发动机 ECU1320:它装在蓄电池附近,外形如图 5-3 所示。在发动机冷却系统中,发动机 ECU 根据发动机冷却液温度、空调制冷剂的压力和自动变速器的油温来控制冷却风扇的低速或高速旋转。

(3)智能控制盒 BSI:它装在仪表台的左下方,外

形如图 5-4 所示。在发动机冷却系统中，BSI 通过 CAN 高速网获得发动机冷却液温度信息，并通过 CAN 舒适网将发动机冷却液的温度信息传递给组合仪表 0004 显示出来，以告知驾驶员。

图 5-3　发动机 ECU 的外形

图 5-4　智能控制盒 BSI 的外形

（4）空调制冷剂压力传感器 8007：它装在发动机舱左侧空调制冷系统的高压管道上，如图 5-5 所示。在发动机冷却系统中，该传感器将制冷剂压力信号传递给发动机 ECU，发动机 ECU 根据此信号可控制冷却风扇低速、高速旋转，通过降温来降低制冷剂的压力。

（5）自动变速器油温传感器：它装在自动变速器壳体内的液压阀板上，如图 5-6 所示。它将自动变速器的油温信号传递给自动变速器 ECU，自动变速器 ECU 将油温信号通过 CAN 高速网传递给 BSI 和发动机 ECU，发动机 ECU 可通过对冷却风扇的控制，满足自动变速器的散热需求。

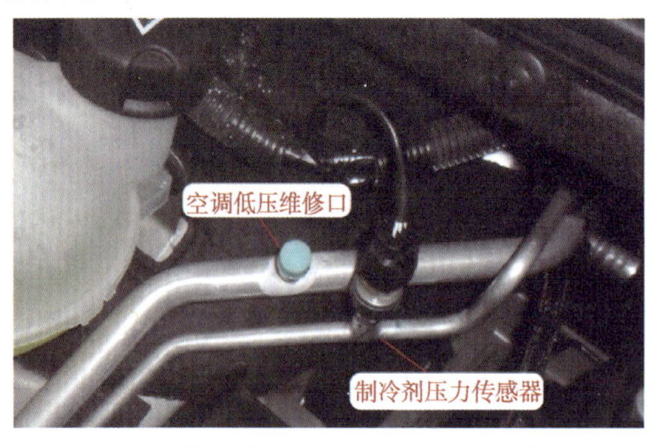

图 5-5　制冷剂压力传感器 8007 的安装位置

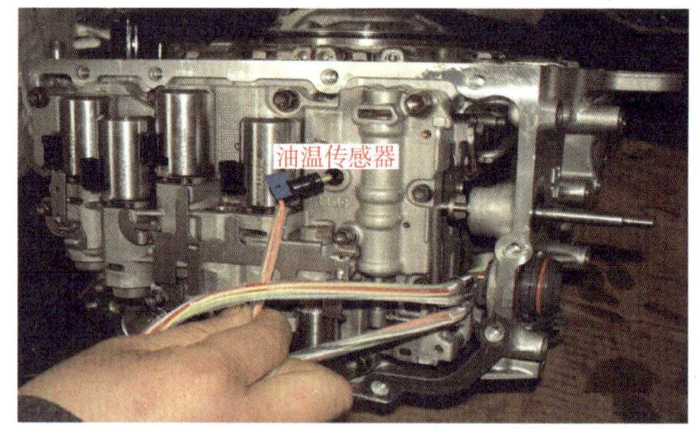

图 5-6　自动变速器液压阀板上的油温传感器

（6）三个冷却风扇继电器 1508、1509 和 1532：装在左、右冷却风扇 1512、1511 的前方，如图 5-7 所示，发动机 ECU 通过三个冷却风扇继电器实现对左、右冷却风扇的控制。

图 5-7　三个冷却风扇继电器的外形

左：1509 继电器；右：1508 继电器；中：1532 继电器

❷ 对发动机冷却系统电路的解读

图5-8是C5轿车3.0升发动机冷却系统的电路原理，经分析可将该原理图简化成图5-9所示的框图来，对框图的说明见表5-1。

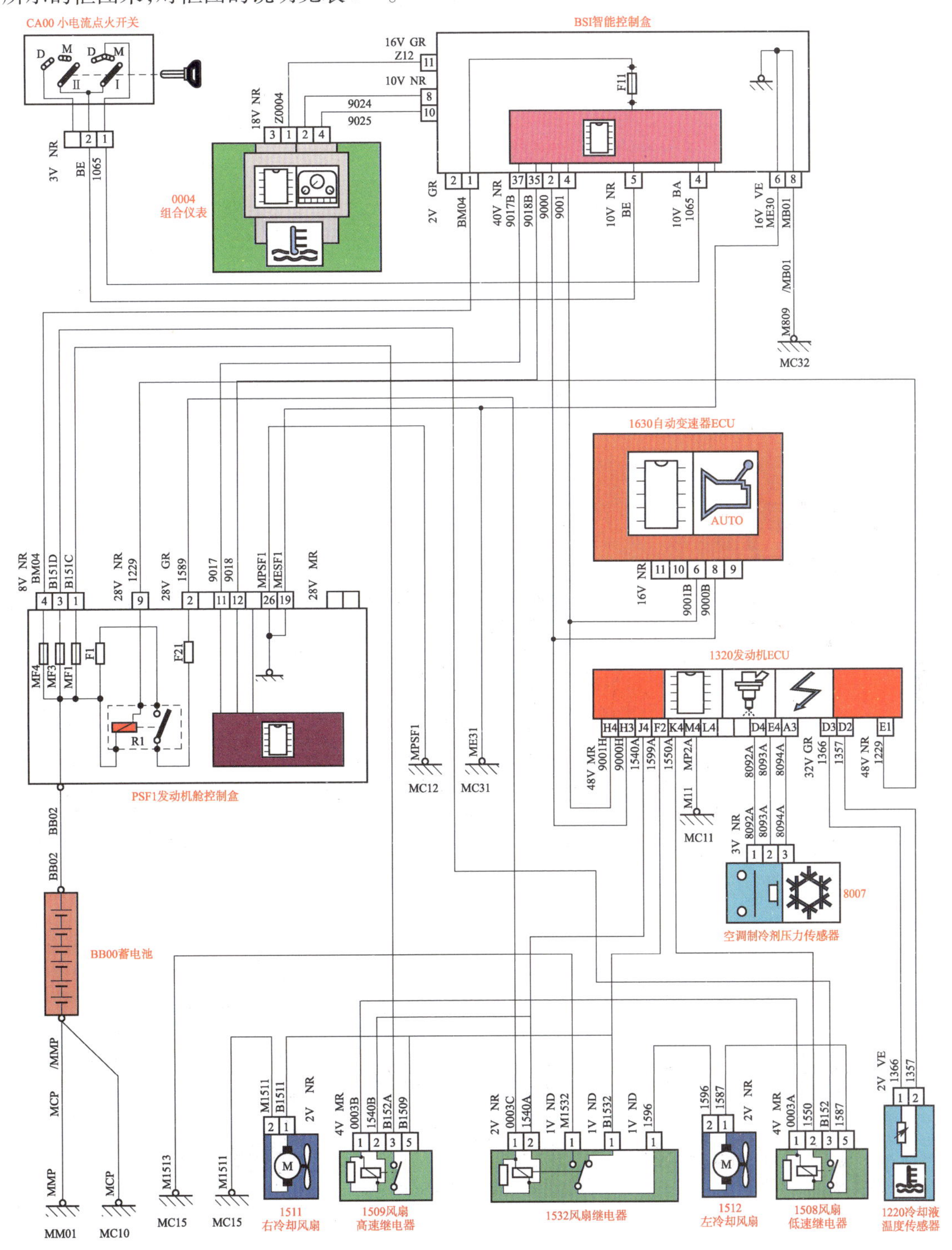

图5-8　C5轿车3.0升发动机冷却系统原理电路

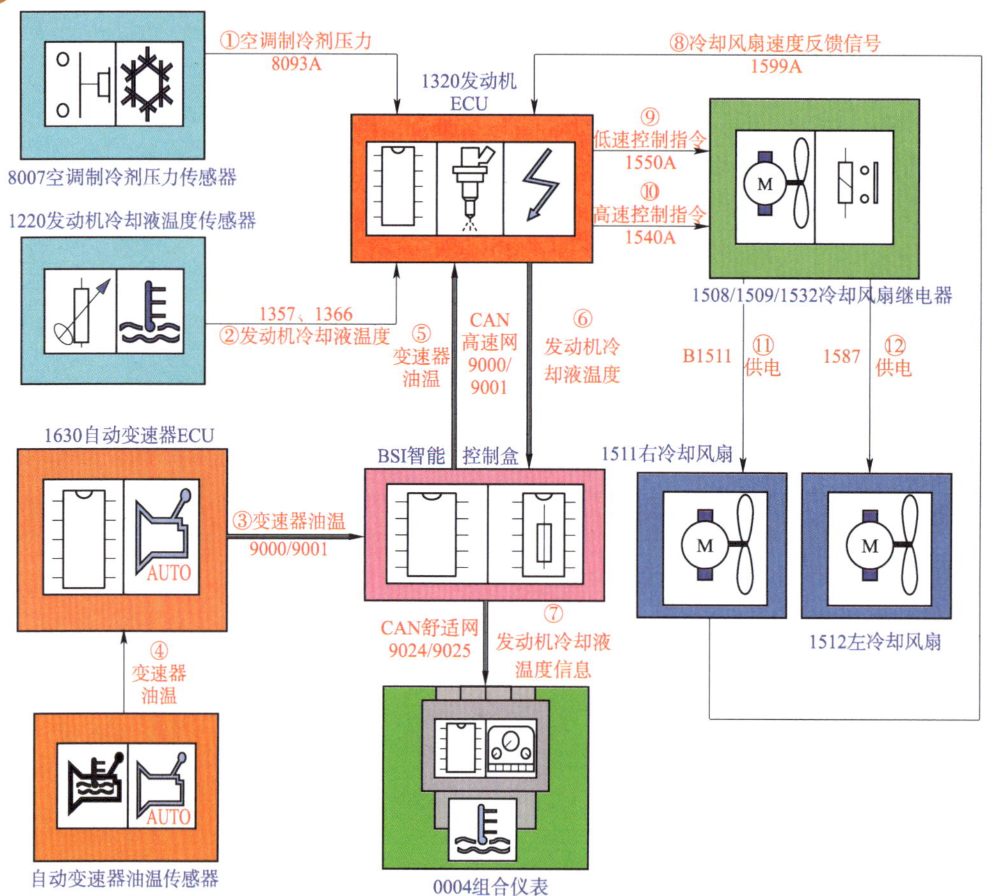

图 5-9　C5 轿车发动机冷却系统原理框图

C5 轿车发动机冷却系统原理框图说明　　表 5-1

连接号	信　　号	信号性质	发生器/接收器	电路图中对应的导线编号	故障说明
①	空调制冷剂压力信号	模拟信号	8007/1320	8093A	导线 8093A 断路，空调压缩机不工作，发动机 ECU 失去根据制冷剂压力控制冷却风扇的功能
②	发动机冷却液温度信号	模拟信号	1220/1320	1357/1366	导线 1357 或 1366 断路，组合仪表报警发动机冷却液温度高，两冷却风扇高速旋转
③	变速器油温信号	CAN 高速网信号	1630/BSI	9000/9001	网线 9000 或 9001 断路，发动机 ECU 失去根据变速器油温控制冷却风扇的功能
④	变速器油温信号	模拟信号	变速器油温传感器/1630	变速器 ECU 内部连接导线，电路图中无对应导线	变速器油温传感器导线断路，变速器 ECU 控制进入高温保护的降级运行模式

续上表

连接号	信　　号	信号性质	发生器/接收器	电路图中对应的导线编号	故障说明
⑤	变速器油温信号	CAN 高速网信号	BSI/1320	9000/9001	网线 9000 或 9001 断路,发动机 ECU 失去根据变速器油温控制冷却风扇的功能
⑥	发动机冷却液温度信号	CAN 高速网信号	1320/BSI	9000/9001	网线 9000 或 9001 断路,组合仪表上无发动机冷却液温度显示
⑦	发动机冷却液温度信号	CAN 舒适网信号	BSI/0004	9024/9025	网线 9024 和 9025 断路,组合仪表上无发动机冷却液温度显示
⑧	冷却风扇速度反馈信号	模拟信号	1511/1320	1599A	导线 1599A 断路,发动机 ECU 失去诊断冷却风扇的速度信息故障的功能
⑨	冷却风扇低速控制指令	模拟信号	1320/1508	1550A	导线 1550A 断路,二冷却风扇失去低速运转功能
⑩	冷却风扇高速控制指令	模拟信号	1320/1509 和 1532	1540A	导线 1540A 断路,二冷却风扇失去高速运转功能
⑪	右冷却风扇供电	模拟信号	1532 或 1509/1511	B1511	导线 B1511 断路,右冷却风扇缺供电不工作
⑫	左冷却风扇供电	模拟信号	1508/1512	1587	导线 1587 断路,左冷却风扇缺供电不工作

注:CAN 高速网断一根网线,网络就瘫痪,不能传输信息;CAN 车身网和 CAN 舒适网断两根网线,网络才瘫痪

下面根据图 5-1 和图 5-8 对 C5 轿车发动机冷却系统的原理说明如下。

(1)将点火开关旋到起动挡时,点火开关通过导线 1065 将点火信号传送到智能控制盒 BSI;BSI 获得点火信号后,将全车的 CAN 高速网、CAN 车身网、CAN 舒适网等唤醒。

(2)全车网络唤醒后,在 BSI 的指挥下,CAN 高速网参入传递发动机 ECU1320 控制冷却风扇 1511、1512 所需的发动机冷却液温度信号、空调制冷剂压力信号和自动变速器的油温信号。

(3)在发动机冷却系统中,发动机冷却液温度信号的传递路线是:发动机冷却液温度传感器 1220(导线 1357/1366)→发动机 ECU1320(CAN 高速网 9000/9001)→智能控制盒 BSI(CAN 舒适网 9024/9025)→组合仪表 0004;发动机 ECU1320 根据发动机冷却液温度信号控制两个冷却风扇的低速运转、高速运转,以满足发动机各运行工况对冷却的需求;在发动机运转过程中,冷却液温度达到 97℃左右时,两个冷却风扇 1511、1512 串联后低速旋转(注:两风扇低速旋转后,如冷却液温度降到 91℃左右时,两风扇停止运转);冷却液温度上升到 101℃左右时,两个冷却风扇 1511、1512 并联后高速旋转(注:两风扇高速旋转后,如冷却液温度降到

97℃左右时,两风扇转为低速运转)。

组合仪表0004获得发动机冷却液温度信号后,将此信号显示在仪表盘上,供驾驶员随时了解发动机冷却液温度信息。

(4)在发动机冷却系统中,空调制冷剂压力信号的传递路线是:空调制冷剂压力传感器8007(导线8093A)→发动机ECU1320;在发动机和空调制冷系统运转过程中,发动机ECU根据空调制冷剂压力信号控制两个冷却风扇的低速和高速运转,以满足空调制冷系统对冷却的需求:当制冷剂压力达到12bar(1200kPa),两风扇低速运转(注:两风扇低速旋转后,如制冷剂压力降到8bar(800kPa)时,两风扇停止运转);当制冷剂压力上升到18bar(1800kPa),两风扇高速运转(注:两风扇高速旋转后,如制冷剂压力降到12bar(1200kPa)时,两风扇转为低速运转)。

(5)在发动机冷却系统中,自动变速器油温信号的传递路线是:自动变速器油温传感器(注:通过该传感器上的两根导线,电路图中未表示)→自动变速器ECU1630(CAN高速网9000/9001)→智能控制盒BSI(CAN高速网9000/9001)→发动机ECU1320;在发动机和自动变速器系统运转过程中,发动机ECU根据自动变速器油温信号控制两个冷却风扇的低速和高速运转,以满足自动变速器系统对冷却的需求。

(6)发动机ECU1320通过对三个冷却风扇继电器1508、1509、1532的控制,实现对两个冷却风扇1511、1512的控制。当发动机ECU根据各传感器的信号,控制继电器1508工作,即控制1508线圈通电,其电流走向为:蓄电池正极→发动机舱控制盒PSF1中的F1熔断器→R1继电器触点(注:R1为发动机ECU的供电继电器,发动机运行时,它必须工作,否则,发动机不能起动和运行)→F21熔断器→导线1589→导线0003A→继电器1508线圈和电阻→导线1550→导线1550A→发动机ECU 48V MR的K4脚→发动机ECU内的电子开关→发动机ECU 48V MR的M4脚→导线MP2A→导线M11→搭铁点MC11→蓄电池负极;1508线圈通电后,其常开触点闭合,二风扇1511和1512串联通电低速旋转,其电流走向为:蓄电池正极→发动机舱控制盒PSF1中的MF3熔断器→导线B151D→导线B152→继电器1508触点→导线1587→风扇1512→导线1596→继电器1532触点→导线B1532→导线B1511→风扇1511→导线M1511→搭铁点MC15。当发动机ECU根据各传感器的信号,控制三个继电器1508、1509、1532同时工作(即控制1508、1509、1532继电器线圈都通电(注三个线圈通电的电流走向请读者自行分析),三个继电器的常开触点都闭合)时,两风扇1511和1512并联通电高速旋转,风扇1512的电流走向为:蓄电池正极→发动机舱控制盒PSF1中的MF3熔断器→导线B151D→导线B152→继电器1508触点→导线1587→风扇1512→导线1596→继电器1532触点→导线M1532→导线M1513→搭铁点MC15;风扇1511的电流走向为:蓄电池正极→发动机舱控制盒PSF1中的MF1熔断器→导线B151C→导线B152A→继电器1509触点→导线B1509→导线B1511→风扇1511→导线M1511→搭铁点MC15。

(7)C5轿车发动机两冷却风扇正常工作的状态只有三种:①两风扇都不转;②两风扇都低速转;③两风扇都高速转。发动机ECU1320根据冷却风扇1511的反馈信号,可了解两冷却风扇的工作状况,并自诊断冷却风扇的故障。从图5-15可知,风扇1511工作时,其工作电位信号可通过路径:右冷却风扇1511插头的1脚导线B1511→导线1599A→发动机ECU1320 48V MR插头的F2脚,反馈给发动机ECU;即两风扇1511、1512都不运转时,发动机ECU 48V MR插头的F2脚检测到的电位为0V;两风扇低速都运转时,发动机ECU 48V MR插头的F2脚检

测到的电位为7V左右；两风扇都高速运转时，发动机ECU 48V MR插头的F2脚检测到的电位为14V左右。换言之发动机ECU可根据48V MR插头F2脚检测到的电位判断两风扇的运转状况，并诊断两风扇的故障。

(8)发动机熄火后，如发动机冷却液温度在112℃以上时，为避免发动机在长时间高温条件下受到伤害，也为了缩短空调压缩机的停机时间(注：当发动机冷却液温度在112℃以上时，发动机ECU禁止压缩机吸合)，发动机ECU将控制二冷却风扇串联低速运转6min(注：我们称此为发动机熄火后的延时运转；因两风扇延时运转时消耗的是蓄电池电量，所以两风扇不能高速运转，否则有可能造成蓄电池电量消耗过大，造成发动机不能起动)，使发动机尽快降温。

(9)当发动机冷却液温度传感器或传感器线路损坏后，发动机ECU将无法获得发动机冷却液温度信号；于是发动机ECU从最坏的角度(如设想此时发动机冷却液温度很高)出发，控制两冷却风扇高速运转，同时在组合仪表上显示“发动机过热”的报警信号，如图5-10所示。

图5-10 组合仪表上显示的冷却液过热的报警信号

(10)发动机和空调压缩机运行时，如发动机冷却液温度上升到112℃时，智能控制盒BSI会向发动机舱控制盒PSF1发出切断压缩机的供电指令，希望通过降低发动机负荷来达到降低发动机冷却液温度的目的；如发动机冷却液温度继续上升到118℃时，组合仪表0004同时发出“发动机过热”和“STOP”的报警信号(见图5-10)，警示驾驶员停车(STOP)降温，防止发动机汽缸垫等受到高温的破坏。

二、新世嘉轿车发动机冷却系统电路分析与检测

1 发动机冷却系统的组成和作用

东风雪铁龙新世嘉三厢轿车(注：发动机型号为：EW10A，发动机排量2.0L，发动机ECU型号为：MM6LPB，四速自动变速器型号为：AT8)，发动机冷却系统的组成如图5-11所示，其中发动机冷却液温度传感器1220装在发动机出水室上，它将发动机冷却液温度信息传递给发动机ECU；发动机ECU装在蓄电池左侧，它的外形如图5-12所示，发动机ECU根据发动机冷却液温度、空调制冷剂的压力和自动变速器的油温来控制冷却风扇的低速或高速旋转；智能控制盒BSI装在仪表台的左下方，它主要通过CAN舒适网将发动机冷却液的温度信息传递给组合仪表0004(装在仪表台上方)和多功能显示屏7215(装在仪表台中部)显示出来，如图5-13所

示,以告知驾驶员;空调制冷剂压力传感器 8007 装在发动机舱左侧空调制冷系统的高压管道上,它将制冷剂压力信号传递给发动机 ECU;自动变速器油温传感器装在自动变速器壳体内电磁阀的线束上(见图 5-14),它将自动变速器的油温信号传递给自动变速器 ECU,自动变速器 ECU 将油温信号通过 CAN 高速网传递给 BSI 和发动机 ECU。冷却风扇调速模块 1522 装在冷却风扇 1510 右侧,发动机 ECU 通过调速模块实现对冷却风扇的控制。

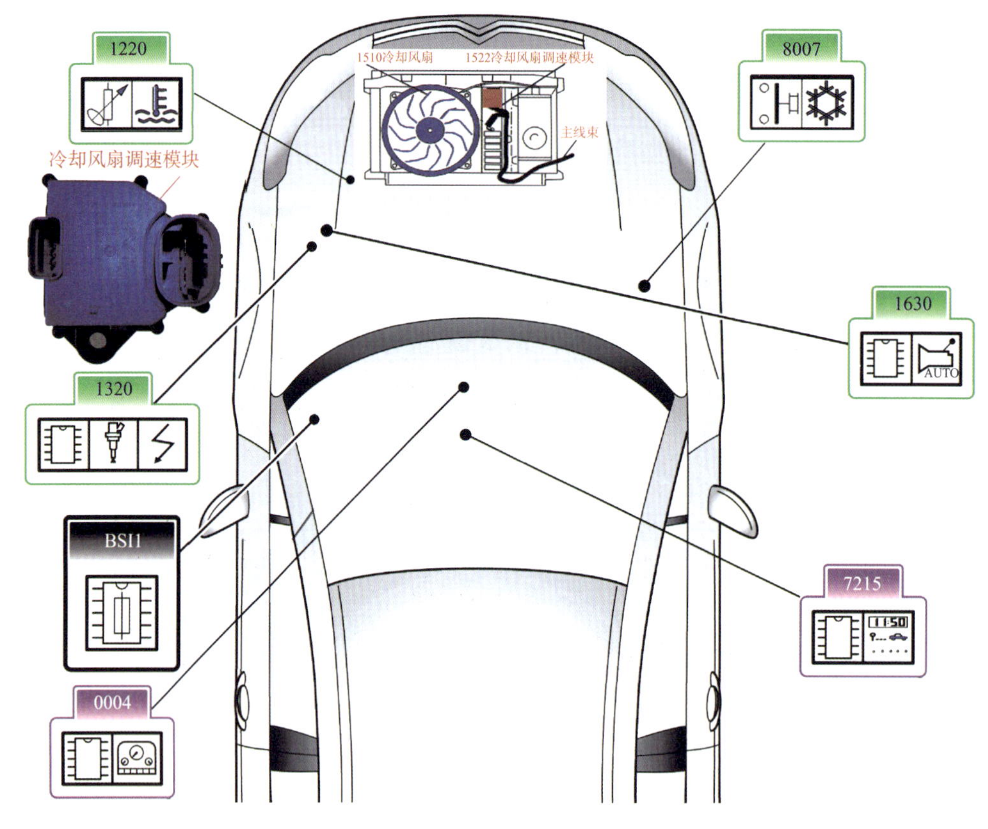

图 5-11　世嘉轿车发动机冷却系统的组成

图 5-12　世嘉轿车发动机 ECU 的外形

图5-13　组合仪表和多功用显示屏

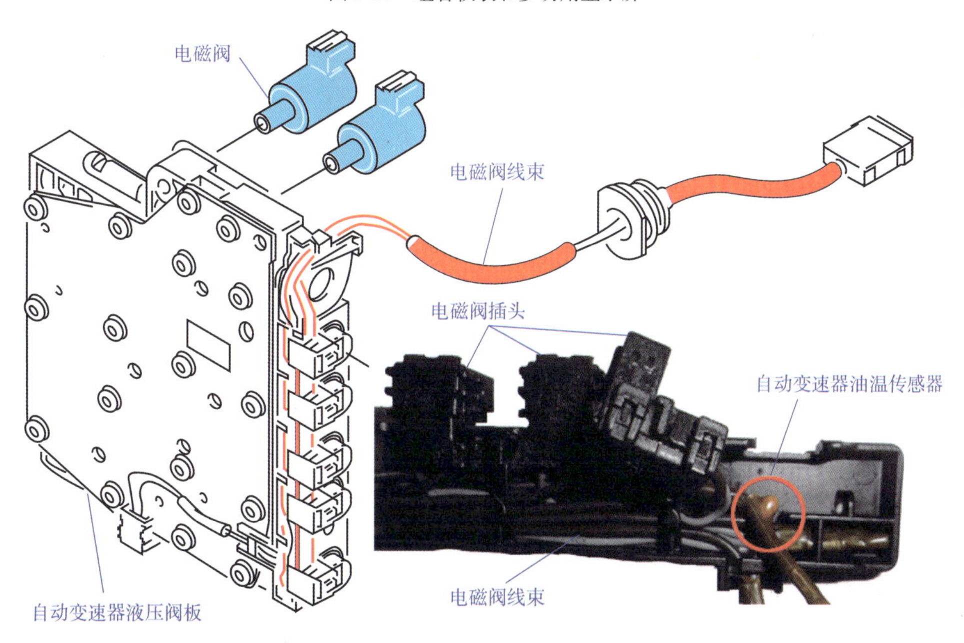

图5-14　世嘉轿车AT8型自动变速器电磁阀线束上的油温传感器

世嘉轿车发动机冷却系统的作用是：①根据发动机散热、空调制冷系统散热、自动变速器油散热的需要，控制冷却风扇低速、高速、延时低速运转；②将发动机冷却液的温度信息传递到组合仪表上显示出来，使驾驶员随时掌握发动机的冷却状态；③当发生发动机冷却液温度异常升高、发动机冷却液温度传感器或传感器线路损坏等故障时，控制冷却风扇高速旋转（这是一种降级运行方式），同时在组合仪表上发出报警信号，警示驾驶员采取相应的处理措施。

2 对发动机冷却系统电路的解读

图5-15是世嘉轿车发动机冷却系统的电路原理图，经过分析该电路和原理可用图5-16所示的框图来表示，对该框图的说明见表5-2。

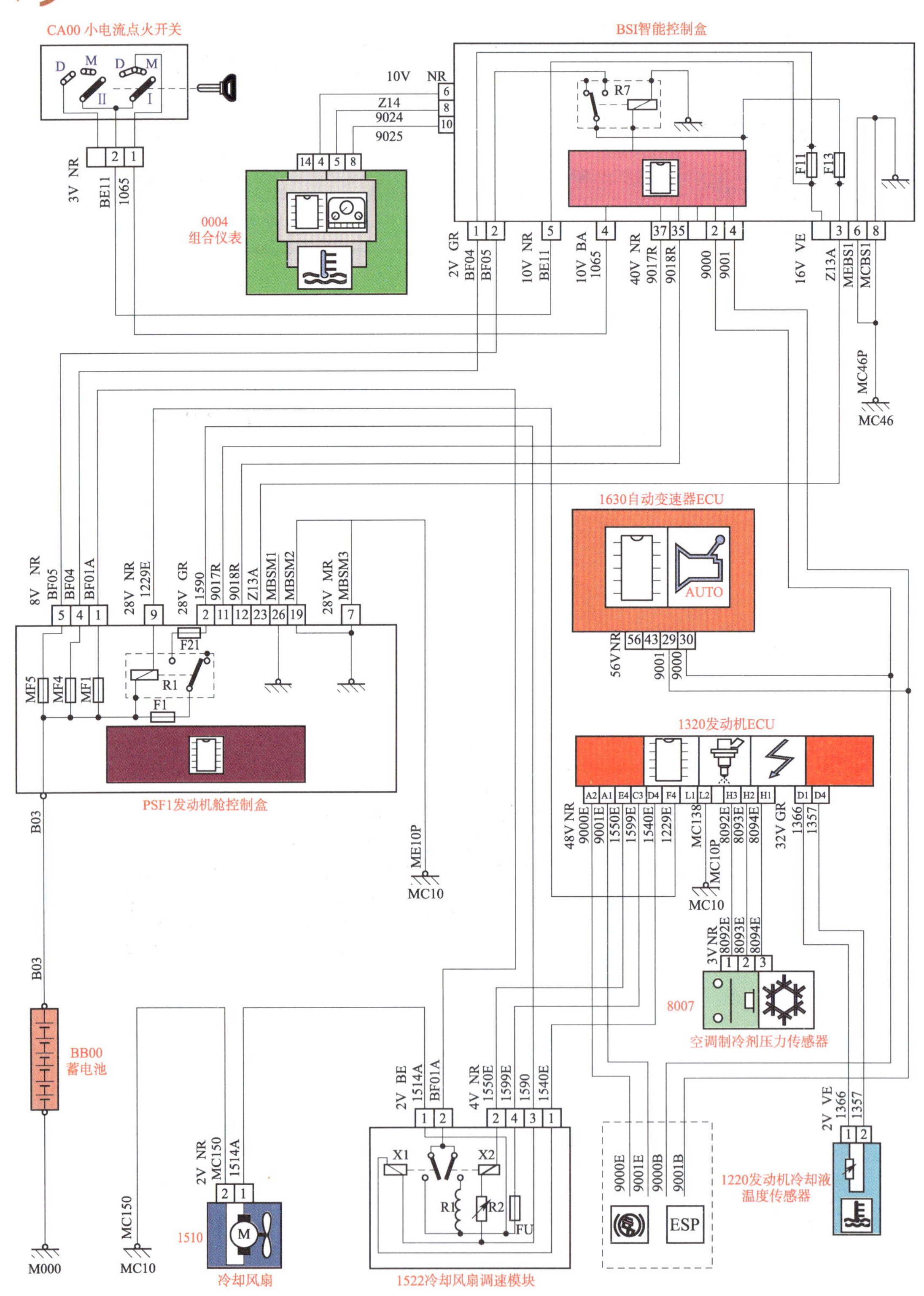

图 5-15　世嘉轿车发动机冷却系统的电路原理图

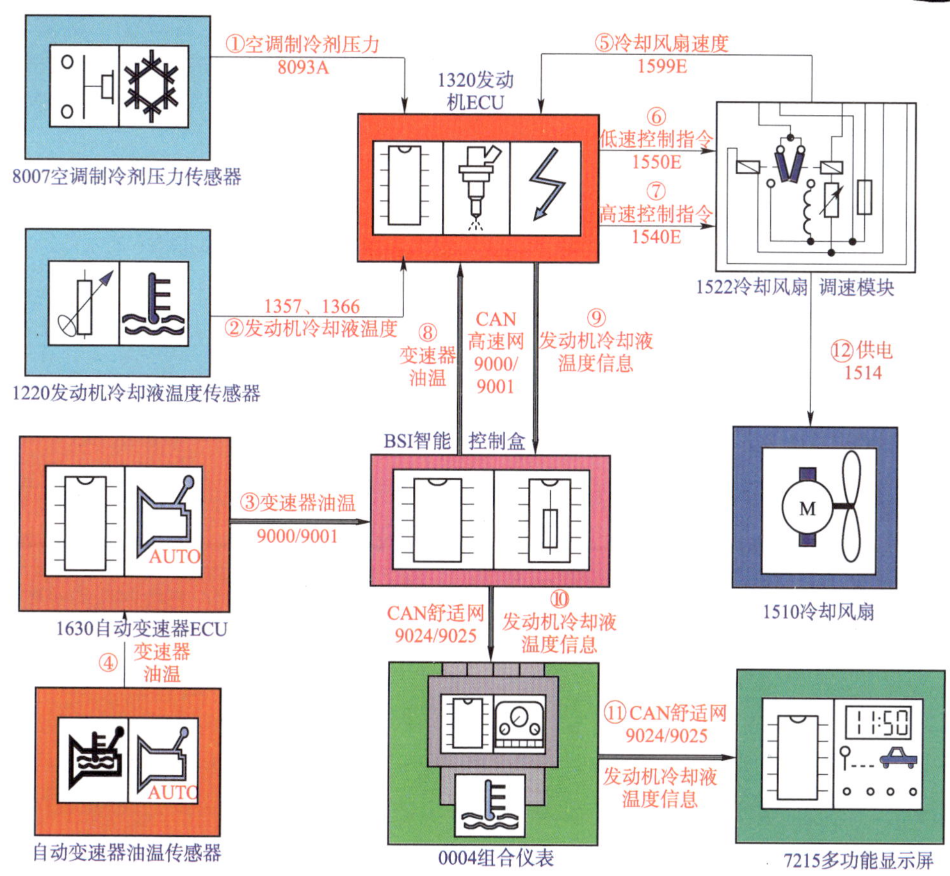

图5-16　世嘉轿车发动机冷却系统原理框图

世嘉轿车发动机冷却系统原理框图说明　　表5-2

连接号	信　　号	信号性质	发生器/接收器	电路图中对应的导线编号	故障说明
①	空调制冷剂压力信号	模拟信号	8007/1320	8093A	导线8093A断路，空调压缩机不工作，发动机ECU失去根据制冷剂压力控制冷却风扇的功能
②	发动机冷却液温度信号	模拟信号	1220/1320	1357/1366	导线1357或1366断路，组合仪表和多功能屏报警发动机冷却液温度高，冷却风扇高速旋转
③	变速器油温信号	CAN高速网信号	1630/BSI	9000/9001	网线9000或9001断路，发动机ECU失去根据变速器油温控制冷却风扇的功能
④	变速器油温信号	模拟信号	变速器油温传感器/1630	变速器电磁阀线束中的导线，电路图中无对应导线	变速器油温传感器导线断路，变速器ECU控制进入高温保护的降级运行模式

续上表

连接号	信　号	信号性质	发生器/接收器	电路图中对应的导线编号	故障说明
⑤	冷却风扇速度反馈信号	模拟信号	1522/1320	1599E	导线1599E断路，发动机ECU失去诊断冷却风扇速度信息故障的功能
⑥	冷却风扇低速控制指令	模拟信号	1320/1522	1550E	导线1550E断路，冷却风扇失去低速运转功能
⑦	冷却风扇高速控制指令	模拟信号	1320/1522	1540E	导线1540E断路，冷却风扇失去高速运转功能
⑧	变速器油温信号	模拟信号	1630/1320	9000/9001	网线9000或9001断路，发动机ECU失去根据变速器油温控制冷却风扇的功能
⑨	发动机冷却液温度信号	CAN高速网信号	1320/BSI	9000/9001	网线9000或9001断路，组合仪表和多功能屏无发动机冷却液温度显示和报警提示
⑩	发动机冷却液温度信号	CAN舒适网信号	BSI/0004	9024/9025	网线9024和9025断路，组合仪表和多功能屏无发动机冷却液温度显示和报警提示
⑪	发动机冷却液温度信号	CAN舒适网信号	0004/7215	9024/9025	网线9024和9025断路，多功能屏上无发动机冷却液温度报警提示
⑫	冷却风扇供电	模拟信号	1522/1510	1514	导线1514断路，冷却风扇缺供电不工作

注：CAN高速网断一根网线，网络就瘫痪，不能传输信息；CAN车身网和CAN舒适网断二根网线，网络才瘫痪

下面根据图5-15和图5-16对世嘉轿车发动机冷却系统的原理解析如下。

(1)将点火开关旋到点火挡M时，点火开关通过导线1065将点火信号传送到智能控制盒BSI；BSI获得点火信号后，将全车的CAN高速网、CAN车身网、CAN舒适网等唤醒。

(2)全车网络唤醒后，在BSI的指挥下，CAN高速网参入传递发动机ECU1320控制冷却风扇1510所需的发动机冷却液温度信号、空调制冷剂压力信号和自动变速器的油温信号。

(3)在发动机冷却系统中，发动机冷却液温度信号的传递路线是：发动机冷却液温度传感器1220(导线1357/1366)→发动机ECU1320(CAN高速网9000/9001)→智能控制盒BSI(CAN舒适网9024/9025)→组合仪表0004(CAN舒适网9024/9025)→多功能屏7215；发动机ECU1320根据发动机冷却液温度信号控制冷却风扇的低速运转、高速运转，以满足发动机各运行工况对冷却的需求；在发动机运转过程中，冷却液温度达到97℃左右时，冷却风扇1510与调速模块1522中的电阻R1串联后低速旋转(注：风扇低速旋转后，如冷却液温度降到91℃左右时，风扇停止运转)；冷却液温度上升到101℃左右时，冷却风扇1510高速旋转

(注:风扇高速旋转后,如冷却液温度降到97℃左右时,风扇转为低速运转)。组合仪表0004获得发动机冷却液温度信号后,将此信号显示在仪表盘上,供驾驶员随时了解发动机冷却液温度信息。

(4)在发动机冷却系统中,空调制冷剂压力信号的传递路线是:空调制冷剂压力传感器8007(导线8093A)→发动机ECU1320;在发动机和空调制冷系统运转过程中,发动机ECU根据空调制冷剂压力信号控制冷却风扇的低速和高速运转,以满足空调制冷系统对冷却的需求:当制冷剂压力达到12bar(1200kPa),风扇低速运转(注:风扇低速旋转后,如制冷剂压力降到8bar(800kPa)时,两风扇停止运转);当制冷剂压力上升到18bar(1800kPa),风扇高速运转(注:风扇高速旋转后,如制冷剂压力降到12bar(1200kPa)时,风扇转为低速运转)。

(5)在发动机冷却系统中,自动变速器油温信号的传递路线是:自动变速器油温传感器(注:通过该传感器上的两根导线,电路图中未表示)→自动变速器ECU1630(CAN高速网9000/9001)→智能控制盒BSI(CAN高速网9000/9001)→发动机ECU1320;在发动机和自动变速器系统运转过程中,发动机ECU根据自动变速器油温信号控制冷却风扇的低速和高速运转,以满足自动变速器系统对冷却的需求。

(6)发动机ECU1320通过冷却风扇调速模块1522,实现对冷却风扇1510的控制。当发动机ECU根据各传感器的信号,控制调整模块1522中继电器X2工作,即控制1522中继电器X2线圈通电,其电流走向为:蓄电池正极→发动机舱控制盒PSF1中的F1熔断器→R1继电器触点(注:R1为发动机ECU的供电继电器,发动机运行时,它必须工作,否则发动机不能起动和运行)→熔断器F21→导线1590→调速模块1522内的电阻R2、继电器X2的线圈→导线1550E→发动机ECU 48V NR的E4脚→发动机ECU内的电子开关→发动机ECU 48V NR的L2脚→导线MC138→搭铁点MC10;调速模块1522内继电器X2的线圈通电后,冷却风扇1510与调速模块1522内电阻R1串联通电低速旋转,其电流走向为:蓄电池正极→发动机舱控制盒PSF1中的MF1熔断器→导线BF01A→调速模块1522内继电器X2的触点、电阻R1→导线1514A→冷却风扇1510→导线MC150→搭铁点MC10。当发动机ECU根据各传感器的信号,控制调整模块1522中继电器X1工作,即控制1522中继电器X线圈通电,其电流走向为:蓄电池正极→发动机舱控制盒PSF1中的F1保险→R1继电器触点→保险F21→导线1590→调速模块1522内的继电器X1的线圈→导线1540E→发动机ECU 48V NR的D4脚→发动机ECU内的电子开关→发动机ECU 48V NR的L2脚→导线MC138→搭铁点MC10;调速模块1522内继电器X1的线圈通电后,冷却风扇1510高速旋转,其电流走向为:蓄电池正极→发动机舱控制盒PSF1中的MF1保险→导线BF01A→调速模块1522内继电器X1的触点→导线1514A→冷却风扇1510→导线MC150→搭铁点MC10。

(7)世嘉轿车发动机冷却风扇正常工作的状态只有三种:①风扇不转;②风扇低速转;③风扇高速转。发动机ECU1320根据冷却风扇1510的反馈信号,可了解两冷却风扇的工作状况,并自诊断冷却风扇的故障。从图5-15可知,风扇1510工作时,其工作电位信号可通过路径:冷却风扇1510插头的1脚导线1514A→调速模块1522内的保险FU→导线1599E→发动机ECU1320 48V NR插头的C3脚,反馈给发动机ECU;即风扇1510不运转时,发动机ECU 48V MR插头的C3脚检测到的电位接近0V;风扇低速运转时,发动机ECU 48V NR插头的C3脚检测到的电位为7V左右;风扇高速运转时,发动机ECU 48V NR插头的C3脚检测到的电位为14V左右。换言之发动机ECU可根据48V NR插头C3脚检测到的电位判断风扇的运转状况,并诊断风扇的故障。

(8)发动机熄火后,如发动机冷却液温度在112℃以上时,为避免发动机在长时间高温条件下受到伤害,也为了缩短空调压缩机的停机时间(注:当发动机冷却液温度在112℃以上时,发动机ECU禁止压缩机吸合),发动机ECU将控制冷却风扇1510低速运转6min(注:我们称此为发动机熄火后的延时运转;因风扇延时运转时消耗的是蓄电池电量,所以风扇不能高速运转,否则有可能造成蓄电池电量消耗过大,造成发动机不能起动),使发动机尽快降温。

(9)当发动机冷却液温度传感器1220或传感器线路损坏后,发动机ECU将无法获得发动机冷却液温度信号;于是发动机ECU从最坏的角度(如设想此时发动机冷却液温度很高)出发,控制冷却风扇1510高速运转,同时多功能屏7215上显示"发动机温度故障:请停车",组合仪表0004上显示"发动机冷却液温度高、STOP、发动机故障灯、SERVICE"等报警信号,如图5-13所示。

(10)发动机和空调压缩机运行时,如发动机冷却液温度上升到112℃时,智能控制盒BSI会向发动机舱控制盒PSF1发出切断压缩机的供电指令,希望通过降低发动机负荷来达到降低发动机冷却液温度的目的;如发动机冷却液温度继续上升到118℃时,组合仪表0004和多功能屏7215同时发出"发动机温度故障"和"STOP"的报警信号(见图5-13),警示驾驶员停车(STOP)降温,防止发动机汽缸垫等受到高温的破坏。

3 检测发动机冷却系统

操作诊断仪进入发动机电喷系统,读取与发动机冷却系统有关的故障,可根据故障提示查找发动机冷却系统的故障,如图5-17和图5-18所示;操作诊断仪检测与发动机冷却系统有关的参数,根据不正常的参数,查找发动机冷却系统的故障元件,如图5-19所示;操作诊断仪检测与发动机冷却系统有关的执行器,根据测试结果查找有故障的执行器及线路,如图5-20所示。以上故障读取、参数测量、执行器测试检测的元件见表5-3。

图5-17 在发动机电喷系统内读取故障

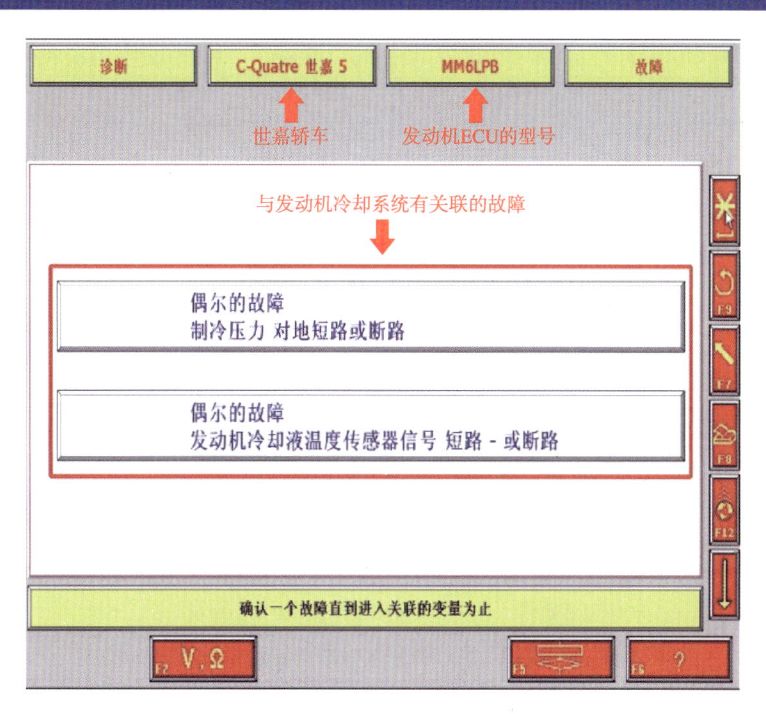

图5-18　读取与发动机冷却系统有关的故障

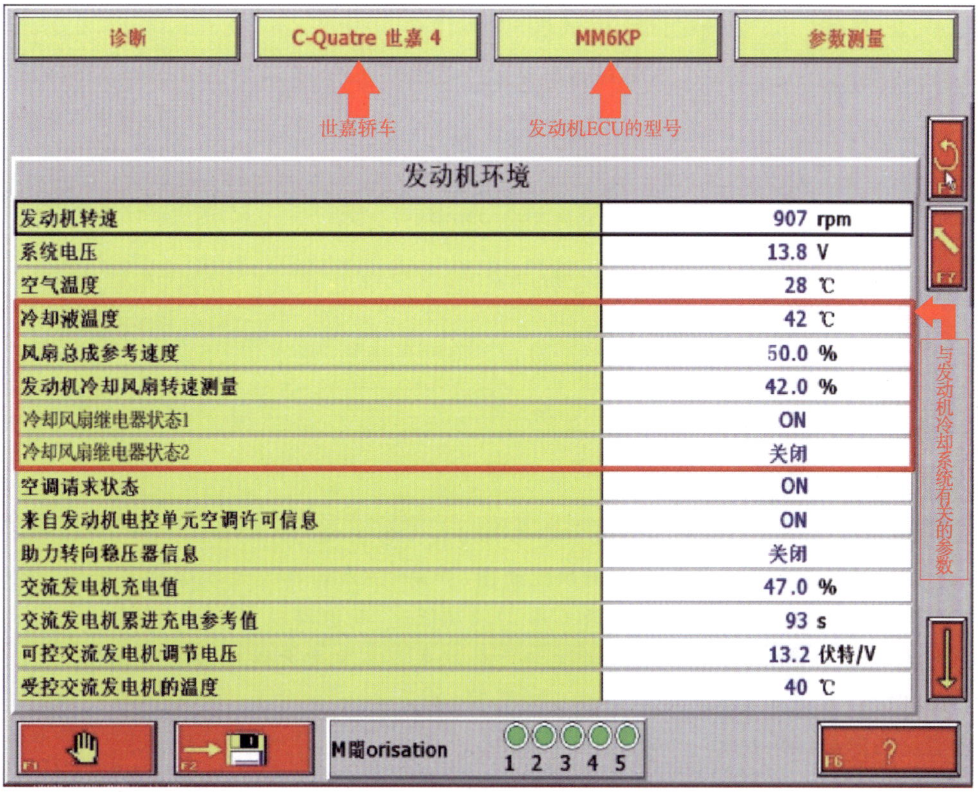

诊断　C-Quatre 世嘉 4　MM6KP　参数测量

世嘉轿车　发动机ECU的型号

发动机环境

发动机转速	907 rpm
系统电压	13.8 V
空气温度	28 ℃
冷却液温度	42 ℃
风扇总成参考速度	50.0 %
发动机冷却风扇转速测量	42.0 %
冷却风扇继电器状态1	ON
冷却风扇继电器状态2	关闭
空调请求状态	ON
来自发动机电控单元空调许可信息	ON
助力转向稳压器信息	关闭
交流发电机充电值	47.0 %
交流发电机累进充电参考值	93 s
可控交流发电机调节电压	13.2 伏特/V
受控交流发电机的温度	40 ℃

与发动机冷却系统有关的参数

M閣orisation　1 2 3 4 5　?

图5-19　在发动机电喷系统内读取故障

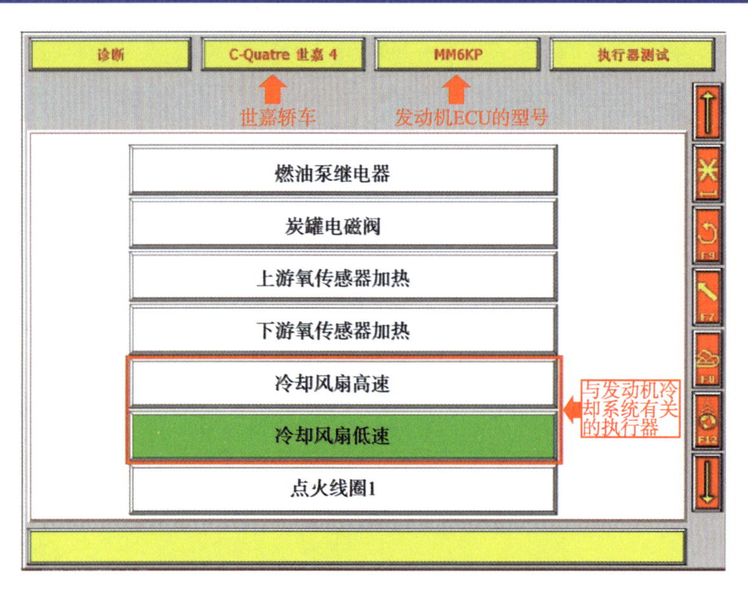

图 5-20　读取与发动机冷却系统有关的故障

读取故障、参数测量、执行器测试检测的发动机冷却系统元件　　表 5-3

诊断仪的检测项目	诊断仪检测的内容	被检测的元件
读取故障	制冷压力对地短路或断路	空调制冷剂压力传感器 8007
读取故障	发动机冷却液温度传感器 短路或断路	发动机冷却温度传感器 1220
参数测量	冷却液温度 42℃	发动机冷却温度传感器 1220
参数测量	风扇总成参考速度 50.0%	冷却风扇调速模块 1522 发动机 ECU 1320
参数测量	发动机冷却风扇转速测量 42.0%	冷却风扇调速模块 1522 发动机 ECU 1320
参数测量	冷却风扇继电器状态 1　ON	冷却风扇低速电路
参数测量	冷却风扇继电器状态 2　关闭	冷却风扇高速电路
执行器测试	冷却风扇高速	冷却风扇高速电路
执行器测试	冷却风扇低速	冷却风扇低速电路

学习思考与拓展

1. C5 轿车发动机冷却系统由哪些主要元件组成？各主要元件的作用是什么？
2. 请画出 C5 轿车发动机冷却系统原理简图，并简述 C5 轿车发动机冷却系统的原理。
3. 在什么冷却温度下，C5 和世嘉轿车冷却风扇低速、高速旋转？
4. 世嘉轿车发动机冷却系统由哪些主要元件组成？各主要元件的作用是什么？
5. 请画出世嘉轿车发动机冷却系统原理简图，并简述 C5 轿车发动机冷却系统的原理。
6. 请说明冷却风扇延时冷却的条件和作用。
7. 诊断仪可检测发动机冷却系统的哪些元件？

单元6　自动变速器系统的电路分析与检测

一、自动变速器组成和原理简介

1 世嘉轿车自动变速器的组成

世嘉轿车 AT8 自动变速器外形如图 6-1 所示,它主要由液力变矩器、行星齿轮变速机构、液压控制系统、电子控制系统等四个部分组成,如图 6-2 所示。

自动变速器系统的工作原理可简单表述为:自动变速器 ECU 根据发动机转速传感器、节气门位置传感器、加速踏板传感器、变速器挡位开关、加减挡传感器等信号,控制执行器主油压调节阀、换挡电磁阀等工作;主油压调节阀、换挡电磁阀,通过改变油压、改变控制油路,控制相应的离合器、制动器等换挡执行元件动作;离合器、制动器控制行星齿轮机构实现前进一挡、前进二挡、前进三挡、前进四挡等挡位的自动切换。

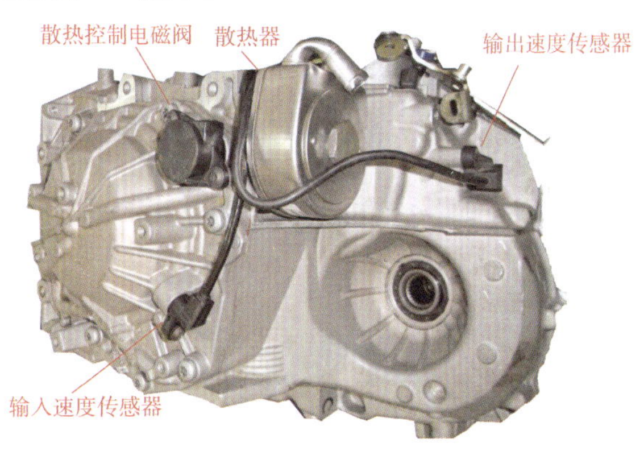

图 6-1　世嘉轿车自动变速器的外形

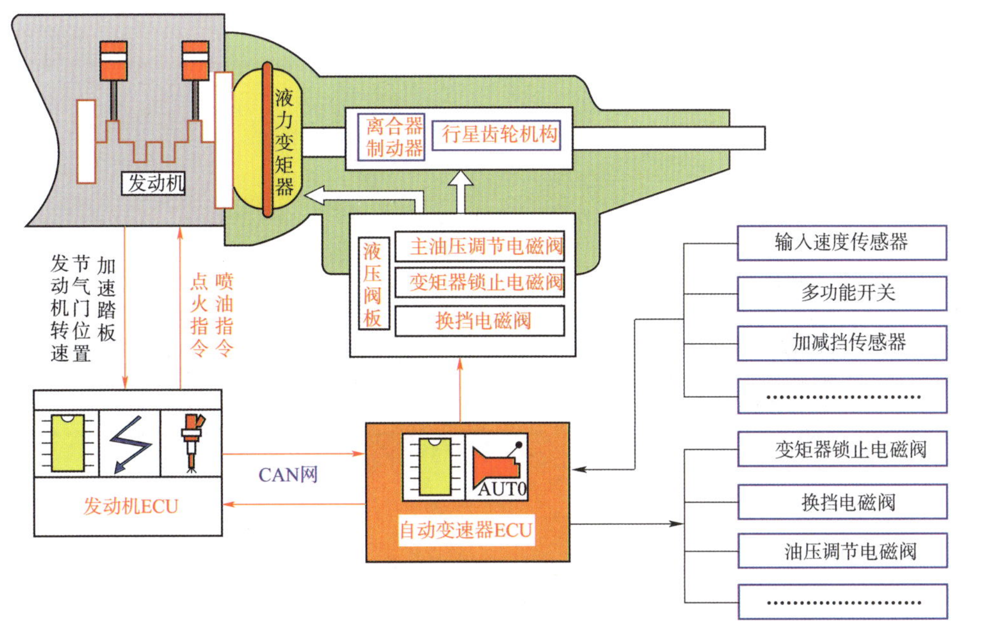

图 6-2　自动变速器系统的组成简图

2 AT8 变速器主要元件的结构、作用与原理简介

1）液力变矩器

液力变矩器位于自动变速器的最前端，安装在发动机的飞轮上，由泵轮、涡轮、导轮等组成，如图6-3和图6-4所示。它的内部充满自动变速器油液，油液经泵轮、涡轮、导轮又回到泵轮；当涡轮与泵轮的转速之比小于85%时，导轮起增矩作用，此时变矩器不锁止，发动机把动力经泵轮、油液传递给涡轮；当涡轮与泵轮的转速之比大于85%时，导轮不起增扭作用，为了提高传动效率，可将变矩器锁止，使泵轮与涡轮连成一体，发动机的动力直接传递给涡轮。液力变矩器的主要作用是：起到离合器的作用，传递或切断发动机与变速器之间的动力，在一定范围内实现无级变速、变矩，可将发动机的转矩增大2倍输出；起到飞轮的作用，使发动机运转平稳，驱动液压系统中的油泵运转。

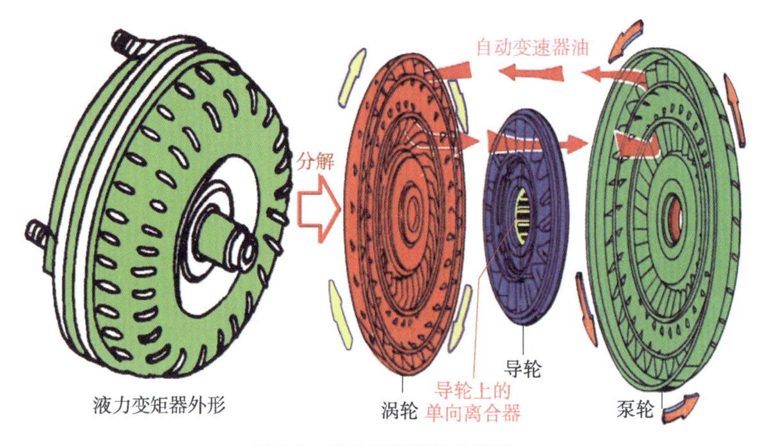

图6-3 液力变矩器的分解图

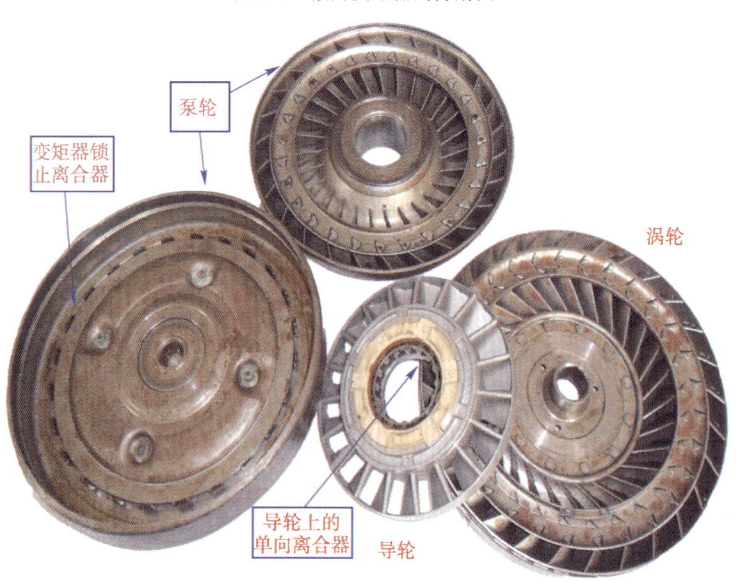

图6-4 液力变矩器中泵轮、涡轮和导轮

2）行星齿轮变速机构

行星齿轮变速机构的作用是通过离合器和制动器的控制使行星齿轮机构处于不同的啮合

状态，以改变动力的传递路线，实现不同的传动比。该变速器的行星齿轮变速机构由换挡执行机构和行星齿轮机构两部分组成，它们之间的连接关系如图6-5所示。从图6-5可知该变速器中有E1、E2两个离合器，F1、F2、F3三个制动器，前、后两个行星齿轮机构。

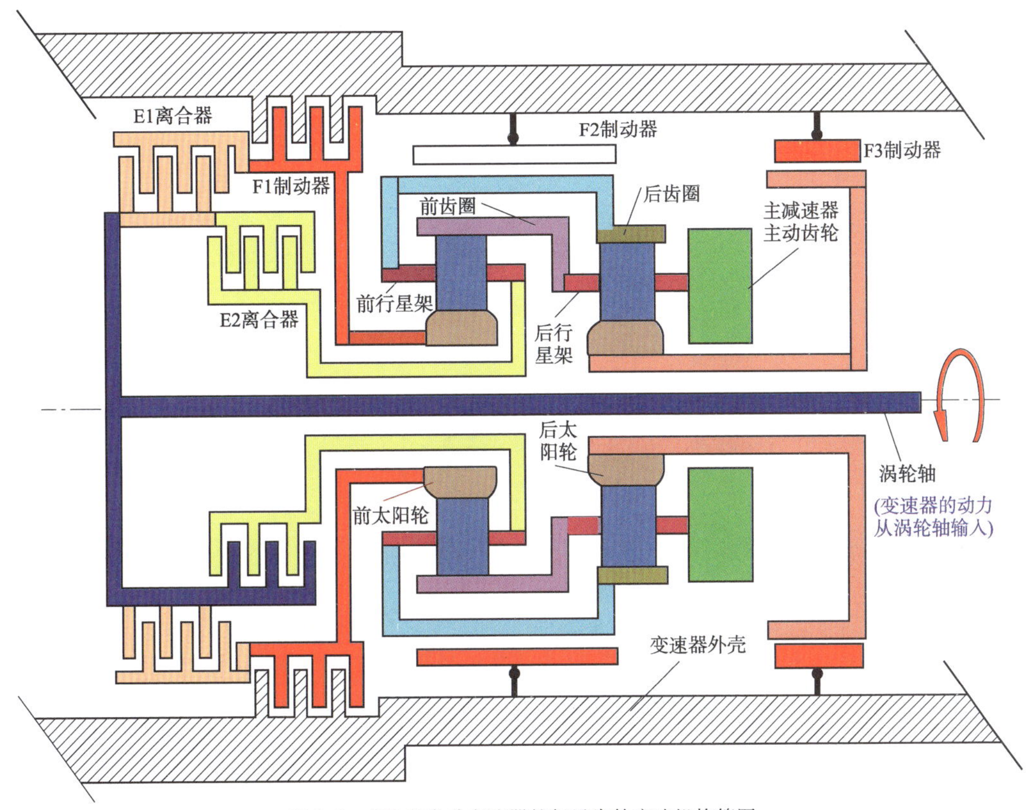

图6-5 AT8型自动变速器的行星齿轮变速机构简图

3)各挡位动力传递路线分析

经过分析，可用图6-6来表示AT8型自动变速器的动力传递路线，涡轮轴是变速器的动力输入端，主减速器的主动齿轮是变速器的动力输出端。下面对各挡位的动力传递路线说明如下。

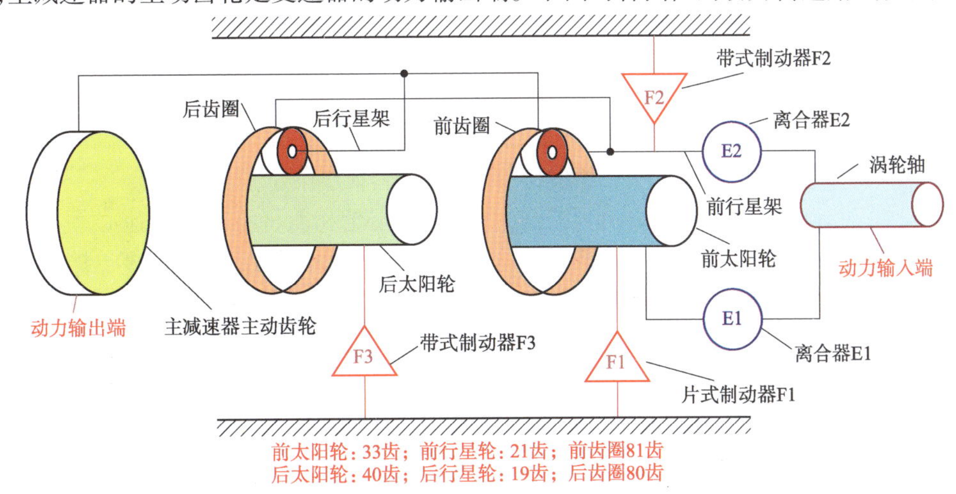

图6-6 AT8型自动变速器动力传递元件简图

（1）D1 挡时，离合器 E1 和制动器 F3 工作，变速器经过了前、后行星排的二级减速，变速器内各元件的转动方向和动力传递路线如图 6-7 所示。

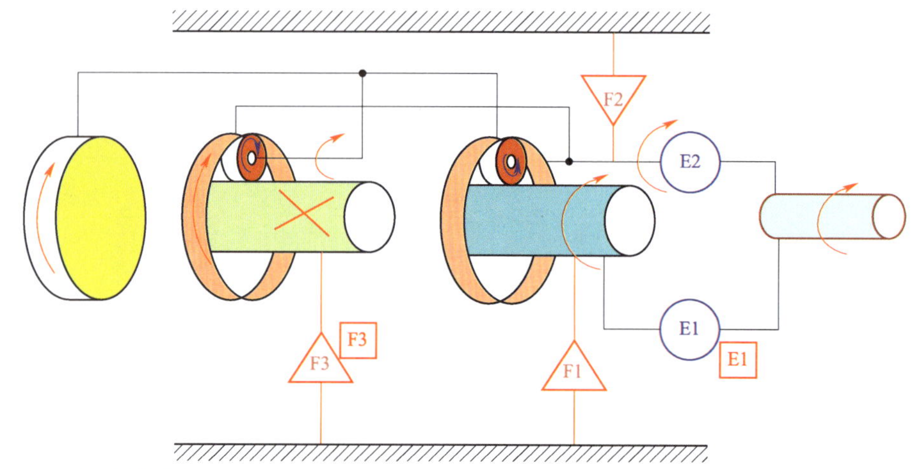

图 6-7　D1 挡时变速器各元件的旋转方向和动力传递路线

（2）D2 挡时，离合器 E2 和制动器 F3 工作，变速器只经过了后行星排的一级减速，变速器内各元件的转动方向和动力传递路线如图 6-8 所示。

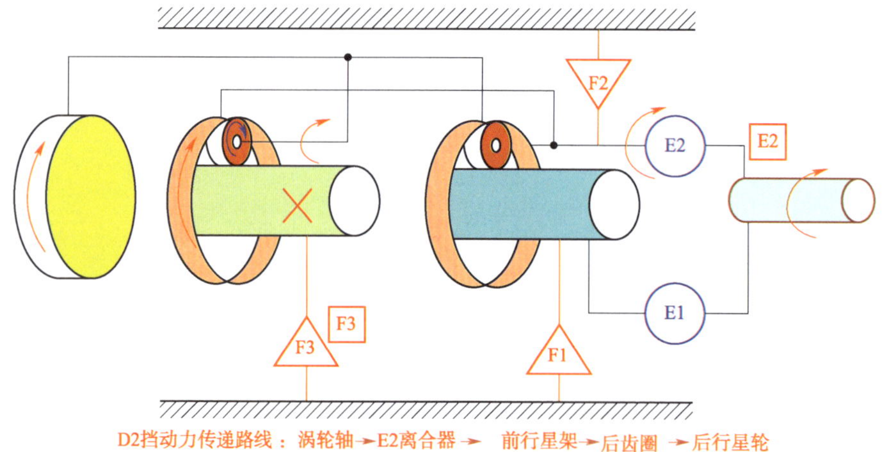

图 6-8　D2 挡时变速器各元件的旋转方向和动力传递路线

（3）D3 挡时，离合器 E1 和 E2 同时工作，由于前太阳轮和前行星架的转速必须相同，于是前太阳轮、前行星架、前齿圈抱成一个整体一起旋转，传动比为 1，是直接挡。D3 挡时，变速器内各元件的转动方向和动力传递路线如图 6-9 所示。

（4）D4 挡时，离合器 E2 和制动器 F1 工作，前行星架的是主动件，前齿圈是从动件为加速传动，传动比 <1，变速器内各元件的转动方向和动力传递路线如图 6-10 所示。

（5）R 挡时，离合器 E1 和制动器 F2 工作，前太阳轮是主动件，前行星架固定，前齿圈是从动件，主动件与从动件的转向相反，变速器内各元件的转动方向和动力传递路线如图 6-11 所示。

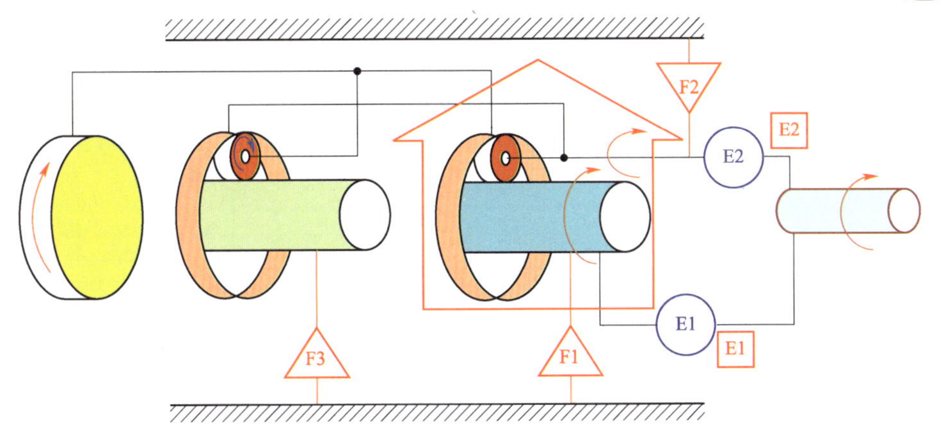

D3挡动力传递路线：涡轮轴→E1离合器→前太阳轮 / E2离合器→前行星架→(前太阳轮+前行星架+前齿圈抱成一体)→主减速器主动齿轮

图6-9　D3挡时变速器各元件的旋转方向和动力传递路线

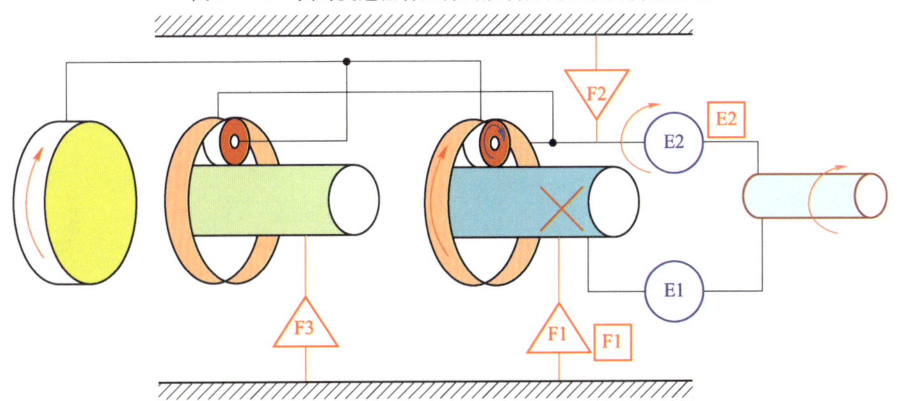

D4挡动力传递路线：涡轮轴→E2离合器→前行星架→前行星轮→前齿圈→主减速器主动齿轮

图6-10　D4挡时变速器各元件的旋转方向和动力传递路线

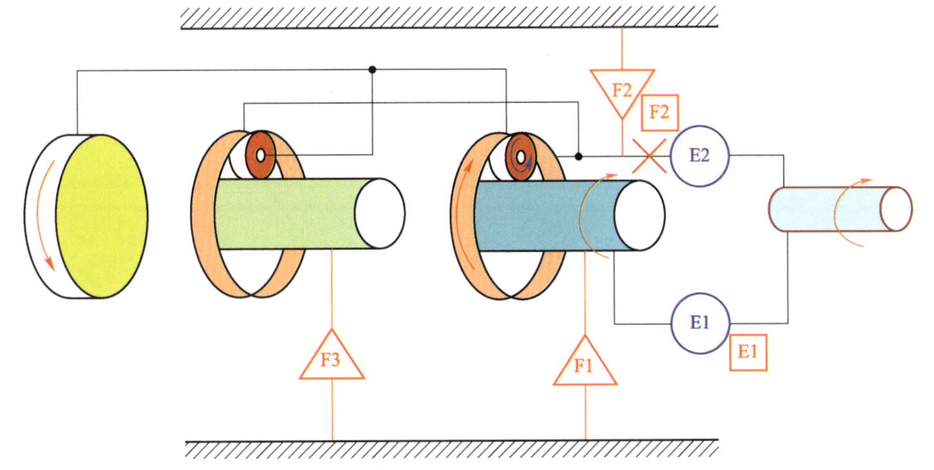

R挡动力传递路线：涡轮轴→E1离合器→前太阳轮→前行星轮→前齿圈→主减速器主动齿轮

图6-11　R挡时变速器各元件的旋转方向和动力传递路线

AT8 自动变速器各挡位换挡元件的工作情况见表 6-1。

AT8 自动变速器各挡位换挡元件的工作情况 表 6-1

挡位	离合器 E1	离合器 E2	制动器 F1	制动器 F2	制动器 F3	传动比
D1	○				○	2.75
D2		○			○	1.5
D3	○	○				1
D4		○	○			0.71
R	○			○		-2.45

注:○表示离合器、制动器工作。

4)液压控制系统

自动变速器的液压控制系统主要由油泵和液压阀板组成。

(1)油泵:装在自动变速器壳体内的油泵为变速器提供液压油,油泵的结构与工作原理如图 6-12 所示。油泵由液力变矩器的泵轮驱动,泵轮由发动机曲轴驱动。

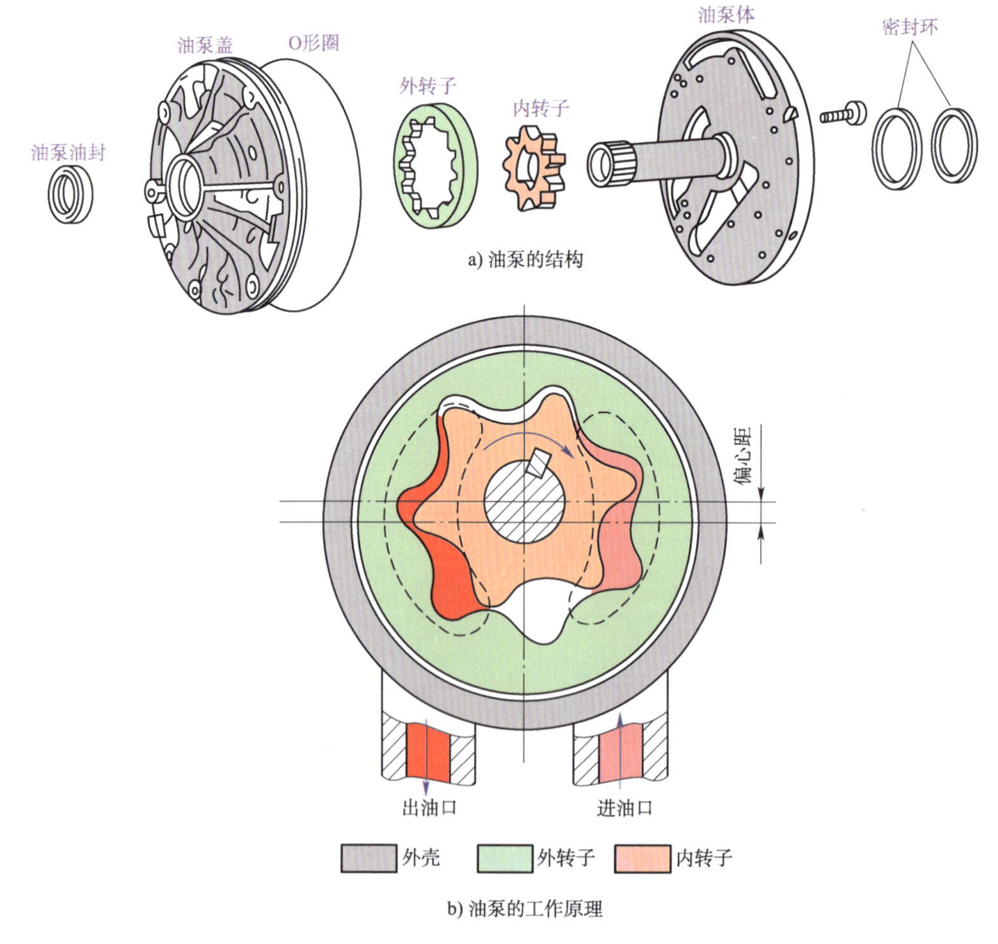

图 6-12 油泵的结构与工作原理

提示▶ 由于发动机运转时，自动变速器油泵才能运转并提供润滑油压，为了保证自动变速器的可靠润滑，故装有自动变速器的车，不允许熄火滑行；当装备自动变速器的车有故障必须被其他车辆拖动长距（超过50km）行驶时，必须将前轮抬起拖动。

（2）液压阀板：自动变速器液压阀板装在油底壳中，液压阀板的外形如图6-13所示。液压阀板上主要有各种机械阀、电磁阀和通往离合器E1、E2，制动器F1、F2、F3的油路，图6-14是

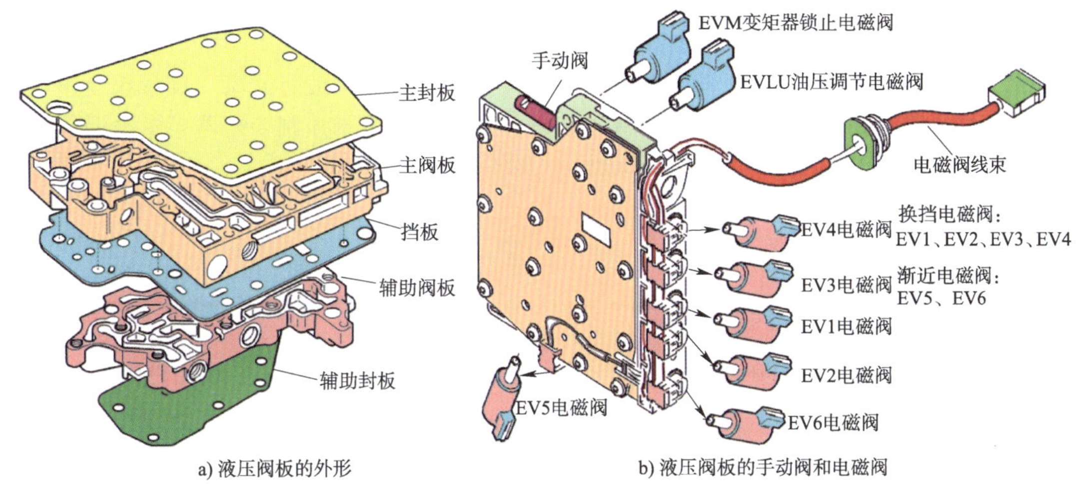

a) 液压阀板的外形　　b) 液压阀板的手动阀和电磁阀

图6-13　液压阀板的外形和阀

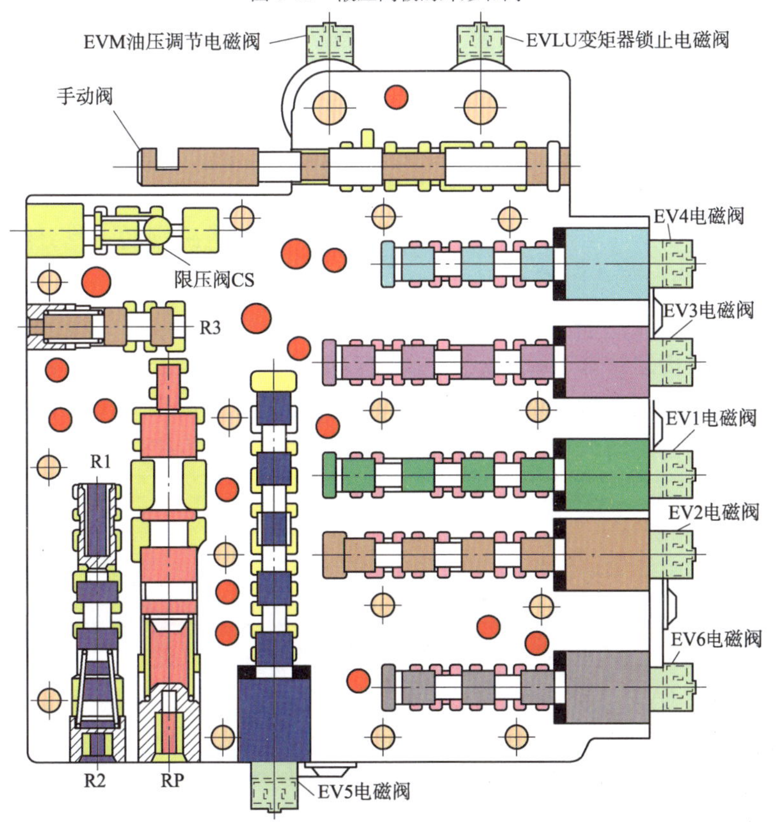

图6-14　液压阀板上的机械阀和电磁阀

表示主要机械阀和电磁阀的示意图，其中限压阀 CS 用来限制自动变速器油泵的最高工作油压，是变速器液压系统的限压阀；R1 为调压阀，用来提供改善换挡质量的减震油压（1.75bar）；R2 为调压阀，提供自动换挡时的油压（3bar）；R3 提供行星齿轮机构、离合器、制动器等部件的润滑油压和变矩器的工作油压；RP 调压阀，它与油压调节电磁阀 EVM 共同配合将主油路中的油压调定在 3～21bar，以满足变速器换挡、变矩器锁止、元件润滑等需要；手动阀由变速杆驱动，当变速杆挂入 P、R、D 等挡位时，手动阀将切换控制油路，与换挡电磁阀一道实现挡位的控制，特别是在自动变速器电控系统因故障处于应急模式时，变速器 ECU 停止对所有电磁阀的控制，由手动阀控制变速器实现强制 3 挡和倒挡，使故障车辆可"跛行回家"，即带着变速器疾病的车辆慢慢开到停车场或修理厂；EVM 变矩器锁止电磁阀用于控制变矩器泵轮与涡轮的锁止与分离；EV1～EV6 电磁阀用于变速器的换挡控制。

二、自动变速器电控系统的组成和电路分析与检测

1 汽车自动变速器电控系统主要元件的作用

世嘉轿车自动变速器的电控系统的组成如图 6-15 所示。下面对主要元件的作用说明如下。

1）多功能开关

多功能开关装在变速器壳体的上方，外形如图 6-16 所示，它的内部主要有 7 对触点，当变速器挂 P、R、N、D 等不同挡位，这 7 对触点将不同开闭组合信号传递给变速器 ECU，供变速器 ECU 识别不同的挡位。当变速器挂 P 或 N 挡时，发动机才能起动。

2）油压传感器

油压传感器装在变速器下部，它的外形见图 6-16。它是压电型传感器，该传感器有三个脚，变速器 ECU 将 5V 电压加在 1、3 脚，传感器通过 2 脚将变速器油压信号传递给 ECU（见图 6-24）。变速器 ECU 根据油压传感器的信号，控制油压调节电磁阀的工作，保证变速器换挡、变矩器锁止、变速器润滑等油压需求。

3）输入和输出速度传感器

输入和输出速度传感器都装在变速器壳体内部，它的外形见图 6-16，它们是磁感应式传感器。输入速度传感器用来检测涡轮轴上离合器轮毂的速度，如图 6-17 所示；输出速度传感器用来检测与主减速器主动齿轮连成一体的停车轮速度，如图 6-18 所示；目前输出速度传感器已被 ABS 或 ESP 系统的轮速传感器取代。

4）油液散热控制阀

油液散热控制阀装在变速器散热器附近，外形如图 6-16 所示，它是一个常闭电磁阀，当变速器油温达到 105℃以上时，变速器 ECU 控制该阀通电开启，加大变速器油的散热强度。

5）油压调节电磁阀、换挡电磁阀、渐近电磁阀、变矩器锁止电磁阀

油压调节电磁阀 EVM、换挡电磁阀 EV1～EV4、渐近电磁阀 EV5、EV6、变矩器锁止电磁阀 EVLU 装在液压阀板上。油压调节电磁阀 EVM 主要根据变速器 ECU 的指令来调节变速器油压，以保证变速器换挡、变速器润滑、变矩器锁止等需求。换挡电磁阀 EV1～EV4 主要根据变速器 ECU 的指令控制换挡油路，使变速器在合适的时机实现自动换挡。渐近电磁阀 EV5、EV6

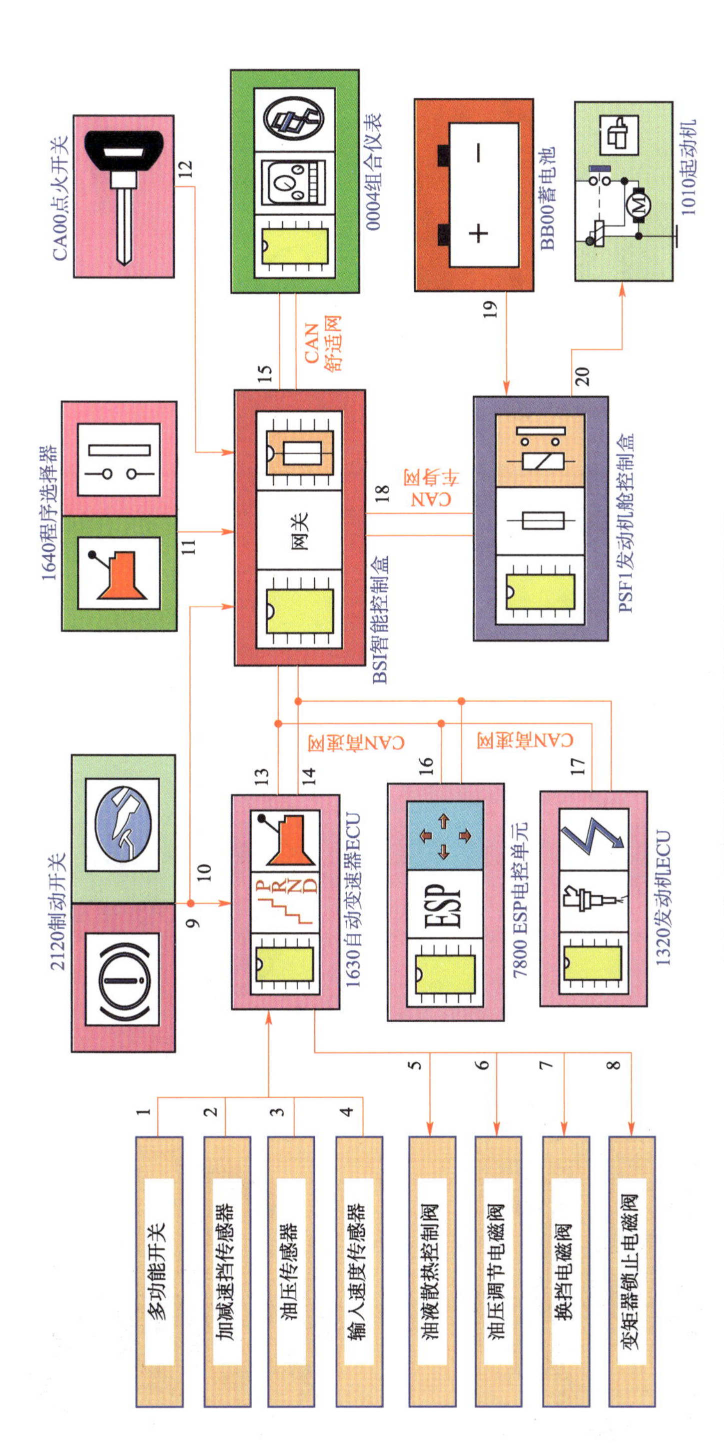

图6-15　世嘉轿车自动变速器电控系统原理框图

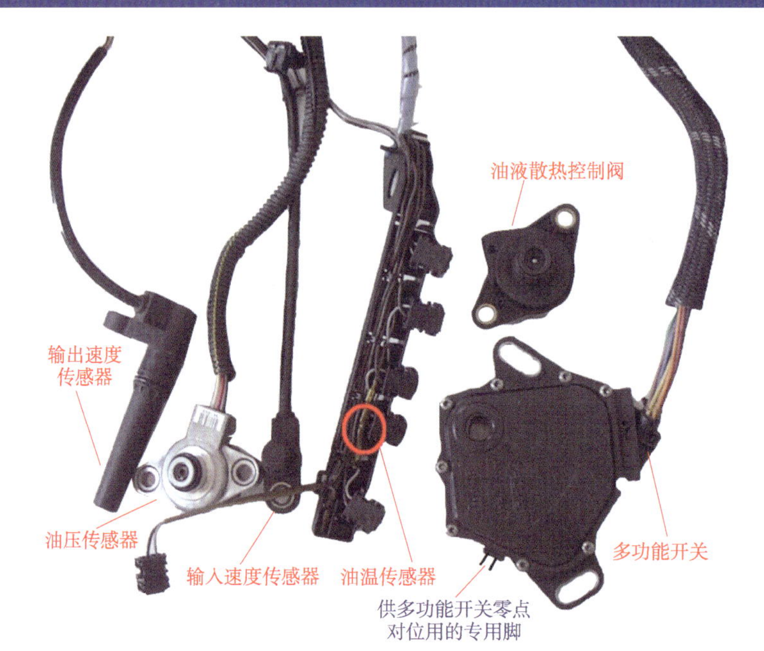

图 6-16　变速器电控系统部分元件的外形

图 6-17　输入速度传感器

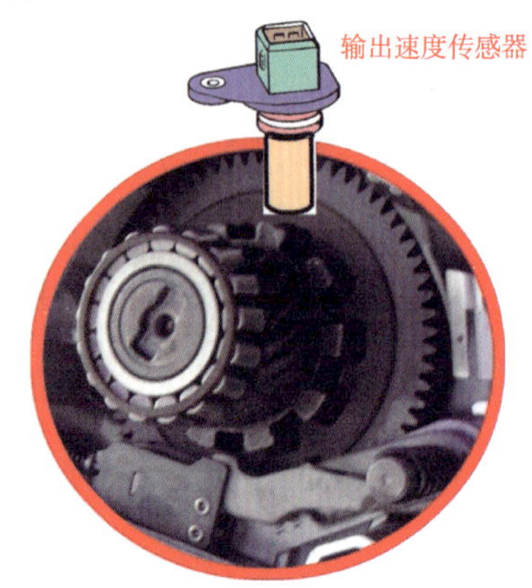

图 6-18　输出速度传感器

主要根据变速器ECU的指令，配合换挡电磁阀，减小换挡冲击。变矩器锁止电磁阀EVLU主要根据变速器ECU的指令，控制变矩器泵轮与涡轮锁止与分离。

6）程序选择器

程序选择器布置在自动变速器换挡杆的面板上，如图6-19所示。变速器ECU内存储有3种控制程序，当驾驶员不按换挡杆面板上的键时，变速器ECU用经济程序控制换挡，即在控制换挡的过程中优先考虑节省燃油；当驾驶员按下换挡杆面板上的"S"键时，变速器ECU用运动程序控制换挡，即在控制换挡的过程中，优先考虑发动机提供的换挡动力；当驾驶员在雨、雪等低附着系数的路面上行驶时，按下换挡杆面板上的"※"雪花键时，变速器ECU用2挡控制车辆起步（注：不按"※"键，变速器ECU用1挡控制车辆起步）。

图6-19 自动变速器的程序选择器

AT8变速器配备有手动换挡模式控制，当驾驶员把换挡置于D挡，如朝M+的方向推动变速器杆，表示驾驶员希望在目前的挡位上向上升一挡（如：从D1→D2，或从D3→D4）；如朝M-的方向推动变速器杆，表示驾驶员希望在目前的挡位上向下降一挡（如：从D2→D1，或从D4→D3）。

在换挡杆面板的下方有一个加减挡传感器，它是霍尔式传感器，其工作原理如图6-20所示。加减挡传感器将驾驶员的加减挡信号传递到变速器ECU的36和37脚，变速器ECU则根据该信号，在合适的时机控制自动变速器升挡或减挡。

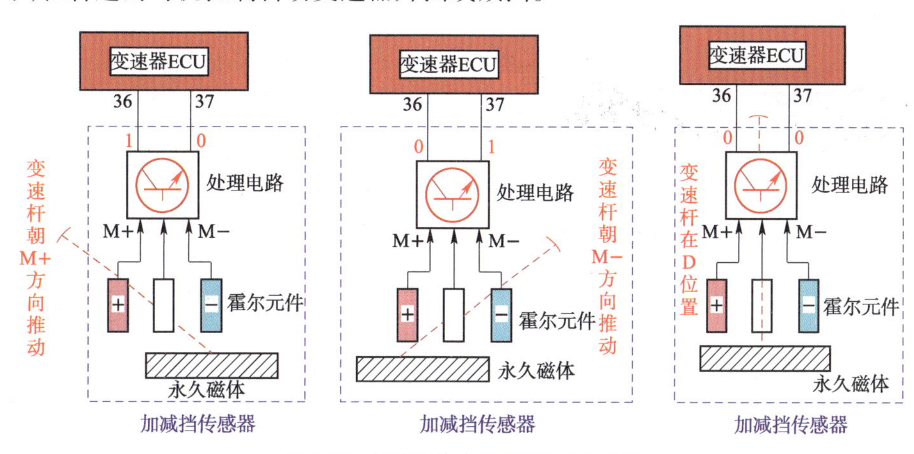

图6-20 加减挡传感器工作原理示意图

7）换挡杆锁止电磁阀

换挡杆锁止电磁阀安装在换挡杆下方的壳体里，如图6-21所示。换挡杆锁止电磁阀的作用是：当变速器在P挡时，将换挡杆锁止，防止换挡杆从P挡随意移出时，产生溜车事故。只有将点火开关接通点火挡，并踩下制动踏板时，换挡杆才能从P挡移出。

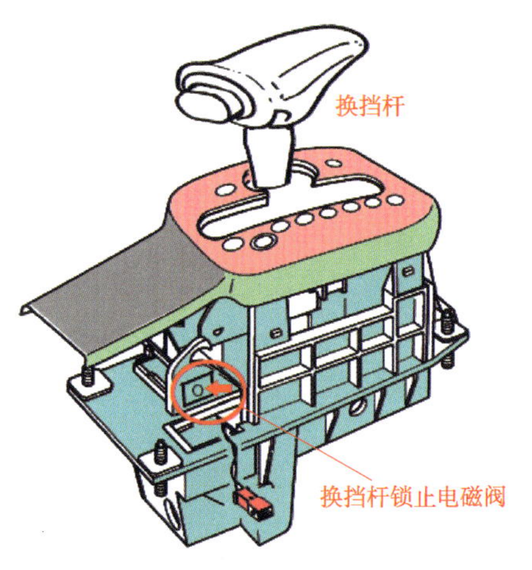

图6-21　换挡杆锁止电磁阀

8）双制动开关

双制动开关的外形和电路连接如图6-22所示，当踩下制动踏板时，双制动开关有两个信号传递给自动变速器ECU，有一个制动信号传递给智能控制盒（注：智能控制盒控制点亮制动灯）。自动变速器ECU对两个制动信号进行比较，以确保该信息总是有效。自动变速器ECU收到制动信号后，强制实现挂低挡，同时强制实现变矩器锁止活塞分离，以改善车辆的行驶舒适性。

a) 双制动开关的外形

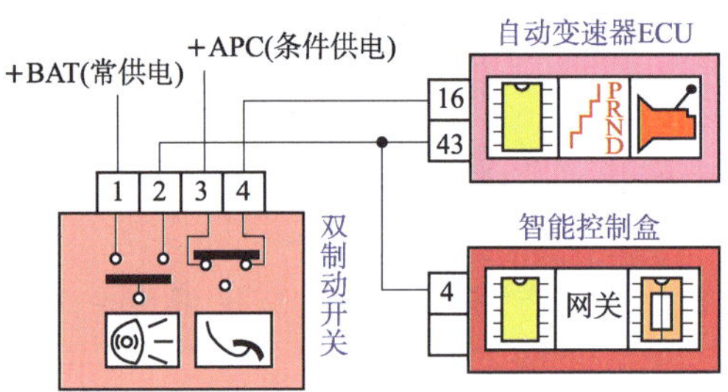

b) 双制动开关的电路连接

图6-22　双制动开关的外形和电路连接

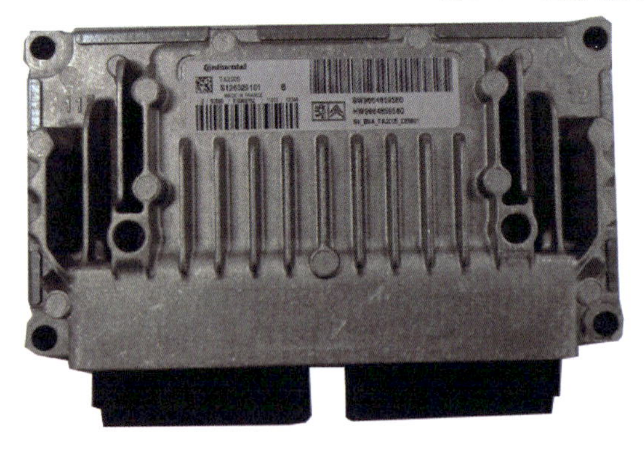

图6-23　自动变速器ECU的外形

9）自动变速器ECU的主要作用和功能

自动变速器ECU装在变速器前方的壳体上，其外形如图6-23所示。自动变速器ECU是电控系统的核心，具备较大的内存储容量。变速器ECU采用最先进的模糊控制原理，根据传感器信号，模拟驾驶员的习惯，计算出各种坡度和载荷的大小后自动选择换挡规律进行换挡，同时也具备手动换挡功能，此外它还有控制油温、油压、变矩器锁止、仪表显示和保护变速器等功能。

（1）变速器ECU各脚的作用：变速器ECU各脚的作用和信号说明见表6-2。

AT8自动变速器ECU各脚的作用说明　　表6-2

线路	功　能　说　明	信　号　类　型	输入E/输出S
1	电磁阀EV1～EV6的供电＋	变速器ECU提供的供电，模拟信号	S
2	油液散热控制阀供电＋	变速器ECU提供的供电，模拟信号	S
3	空		

续上表

线路	功 能 说 明	信 号 类 型	输入 E/输出 S
4	空		
5	空		
6	空		
7	EV3 电磁阀搭铁控制脚	模拟信号	S
8	EV4 电磁阀搭铁控制脚	模拟信号	S
9	EV2 电磁阀搭铁控制脚	模拟信号	S
10	EV1 电磁阀搭铁控制脚	模拟信号	S
11	变速器杆锁止继电器搭铁控制脚	模拟信号	S
12	油液散热控制阀搭铁控制脚	模拟信号	S
13	EV5 电磁阀搭铁控制脚	模拟信号	S
14	EV6 电磁阀搭铁控制脚	模拟信号	S
15	多功能开关 A3 信号脚	数字信号	E
16	制动开关信号脚	模拟信号	E
17	空		
18	诊断信号脚	数字信号	E/S
19	变矩器锁止电磁阀 EVLU 搭铁控制脚	模拟信号	S
20	油压调节电磁阀 EVM 搭铁控制脚	模拟信号	S
21	空		
22	空		
23	空		
24	油压传感器 + 5V 的供电脚	模拟信号	S
25	油压传感器 0V 的供电脚	模拟信号	S
26	电磁阀 EVM 和 EVLU 的供电脚	变速器 ECU 提供的供电,模拟信号	S
27	发动机舱控制盒提供的条件供电	模拟信号,发动机不运行:12V 左右; 发动机运行:14V 左右	E
28	变速器 ECU 的搭铁脚	接地	E
29	CAN 高速网的 CAN - L 数据线	CAN 高速网的数字信号	E/S
30	CAN 高速网的 CAN - H 数据线	CAN 高速网的数字信号	E/S
31	多功能开关 A10 信号脚	数字信号	E
32	多功能开关 A11 信号脚	数字信号	E
33	多功能开关 A12 信号脚	数字信号	E
34	空		
35	空		
36	加减挡传感器 M + 信号脚	数字信号	E

续上表

线路	功 能 说 明	信 号 类 型	输入 E/输出 S
37	加减挡传感器 M－信号脚	数字信号	E
38	空		
39	空		
40	空		
41	空		
42	变速器 ECU 的搭铁脚	接地	E
43	制动开关信号脚	数字信号	E
44	空		
45	输入速度传感器的信号脚	模拟信号	E
46	输入速度传感器的信号脚	模拟信号	E
47	输出速度传感器的信号脚(未用)	模拟信号	E
48	输出速度传感器的信号脚(未用)	模拟信号	E
49	空		
50	空		
51	空		
52	空		
53	油温传感器的信号脚	模拟信号	E
54	油温传感器的信号脚	模拟信号	E
55	油压传感器信号脚	模拟信号	E
56	常供电脚	模拟信号,发动机不运行:12V 左右;发动机运行:14V 左右	E

(2)变速器 ECU 的功能:

①控制换挡。变速器 ECU 内存储有十二条换挡规则,变速器 ECU 根据各传感器的不同信号,选择不同的换挡规则,使车辆的运行符合驾驶员的意愿、车辆载荷和各种道路条件的需要。

L1 规则:经济规则,油温达 30℃以后进入该规则。

L2 规则:中间规则,介于 L1 和 L3 中间。

L3 规则:运动规则,变速器 ECU 测出驾驶员运动风格后或按“S”键后,优先进入该规则。

L4 规则:上缓坡规则,变速器 ECU 换挡优先考虑上缓坡需要的动力。

L5 规则:上陡坡规则,变速器 ECU 换挡优先考虑上陡坡需要的动力。

L6 规则:下坡规则,变速器 ECU 换挡较平路滞后,利用发动机制动。

L7 规则:雪地规则,按“※”键后,进入该规则,变速器 ECU 控制变速器用二挡起步,防止车轮打滑,适用低附着系数路面。

L8 规则:低温保护规则,油温小于 14℃时,进入该规则,禁止变扭器锁止。

L9 规则：防污染规则，油温 15～30℃时，进入该规则，提高怠速防止污染。

L10 规则：高温保护规则，油温大于 118℃时，进入该规则，控制变矩器锁止。

L11 规则：正常手动换挡（注：M＋或 M－）规则。

L12 规则：高温手动换挡规则。

②控制程序。变速器 ECU 有三条控制程序，即经济、运动和雪地程序。

a）油温大于 30℃小于 118℃，不按变速杆面板上的任何键，变速器 ECU 自动选择经济程序，根据驾驶员的风格，车辆载荷、路面情况在 L1－L6 中自动选择一条换挡规则，来控制变速器换挡。

b）按下“S”键，变速器 ECU 进入运动程序，优先选择 L3 规则，再按“S”键则取消。

c）按下“※”键，变速器 ECU 进入雪地程序，优先选择 L7 规则。

③发动机制动功能。快速抬开油门踏板时，保持在原挡或降一挡，充分利用发动机制动。

④降挡功能。变速器 ECU 根据车速、节气门位置、路况自动控制降挡。

a）平稳、彻底放松加速踏板时，可以跳减挡 4－2，3－1。

b）快速松开加速踏板时，则固定在目前挡位，或顺序降一个挡。

c）踩制动踏板时，提前降挡，充分利用发动机制动。

⑤变矩器的锁止与分离。根据车速、节气门位置、发动机转速与输入转速的差值、换挡规则决定变矩器是否锁止。变矩器锁止后可避免泵轮与涡轮打滑、降低油温、油耗、获得发动机制动。

⑥换挡减小转矩。变速器 ECU 与发动机 ECU 通过 CAN 高速网相互联系，换挡时变速器 ECU 发出换挡申请后，发动机 ECU 减小点火提前角来降低转矩，提高变速器换挡的舒适性。

⑦自动变速器的保护。

a）倒挡保护：当前进车速低于 15km/h 时，进入 R 挡（D→R）车辆会立即停止而转入后退。大于 15km/h 时，组合仪表上显示“N”闪烁，车辆向前空挡滑行，倒挡灯亮，当车速降低至规定值时，变速器才进入 R 挡。

b）操作保护：当车速大于换挡极限车速时，从 D→3，3→2，2→1，换挡时，变速器 ECU 先保持在原挡位，延时后再换挡。

c）当发动机转速高于某一转速时，变速器 ECU 禁止 N→D，或 N→R，经过减速和延时后，才能进入相应挡位。

⑧变速杆锁止功能。点火开关打开后，踩制动踏板，才能将变速杆从“P”位置移出，挂入其他挡位。

⑨组合仪表上的显示。

a）在变速器 ECU 的控制下，通过仪表板上的显示器指示变速杆的位置和选定的程序。

b）当变速器 ECU 控制“S”和“※”指示灯交替闪烁时警示驾驶员变速器电控系统运行异常。

⑩“机油更换”功能。变速器 ECU 根据油温和高温下工作时间等参数累计变速器油损耗参数。当损耗参数超过 32958 时，组合仪表上“S”与“※”交替闪烁，提醒变速器油已用旧需更换。

⑪诊断功能。

a)变速器 ECU 控制传感器和电磁阀的电源,并始终监控它们的运行状况。

b)当变速器电控系统有故障时,变速器 ECU 储存相应故障。

c)通过诊断 K 线与诊断工具对话。

d)当变速器电控系统有故障时,保证变速器进入降级模式运行(此时有 3 挡和 R 挡)。

⑫升级和编码功能。

a)变速器 ECU 加注:利用诊断仪加注升级程序对变速器 ECU 的控制功能进行更新升级。

b)编码:根据车上安装的部件设定自动变速器 ECU 电控系统的硬件配置。

2 自动变速器电控系统电路分析

世嘉轿车自动变速器电控系统电路如图 6-24 所示,经过分析可将自动变速器电控系统工作原理用图 6-15 所示的框图表示,对框图的说明见表 6-3。下面根据图 6-15 和图 6-24,对世嘉轿车自动变速器电控系统电路的原理分析解读如下。

(1)蓄电池通过导线 B03 为发动机舱控制盒 PSF1 供电;PSF1 通过导线 BF04、BF05 为智能控制盒 BSI 供电;BSI 通过导线 BE10 为变速器 ECU1630 和制动开关 2120 供电。

(2)接通点火开关 I 位(点火挡),点火开关将点火信号通过导线 1065 传送到智能控制盒 BSI;BSI 收到点火信号后,唤醒 CAN 高速网、CAN 车身网、CAN 舒适网等车载网络进入工作状态。

(3)全车网络工作后,BSI 一方面控制内部继电器 R7 工作,通过网线 Z14P、Z13A 为组合仪表 0004、发动机舱控制盒 PSF1 提供 + CAN 供电,一方面通过 CAN 车身网线 9017、9018 通知发动机舱控制盒 PSF1 为电控单元和用电器供电;PSF1 收到 BSI 的指令后,控制内部继电器 R6 等工作,分别通过导线 CM06P 为变速器 ECU1630、加减挡传感器 1603、变速器杆锁止继电器 1642 供电。

(4)各电控单元得到供电后,立即控制各电控系统的传感器、执行器进入工作状态;在汽车行驶和自动变速器的工作中,变速器 ECU 通过多功能开关检测变速器的挡位,通过制动开关 2120 检测制动信号,通过输入速度传感器检测变速器的输入速度,通过 CAN 高速网分别检测 ESP 电控单元 7800 传递的车速信号(注:把该信号作为变速器输出速度信号)和智能控制盒 BSI 传递的程序选择器信号,通过油压传感器检测变速器油液的压力;变速器 ECU 根据各传感器的信号,控制换挡电磁阀 EV1 ~ EV4 工作,实现前进挡 D1→D2→D3→D4 之间的自动切换;控制渐近电磁 EV5、EV6 配合换挡电磁阀工作,减小换挡冲击,改善换挡质量;控制油压调节电磁阀 EVM 工作,不断对变速器油液压力进行调整,以满足变速器换挡、变矩器锁止、行星齿轮机构润滑等需求;控制变矩器锁止电磁阀 EVLU 工作,在油液温度高、涡轮转速达到泵轮转速的 85% 以上等情况时,锁止泵轮和涡轮,以免涡轮搅动油液,使油液温度进一步提高,或提高变矩器的传动效率;在油液温度低、车辆起步、变速器换挡等情况时,禁止锁止泵轮和涡轮,以便提高油温,或减小车辆起步或换挡时冲击;控制油液散热控制阀工作,把变速器油液温度控制在正常范围之内。

(5)发动机 ECU1320 和变速器 ECU1630 通过 CAN 高速网传递信息,当变速器 ECU 控制换挡时,发动机 ECU 将控制减小点火提前角,以改善换挡质量。

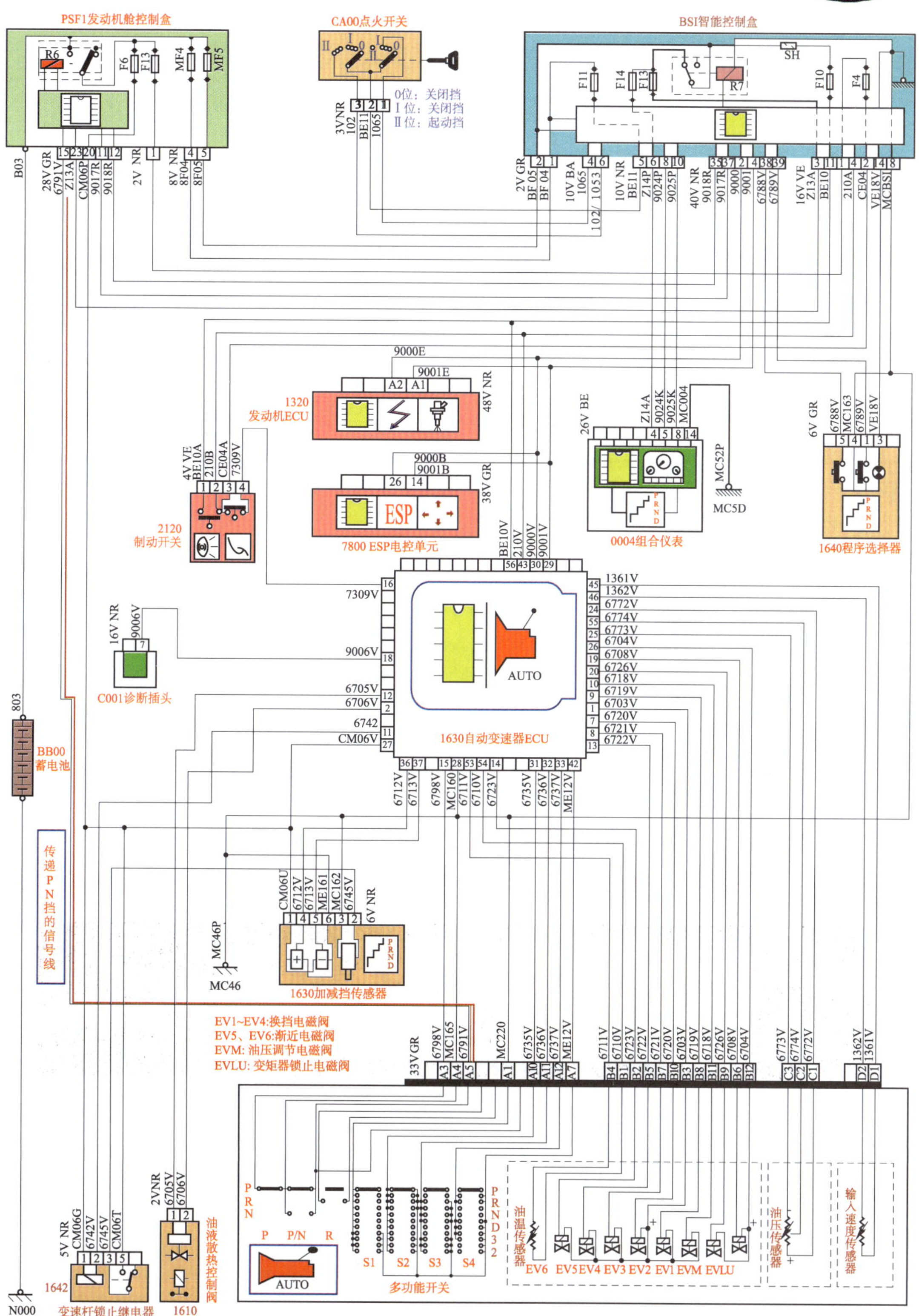

图6-24　世嘉轿车自动变速器电控系统电路原理图

世嘉轿车自动变速器电控系统框图的说明 表 6-3

连接号	信号	信号类别	发生器/接收器	电路图中对应的导线编号
1	多功能开关信息	开关信号	多功能开关/1630	6798V、6735V、6736V、6737V
2	加减挡信息	霍尔信号	1603/1630	6712V、6713V
3	变速器油压信号	模拟信号	油压传感器/1630	6774V
4	输入速度信号	模拟信号	输入速度传感器/1630	1361V、1362V
5	变速器油液散热控制信号	模拟信号	1630/1610	6705V、6706V
6	变速器油压调节控制信号	模拟信号	1630/EVM	6726V
7	换挡控制信号	模拟信号	1630/EV1、EV2、EV3、EV4	6718V、6719V 6720V、6721V
8	变矩器锁止控制信号	模拟信号	1630/EVLU	6708V
9	制动开关信息	开关信号	2120/1630	210V、6309V
10	制动开关信息	开关信号	2120/BSI	210A
11	程序选择信号	模拟信号	1640/BSI	6788V、6789V
12	点火开关信号	开关信号	CA00/BSI	1065
13	变速器电控系统的工作状况	CAN 高速网信号	1630/BSI	9000、9001
14	变速器的换挡信号	CAN 高速网信号	1630/1320	9000E、9001E
15	变速器电控系统的工作状况	CAN 舒适网信号	BSI/0004	9024K、9025K
16	车速信号	CAN 高速网信号	7800/1630	9000V、9001V
17	发动机点火信号	CAN 高速网信号	1320/1630	9000V、9001V
18	对变速器 ECU 等供电指令信号	CAN 车身网信号	BSI/PSF1	9017R、9018R
19	蓄电池供电	模拟信号	BB00/PSF1	B03
20	对起动机的控制信号	模拟信号	PSF1/1010	100(注:此电路中未画出)

(6)变速器 ECU、智能控制盒 BSI、组合仪表通过车载网络传递信息;在变速器的工作过程中,组合仪表上显示变速器的挡位;当驾驶员按下变速器杆面板上的“S”或“※”键上,组合仪表上也有对应显示,如图 6-25 所示。

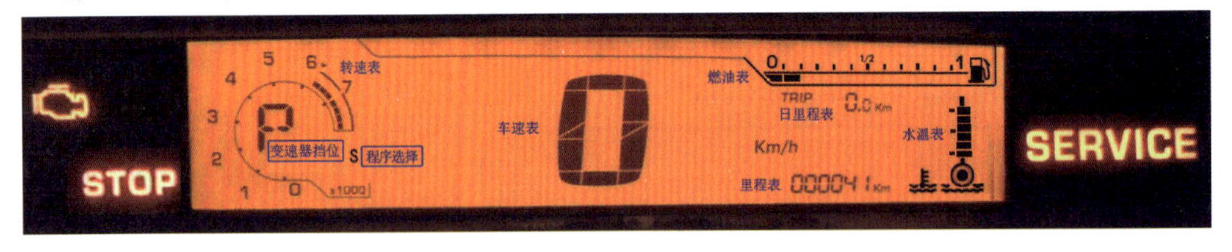

图 6-25 自动变速器挡位和程序在组合仪表上的显示

(7)变速器挂 P 挡或 N 挡时,多功能开关中的 P/N 触点将 A4 脚的搭铁信号传递 A5 脚,A5 脚的导线 6791V 将该搭铁信号(注:表示变速器挂在 P 挡或 N 挡的信号)传递给发动机舱控制盒 PSF1,PSF1 收到该信号后,通过导线 100 控制起动机起动发动机(注:导线 100 电路图中未画出)。在车辆起步时,将点火开关旋到点火挡并踩下制动踏板,变速器 ECU1630 才控制变速杆锁止继电器 1642 通电工作,继电器 1642 线圈的电流走向为:蓄电池 +→导线 B03→PSF1 内 R6 继电器触点→F6 熔断器→导线 CM06P→继电器 1642 的线圈→导线 6742V→变速器 ECU 的 11 脚、28 脚→搭铁;继电器 1642 线圈通电工作后,其触点闭合,为变速器杆锁止电

磁阀供电，其电流走向为：蓄电池＋→导线B03→PSF1内R6继电器触点→F6熔断器→导线CM06P、CM06T→继电器1642的触点→导线6745V→变速杆锁止电磁阀→导线MC162、MC46P→搭铁；变速器杆电磁阀通电后，变速器杆才能从P挡位置移出挂入其他的挡位。

（8）在变速器的工作过程中，如变速器电控系统的重要传感器（油压传感器）或重要的执行器（油压调节电磁阀）出现故障时，变速器ECU将停止工作；变速器进入强制3挡，由手动阀控制3挡和倒挡的工作油路，以使有故障的变速器"跛行"回家修理；同时组合仪表上的"S"或"※"字符交替闪烁，以警示驾驶员变速器有故障。

3 自动变速器电控系统的检测

我们可用诊断仪对自动变速器电控系统进行检测，检测方法主要是：读取自动变速器电控系统的故障，检测自动变速器电控系统相关元件的参数，对自动变速器电控系统的执行器进行测试。这些检测方法基本可以检测到自动变速器电控系统的所有元件，下面分别加以说明。

（1）读取自动变速器电控系统的故障。操作诊断仪进入自动变速器电控系统后，可通过选择读取故障功能，读取自动变速器电控系统存在的故障，如图6-26和图6-27所示。

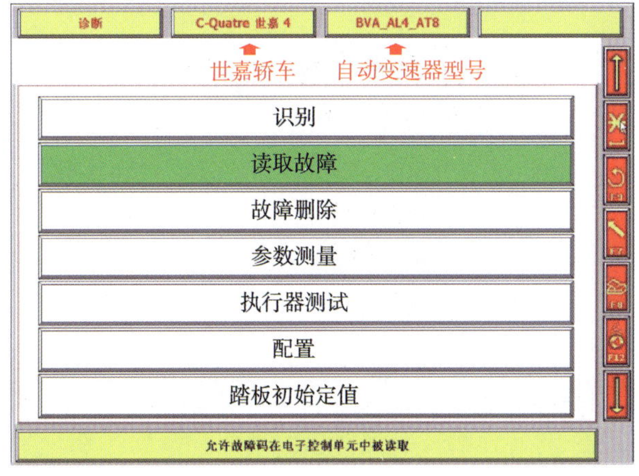

图6-26　选择读取故障功能

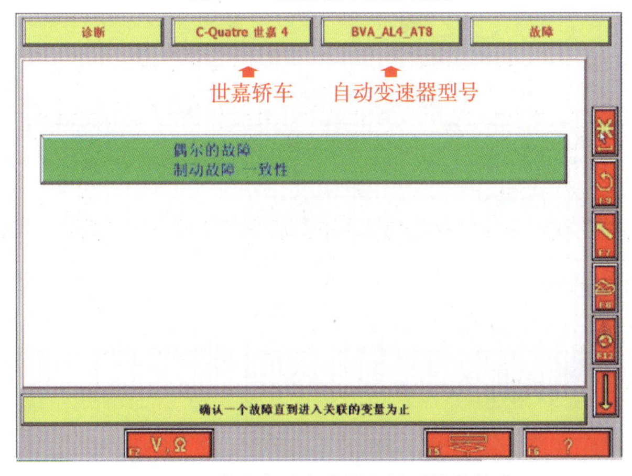

图6-27　读取自动变速器电控系统的故障

（2）操作诊断仪进入自动变速器电控系统后，选择参数测量功能，检测自动变速器电控系统相关元件的七组参数，如图6-28至图6-36所示，各参数含义和检测的元件见表6-4。

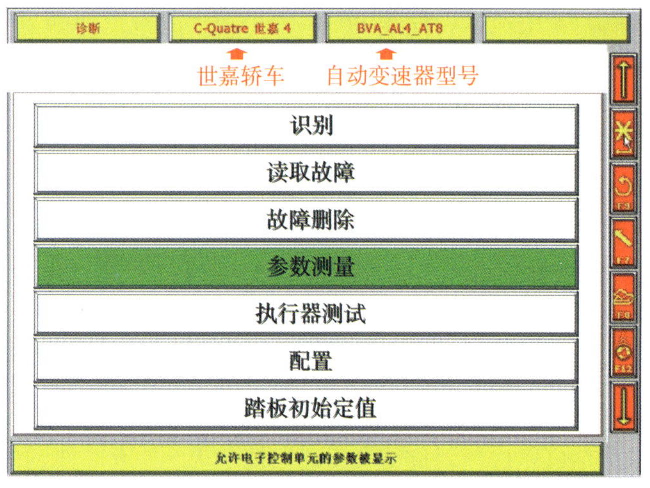

图 6-28　选择参数测量功能

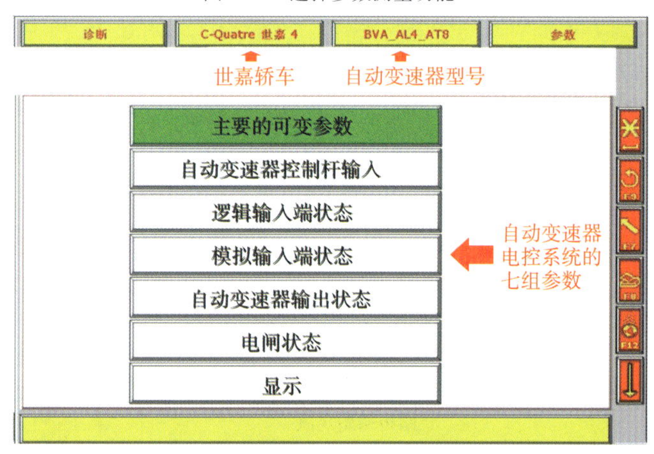

图 6-29　自动变速电控系统的七组参数

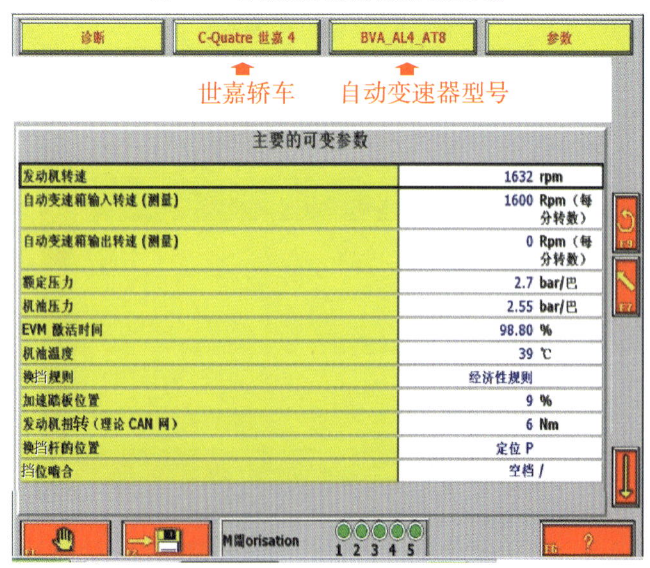

图 6-30　“主要的可变参数”

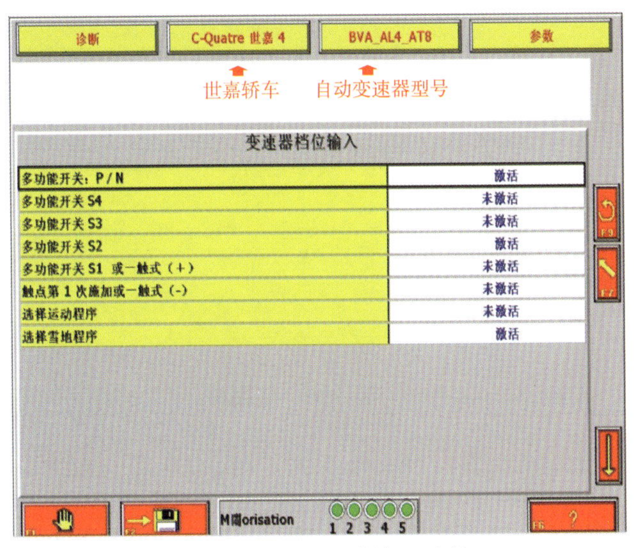

图 6-31　“变速器挡位输入”参数

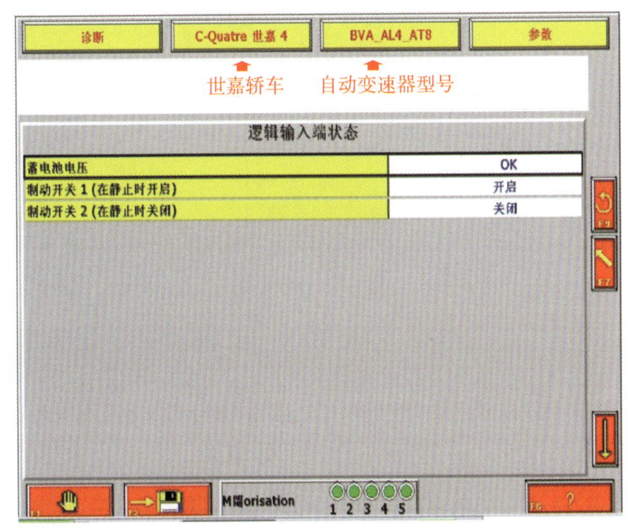

图 6-32　“逻辑输入端状态”参数

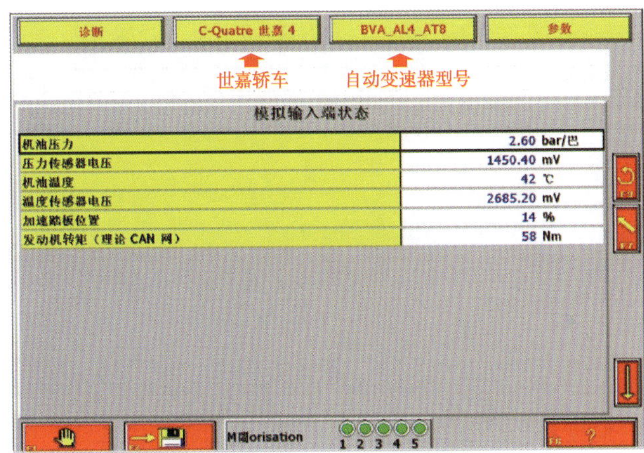

图 6-33　“模拟输入端状态”参数

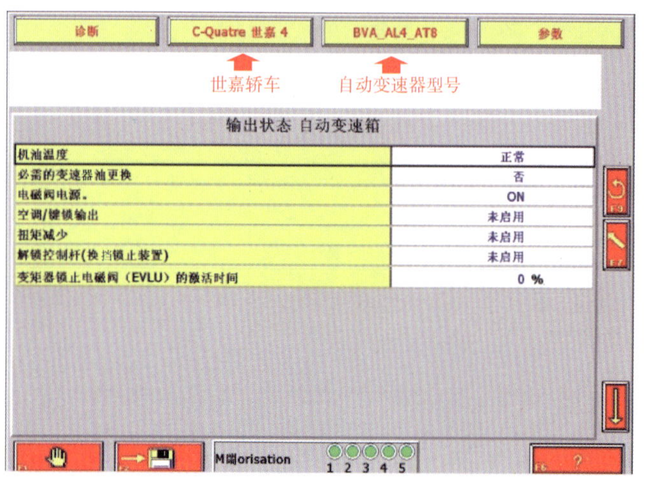

图 6-34 “输出状态自动变速箱”参数

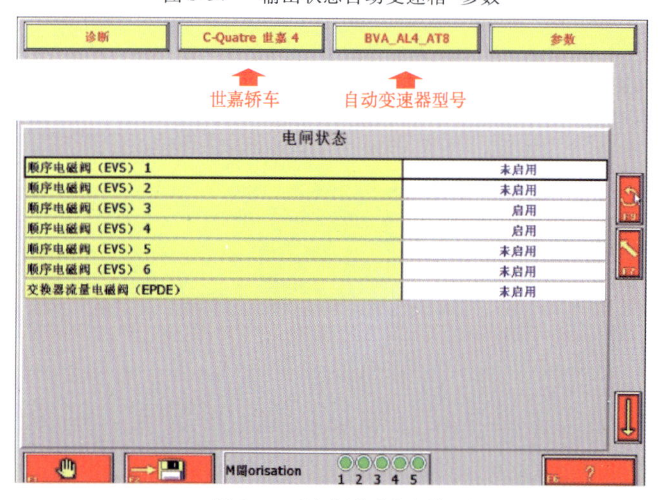

图 6-35 “电闸状态”参数

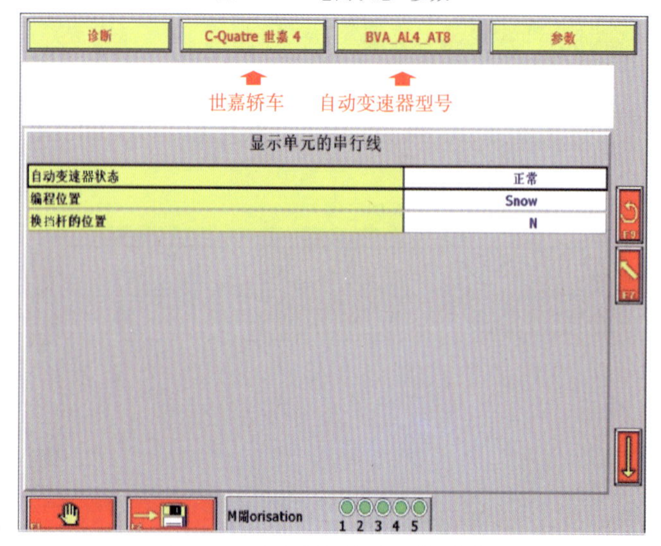

图 6-36 “显示单元的串行线”参数

自动变速器电控系统的主要参数和传递参数的元件　　表6-4

序号	参 数 名 称	参 数 值	传递参数的元件(注:被检测的元件)
1	发动机转速	1632r/min	发动机转速传感器1313
2	自动变速器输入转速	1600r/min	输入速度传感器
3	自动变速器输出转速	0r/min	ESP电控系统中的轮速传感器
4	额定压力	2.7bar	油压传感器
5	机油压力	2.55bar	油压传感器
6	EVM激活时间	98.80%	EVM油压调节电磁阀
7	机油温度	39℃	油温传感器
8	换挡规则	经济规则	程序选择器1640
9	加速踏板位置	9%	加速踏板传感器1261
10	发动机转矩	6Nm	发动机ECU1320
11	换挡杆位置	定位P	多功能开关
12	挡位啮合	空挡	自动变速器ECU1630
13	多功能开关:P/N	激活	多功能开关
14	多功能开关S4	未激活	多功能开关
15	多功能开关S3	未激活	多功能开关
16	多功能开关S2	激活	多功能开关
17	多功能开关S1或一触式(+)	未激活	多功能开关和加减挡传感器1603
18	触点第一次施加或一触式(—)	未激活	加减挡传感器1603
19	选择运动程序	未激活	程序选择器1640
20	选择雪地程序	激活	程序选择器1640
21	蓄电池电压	OK	蓄电池BB00
22	制动开关1(在静止时开启)	开启	制动开关2120
23	制动开关2(在静止时关闭)	关闭	制动开关2120
24	压力传感器电压	1450.40mV	油压传感器
25	温度传感器电压	2685.20 mV	油温传感器
26	必须的变速器油更换	否	自动变速器ECU1630
27	电磁阀电源	ON	自动变速器ECU1630
28	空调/键锁输出	未启用	空调开关A/C
29	转矩减少	未启用	发动机ECU1320
30	解锁控制杆(换挡锁止装置)	未启用	变速杆锁止继电器1642
31	变矩器锁止电磁阀(EVLU)的激活时间	0%	EVLU变矩器锁止电磁阀
32	顺序电磁阀EVS1	未启用	EV1换挡电磁阀
33	顺序电磁阀EVS2	未启用	EV2换挡电磁阀
34	顺序电磁阀EVS3	启用	EV3换挡电磁阀
35	顺序电磁阀EVS4	启用	EV4换挡电磁阀

续上表

序号	参 数 名 称	参 数 值	传递参数的元件(注:被检测的元件)
36	顺序电磁阀 EVS5	未启用	EV5 渐进电磁阀
37	顺序电磁阀 EVS6	未启用	EV6 渐进电磁阀
38	交换器流量电磁阀(EPDE)	未启用	油液散热控制阀 1610
39	自动变速箱状态	正常	自动变速器 ECU1630
40	编程位置	Snow	程序选择器 1640

(3)操作诊断仪进入自动变速器电控系统后,选择执行器测试功能,测试自动变速器电控系统主要执行器,如图 3-37 至图 3-39 所示,各执行器的含义和测试元件见表 6-5。

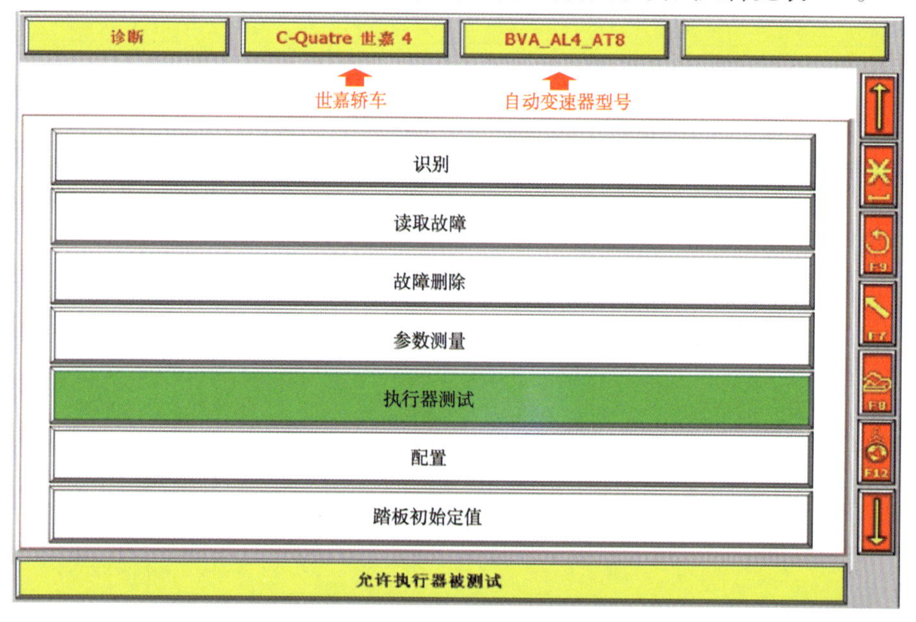

图 6-37 选择执行器测试功能

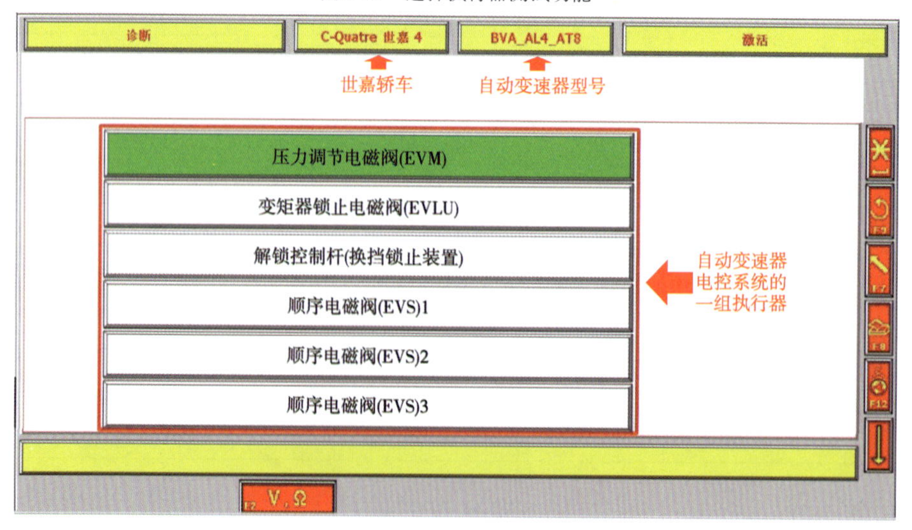

图 6-38 测试一组执行器

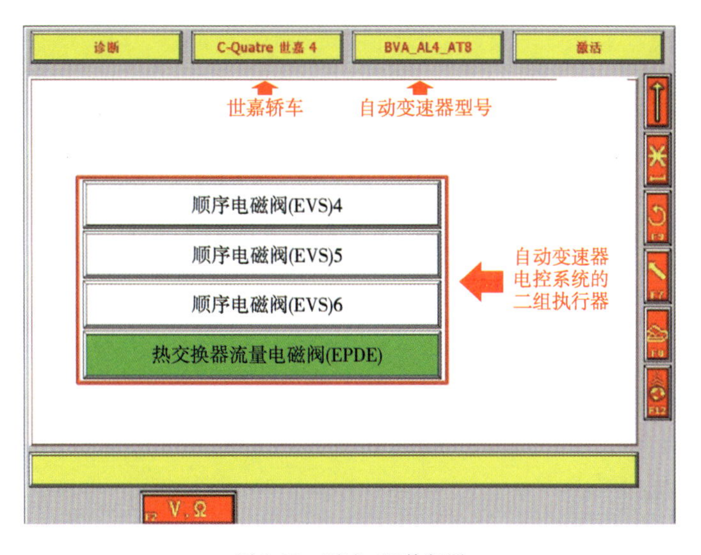

图6-39　测试二组执行器

自动变速器电控系统执行器的名称和被测试的元件　　表6-5

序号	执行器名称	被测试的元件
1	压力调节电磁阀(EVM)	油压调节电磁阀 EVM
2	变矩器锁止电磁阀(EVLU)	变矩器锁止电磁阀 EVLU
3	解锁控制杆(换挡锁止装置)	变速杆锁止继电器 1642
4	顺序电磁阀 EVS1	换挡电磁阀 EV1
5	顺序电磁阀 EVS2	换挡电磁阀 EV2
6	顺序电磁阀 EVS3	换挡电磁阀 EV3
7	顺序电磁阀 EVS4	换挡电磁阀 EV4
8	顺序电磁阀 EVS5	渐进电磁阀 EV5
9	顺序电磁阀 EVS6	渐进电磁阀 EV6
10	热交换器流量电磁阀(EPDE)	油液散热控制阀 1610

学习思考与拓展

1. 请画简图说明自动变速器由哪四部分组成。
2. 简述液力变矩器的组成和作用。
3. 请画出 AT8 型自动变速器动力传递元件简图。
4. 请画表说明 AT8 型自动变速器各挡位的换挡元件和动力传递路线。
5. 请说明 AT8 自动变速器液压阀板上各液压阀和电磁阀名称和作用。
6. 请分别说明图6-15 自动变速器电控系统中各传感器和执行器的作用。
7. 请简述 AT8 型自动变速器 ECU 的主要作用和功能。
8. 请画表说明用诊断仪可检测 AT8 型自动变速器电控系统中的哪些元件。

单元 7　ABS/ESP 电控系统的电路分析与检测

一、ABS 电控系统的电路分析与检测

1 汽车制动防抱死（ABS）电控系统的组成

1）ABS 电控系统的组成

现代轿车一般前轮为转向轮，前轮制动抱死后将造成不能转向，后轮制动抱死后将造成甩尾，无论前轮抱死还是后轮抱死都不利于汽车的安全行驶，许多汽车交通事故都是由于制动抱死造成的，所以现代轿车都配置有 ABS 防制动抱死电控系统。ABS 电控系统主要由 ABS 总成、四个轮速传感器、制动开关、ABS 报警灯等的组成，如图 7-1 所示。

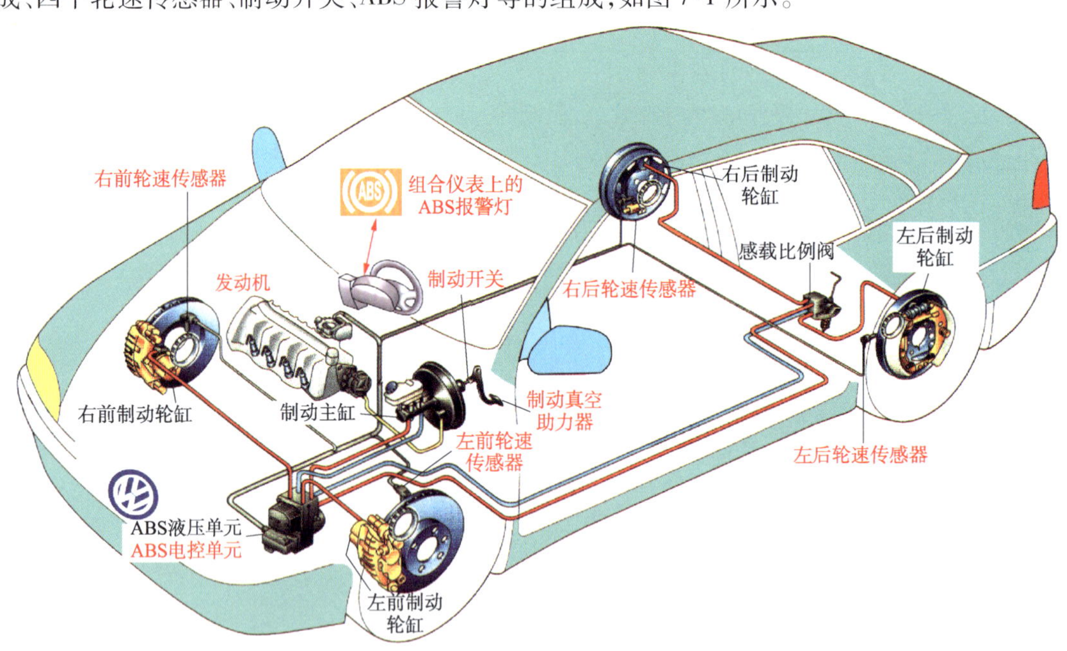

图 7-1　ABS 制动防抱死电控系统的组成

2）ABS 制动防抱死电控系统的优点

轿车的制动系统一般采用 X 型布置，即制动主缸的通道一，为车辆的左前和右后制动轮缸提供制动液，制动主缸的通道二为车辆的右前和左后制动轮缸提供制动液，如图 7-2 所示。图 7-3 为具有 ABS 功能的制动系统。

不带 ABS 的制动系，踩下制动踏板后，轮缸制动压力很快达到最大值并保持不变；车轮转速很快降低至零即完全抱死；而车速还处于降低阶段，此时，制动抱死的车轮处于完全拖滑状况；

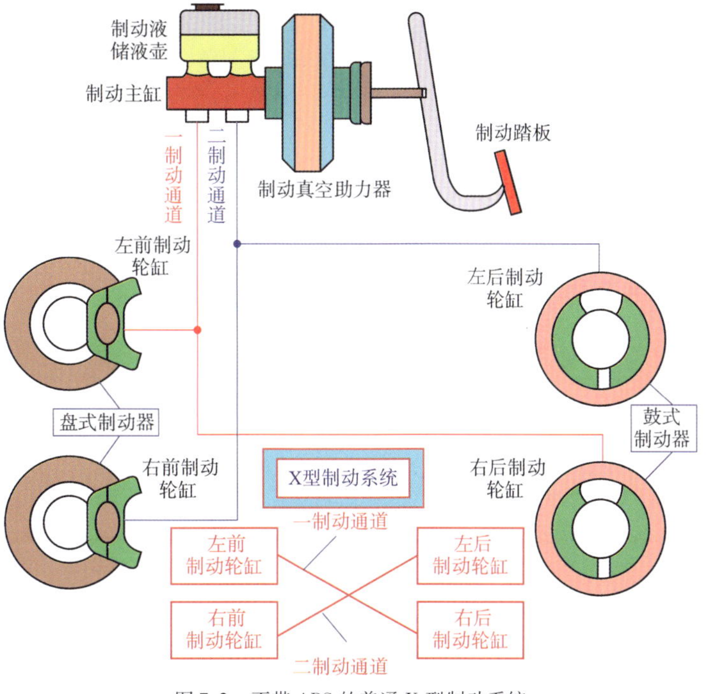

图 7-2　不带 ABS 的普通 X 型制动系统

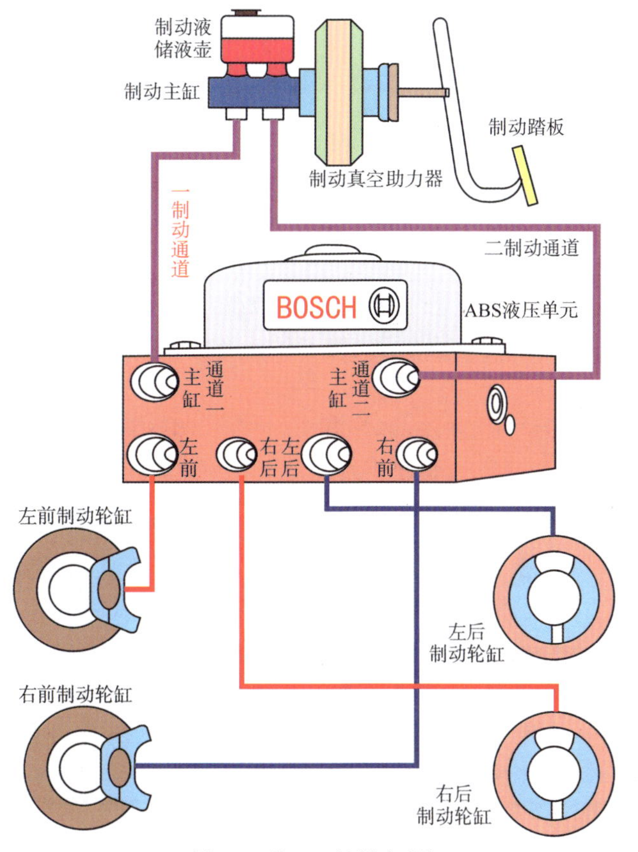

图 7-3　带 ABS 的制动系统

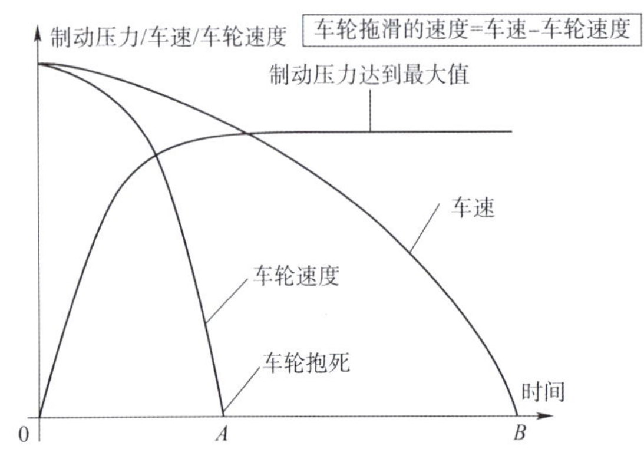

图 7-4　不带 ABS 的制动特性

制动附着系数相对降低，侧向附着系数降低为零，失去转向能力，并处于易侧滑的不稳定状况，如图 7-4 所示。

带 ABS 的制动系，踩下制动踏板后，尽管此时制动主缸压力可能较大并较稳定，但是，在 ABS 系统控制下，制动轮缸压力不断被调节，处于波动状况，如图 7-5 所示，使车速与车轮速度的差值较小，车轮处于边滚边滑的状况；保证较大的制动附着系数和一定的侧向附着力，在缩短制动距离的同时，保证车辆具有一定的转向能力和侧向稳定性。

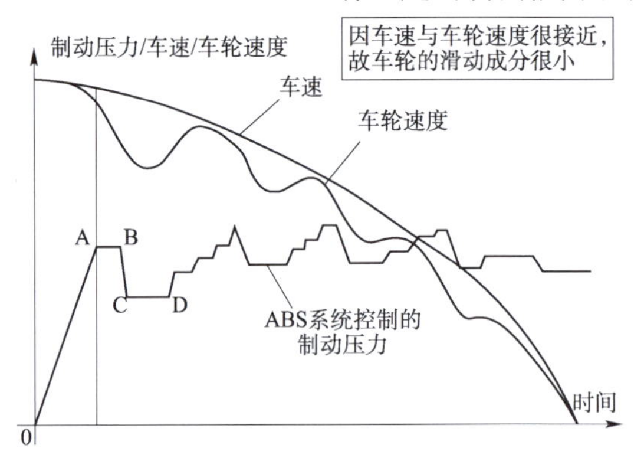

图 7-5　带 ABS 的制动特性

OA 段：增加制动压力；AB 段：保持制动压力；BC 段：减小制动压力

ABS 制动防抱死系统是在车辆制动时，避免车轮抱死拖滑的装置，汽车配备 ABS 系统具有如下好处：

(1)保证制动时车辆的方向稳定性，避免拖滑、侧滑、甩尾；

(2)保证制动时车辆还具有一定的转向能力(注：车轮制动抱死时不能转向)，可在制动时转向避开障碍物，防止追尾；

(3)一般情况下缩短制动距离(注：越是湿滑的路面，ABS 缩短制动距离的效果越明显)；

(4)避免轮胎拖滑磨损，延长轮胎使用寿命。

2 附着系数和滑移率

轮胎的抓地附着程度称为附着系数，在水泥路面上轮胎与地面的附着系数大，制动距离较短；在湿滑路面(如冰面)上轮胎与地面的附着系数小，制动距离较长。在制动时，车轮与路面的附着系数越大，制动距离越短。

当路面、轮胎条件相同，车辆制动时，车轮与地面的附着系数 ϕ 是随车轮滑移率 S 变化而变化的，如图 7-6 所示，在滑移率为 20% 时，制动附着系数 ϕ_X 达到最大值 ϕ_{max}；滑移率为 100%，即车轮抱死时，制动附着系数相对较小，制动距离加长；同时侧向附着系数 ϕ_Y 降低到零，失去抗侧滑和转向能力。

车轮滑移率 S：

$$S = (V - R \cdot W)/V \cdot 100\%$$

式中：S——车辆滑移率；

V——车速；

R——车轮半径；

W——车轮角速度。

注：图 7-6 的曲线可知：当不制动时，滑移率为 0，侧向附着系数最大，转向最灵活；当制动抱死（车轮的速度为 0）时，滑移率为 100%，侧向附着系数为 0，车轮不能转向。

汽车在行驶过程中，ABS 系统通过不断计算每个车轮的滑移率，控制、调节每个车轮制动分泵的制动压力，把每个车轮的滑移率 S 控制在一定区域内（即 S = 20% 左右，见图 7-6 中的阴影区），防止车轮抱死拖滑；保持车轮与地面的制动附着系数为较大值，避免侧向附着系数降低到近乎为零。这样，在提供较大制动力的同时，也保证了方向稳定性、可操作性。

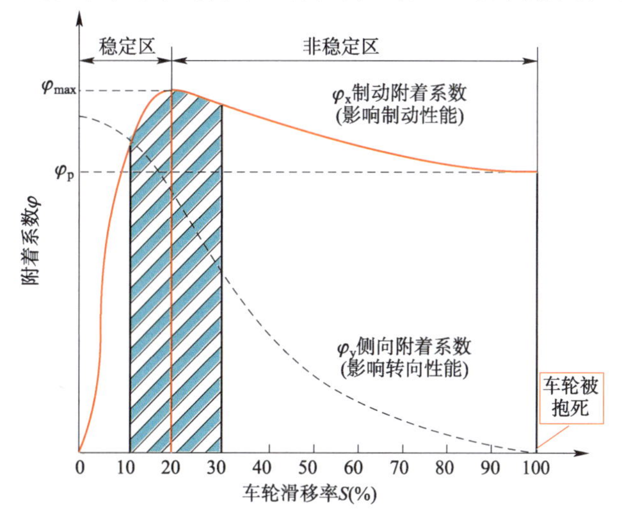

图 7-6　地面附着系数随车轮滑移率的变化曲线

因此，ABS 电控系统的任务是：在制动时，通过每个车轮上的轮速传感器计算出四个车轮的实际滑移率，并把滑移率控制在 20% 左右；①当某一车轮的滑移率 $S < 20\%$，就通过 ABS 液压单元增加该车轮制动轮缸的压力（简称增压）；②当某一车轮的滑移率 $S = 20\%$，就通过 ABS 液压单元保持该车轮制动轮缸的压力（简称保压）；③当某一车轮的滑移率 $S > 20\%$，就通过 ABS 液压单元降低该车轮制动轮缸的压力（简称减压）。

注：ABS 是加装在普通制动系统中的装置，由于它为附加系统，当车轮处于稳定时（即无抱死趋势），ABS 就不起作用，此时制动轮缸压力等于制动主缸压力。

3 ABS 系统主要元件的作用

1）ABS 总成

ABS 总成一般位于发动机机舱左侧，它用三个静音块固定在车身支架上，静音块的作用是吸收电磁阀和电机工作时产生的振动。ABS 总成由 ABS 电控单元、ABS 液压单元（主要包括 8 个电磁阀、电动液压泵、储液器、缓冲器）等组成，如图 7-7、图 7-8 所示。

ABS 电控单元的主要任务是连续监测 4 个轮速传感器的信号，并进行测量比较、分析放大和判断处理，计算出车轮转速、车轮减速度、制动滑移率等，一旦判断出车轮将要抱死，它将立刻进入防抱死控制状态，发出控制指令，以控制各车轮制动轮缸油路上的电磁阀和液压泵的工作来调节制动压力，防止车轮抱死。

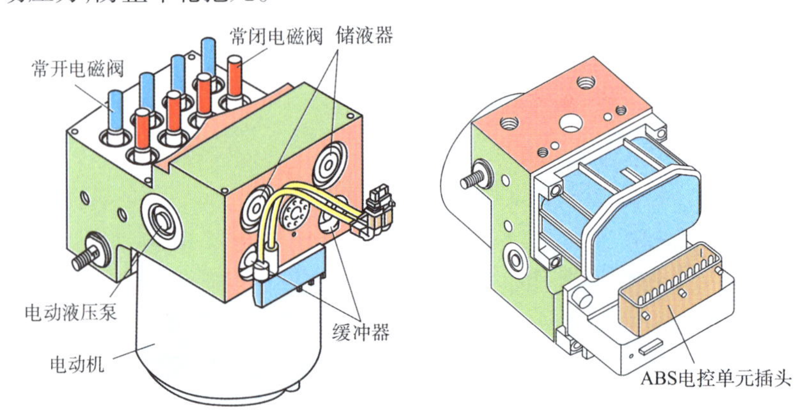

图7-7　ABS总成的外形之一

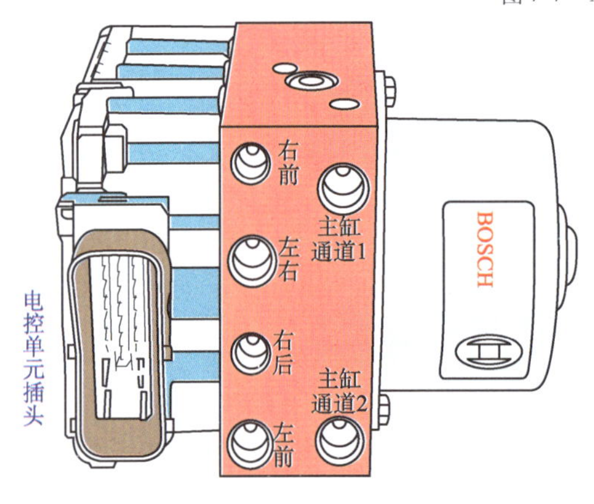

图7-8　ABS总成外形之二

ABS液压单元装在制动主缸与各车轮制动轮缸之间，液压单元上有6条液压管，它们分别与制动主缸通道1、制动主缸通道2、右前制动轮缸、左后制动轮缸、右后制动轮缸、左前制动轮缸连接，如图7-9所示。由于制动系统是双管路X型的布置方式（见图7-2），因此液压单元有两个相同的调节部分（注：两个储液器、两个缓冲器），每个部分负责一个对角线（注：一个前轮和一个对角线上的后轮）的调节。ABS液压单元的主要任务是执行ABS电控单元的指令，自动调节制动器中的液压压力。其中储液器是包括一个活塞和弹簧的缓冲容器（见图7-12），它在压力下降的阶段充满液体，起液压缓冲的作用，保证在电动泵达到最大速度和流量前，在制动轮缸中实现迅速的压力降低；缓冲器是缓冲由电动泵的压力上升所产生的脉冲。在每个缓冲器的出口，有一个节流阀以减少压力变化对制动踏板产生的脉冲震动，以使在ABS系统调节期间内，驾驶者踩制动踏板的脚下有一个较好的感觉；电动液压泵的作用是将制动液及时送至制动主缸，同时配合施加压力阶段的工作，从储液器中吸取剩余制动液，泵入制动循环系统，给液压系统以压力支持，增加制动效能。

2）常开和常闭电磁阀

ABS液压单元上还装有8个电磁阀，每个制动轮缸由一个常开电磁阀和常闭电磁阀控制，如图7-9所示，它们的作用是在制动主缸、制动轮缸和回油油路之间建立联系，帮助各制动轮缸实现增加制动压力、保持制动压力、降低制动压力的功能，防止车轮抱死。

3）轮速传感器

轮速传感器的作用是将车轮的转速信号传递给ABS电控单元，早期使用的BOSCH 5.3 ABS系统为磁感应式轮速传感器，现在使用的BOSCH 8.1 ABS系统为霍尔式轮速传感器。ABS系统共有4个轮速传感器，前轮的传感器齿圈安装在传动轴上，前轮速传感器安装在转向

节上,后轮的传感器齿圈安装在后轮毂上,后轮速传感器则安装在固定支架上,如图7-10所示。

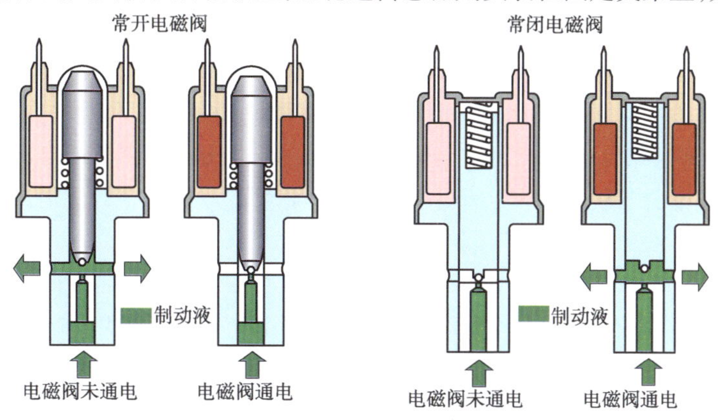

图7-9　ABS液压单元上的常开和常闭电磁阀

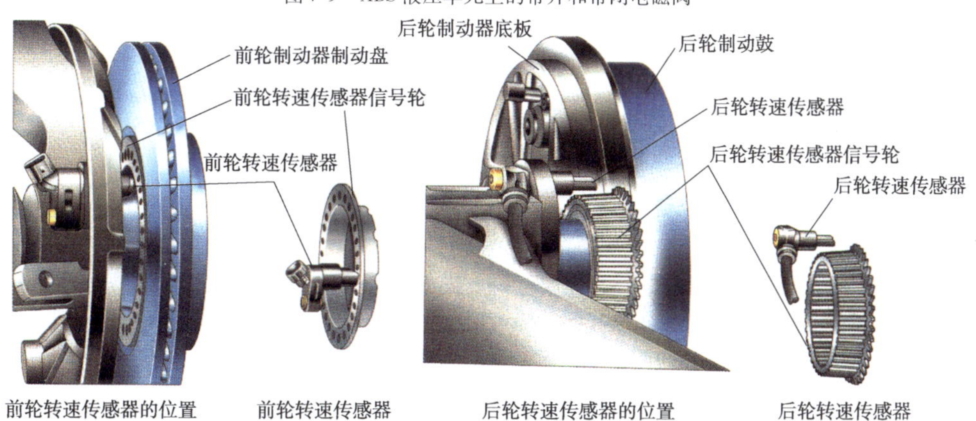

图7-10　前轮和后轮上的轮速传感器

4)ABS报警灯

ABS报警灯的外形如图7-11所示。点火开关接通后,ABS电控单元就开始运行自检程序,对ABS电控系统进行自检,此时组合仪表上的ABS报警灯点亮。自检结束后,如ABS报警灯熄灭,表示ABS电控系统正常。如自检以后发现ABS电控系统存在影响其正常工作的故障,ABS电控单元将停止ABS电控系统的工作,恢复常规制动系统(注:此时相当于没有ABS的制动系统)的工作,并控制组合仪表上的ABS报警灯一直点亮,以警示驾驶员ABS电控系统存在故障。如在汽车使用过程中,ABS点亮后不熄灭,说明ABS电控系统存在故障,应对其进行检修。

图7-11　组合仪表上的ABS报警灯

4 ABS系统工作过程

在汽车行驶制动时,ABS系统不断通过增加制动压力、保持制动压力、减小制动压力的调整,把车轮的滑移率控制在20%左右,以便在缩短制动距离的同时,保证方向的稳定性、可操控性。

为了使汽车稳定行驶，ABS 系统对两个前车轮实施单独调节控制；而对两个后车轮的调节是根据两后轮中速度较慢的车轮来进行。根据这个原则：ABS 电控单元分别检测、确定两前轮的减速度和滑移率，依据每个车轮的实际情况单独调节其制动压力，即两前轮制动压力调节相互独立；对于后轮，ABS 电控单元同样分别检测、确定两轮的减速度和滑移率，但考虑其中转速较慢的车轮，即减速度和滑移率较大的车轮，确定压力调节方式，以相同的方式同时调节控制两后车轮的制动压力，以避免由于转速相差过大，产生旋转力矩而导致侧滑或甩尾。

下面具体介绍"增压、保压、减压"这三个调整过程。

1）增加制动压力（增压）阶段

如图 7-12 所示，驾驶员踩下制动踏板后，在制动主缸中产生制动液压力；在制动液压力的作用下单向阀 A、D 关闭，制动液压力经制动主缸、常开电磁阀 B 进入制动轮缸，使制动轮缸的制动压力逐渐增加。

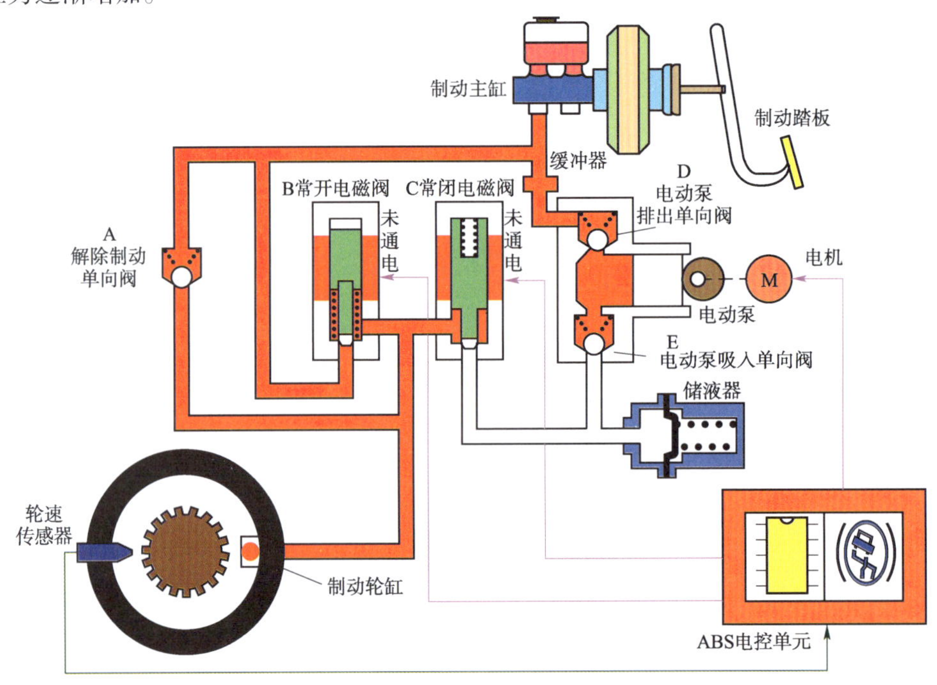

图 7-12　增加制动压力阶段示意图

当松开制动踏板时，制动主缸内制动液压力降低，制动轮缸内的制动液经常开电磁阀 B 和单向阀 A 二条通道回到制动主缸，使制动轮缸内的制动力迅速消失。

在这一阶段，车轮的滑移率 <20%，常开和常闭电磁阀都处于不工作状态，ABS 电控系统没有参入制动压力的调整，此时的制动系统就相当于没有 ABS 的普通制动系统。当 ABS 电控系统有故障不工作时，就与此时的状态相同。所以我们说：当 ABS 电控系统有故障时，维持普通制动系统的工作能力。

2）保持制动压力（保压）阶段

当滑移率 =20% 时，ABS 电控单元控制进入保持制动压力阶段。在这一阶段，ABS 电控单元控制常开电磁阀 B 通电关闭，驾驶员踩下制动踏板，制动主缸内的制动液压力增大，在制动液压力的作用下，单向阀 A 和 D 都关闭。由于电磁阀 B 的关闭，制动主缸内增大的制动液压

力不能传递到制动轮缸，所以此时无论实施在制动踏板上的力是多少，制动轮缸内的制动压力保持不变，称之为保持制动压力阶段，如图 7-13 所示。

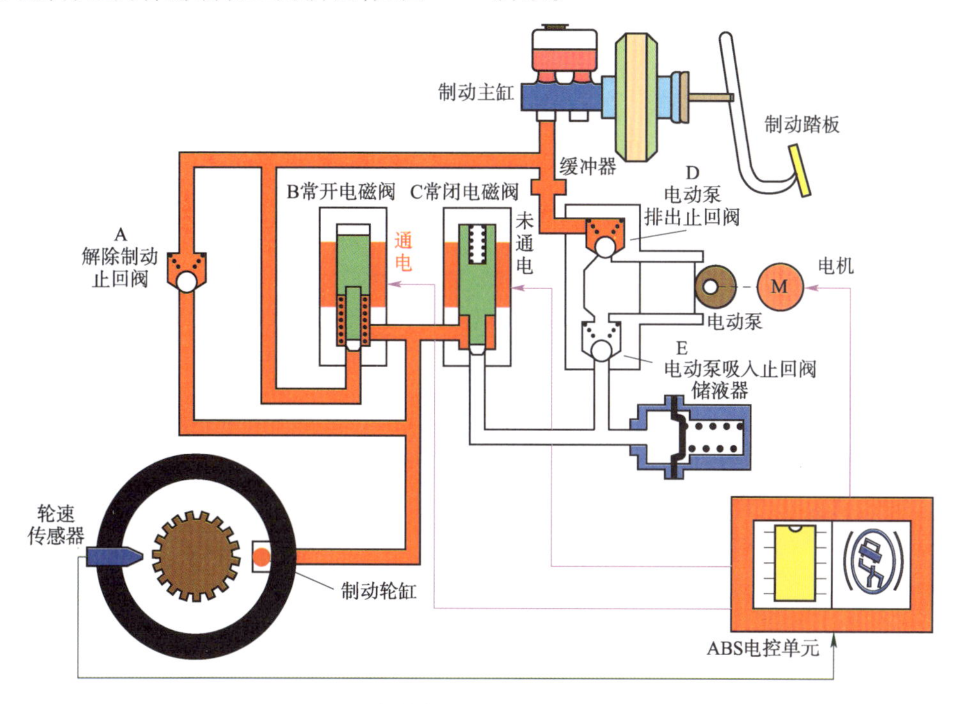

图 7-13　保持制动压力（保压）阶段示意图

注：在上述保持制动压力阶段，如果驾驶员放松制动踏板，制动主缸内的制动液压力降低，当制动主缸侧制动液压力小于制动轮缸侧制动液压力时，尽管电磁阀 B 是关闭的，但单向阀 A 开启，可使处于保压制动的车轮快速解除制动。

3）减小制动压力（减压）阶段

当滑移率 $s>20\%$ 时，ABS 电控单元控制进入减小制动压力阶段。在这一阶段，ABS 电控单元控制常开电磁阀 B 通电关闭，常闭电磁阀 C 通电开启，同时控制电机驱动电动液压泵工作。电磁阀 C 开启后，制动轮缸的制动液，经过电磁阀 C 迅速进入储液器，使制动轮缸产生的制动力减小；电动液压泵工作后，止回阀 E 和止回阀 C 开启，制动液被快速泵入制动主缸，缓冲器可减小制动液在制动踏板上产生的振动，如图 7-14 所示。

5 ABS 电控单元的作用

ABS 电控单元是 ABS 系统的控制中枢，它的主要作用是接收制动开关、四个轮速传感器的信号，计算出车轮速度，并与内部存储的参考车速进行比较，计算出每个车轮的滑移率和加减速度，并将这些信号加以分析，对每个车轮发出制动压力调节的控制指令。图 7-15 是 ABS 电控单元的内部电路简图，从图可知 ABS 电控单元通过二个内部继电器来控制 8 个电磁阀和 1 个液压泵电机工作。

6 ABS 电控系统的电路分析

世嘉轿车 ABS 系统电路原理如图 7-16 所示，图 7-17 是描述 ABS 电控系统工作原理的简图，对该简图的说明见表 7-1。

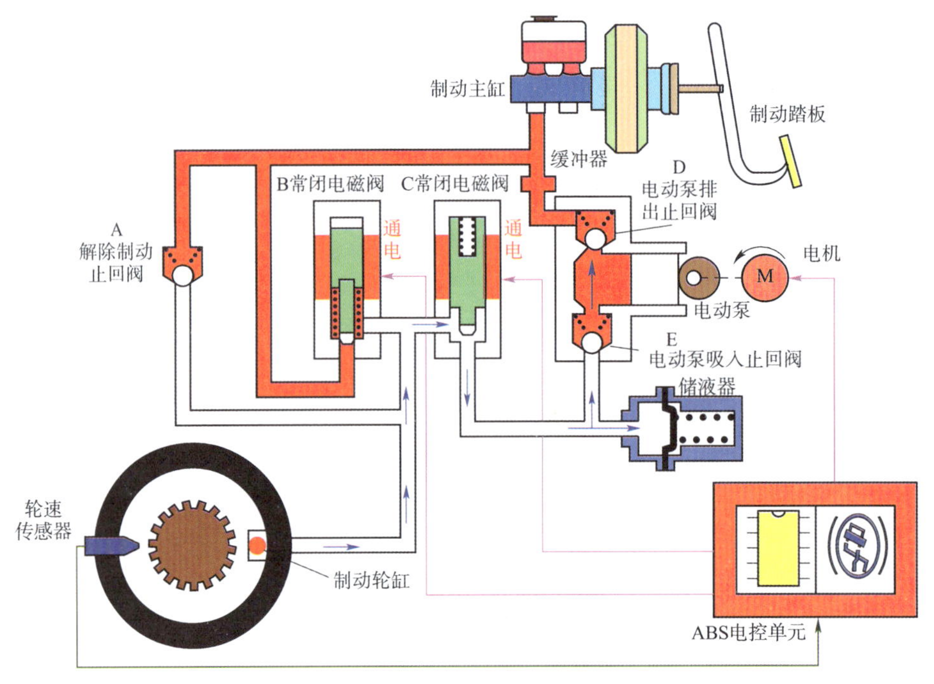

图 7-14　减小制动压力阶段示意图

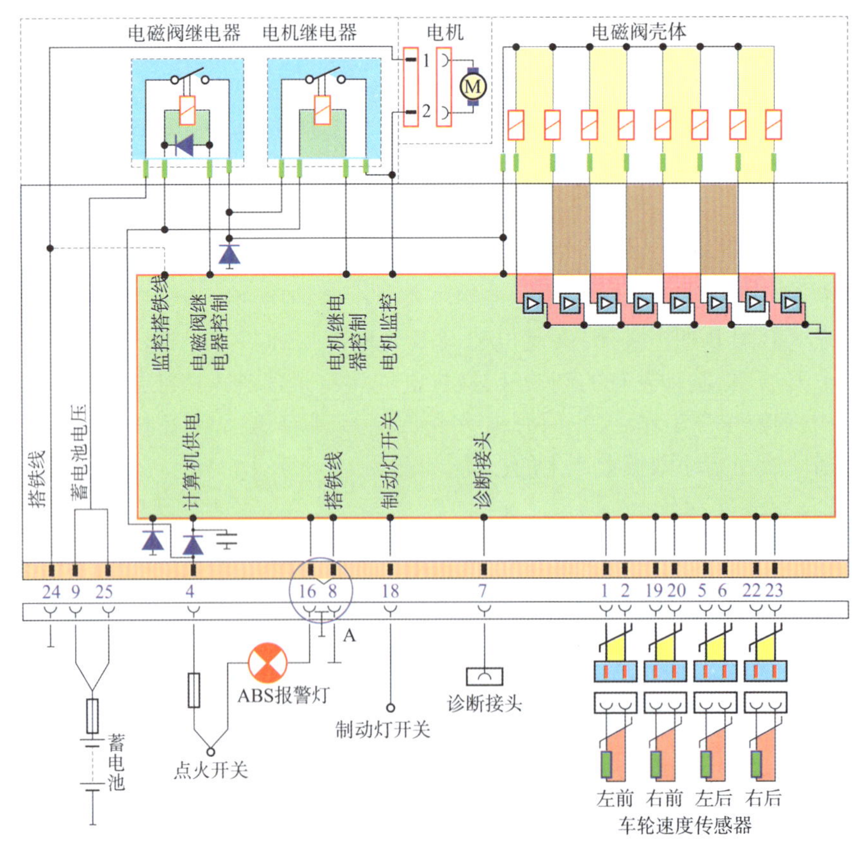

图 7-15　ABS 电控单元内部电路简图

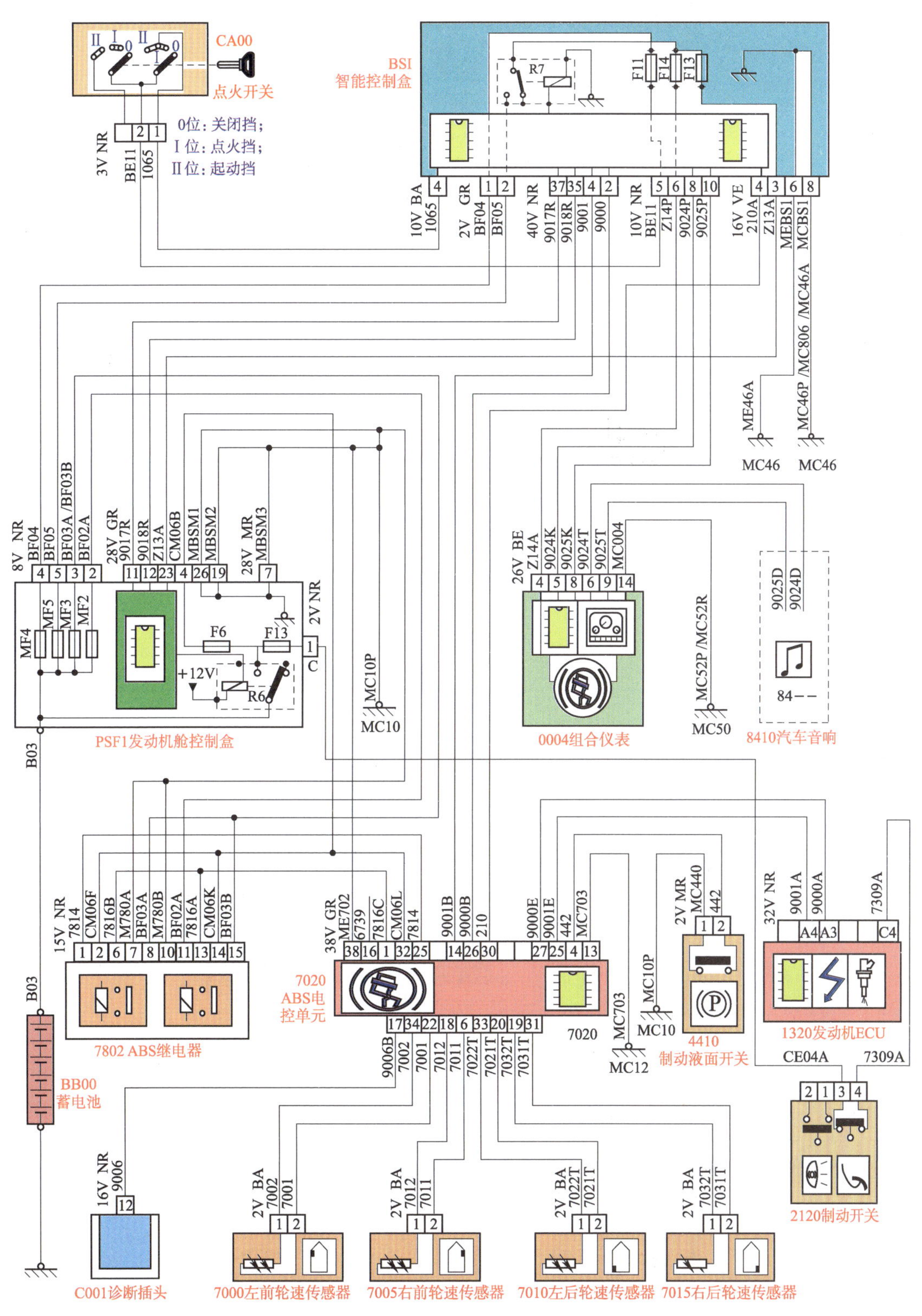

图7-16 世嘉轿车 ABS 系统电路原理图

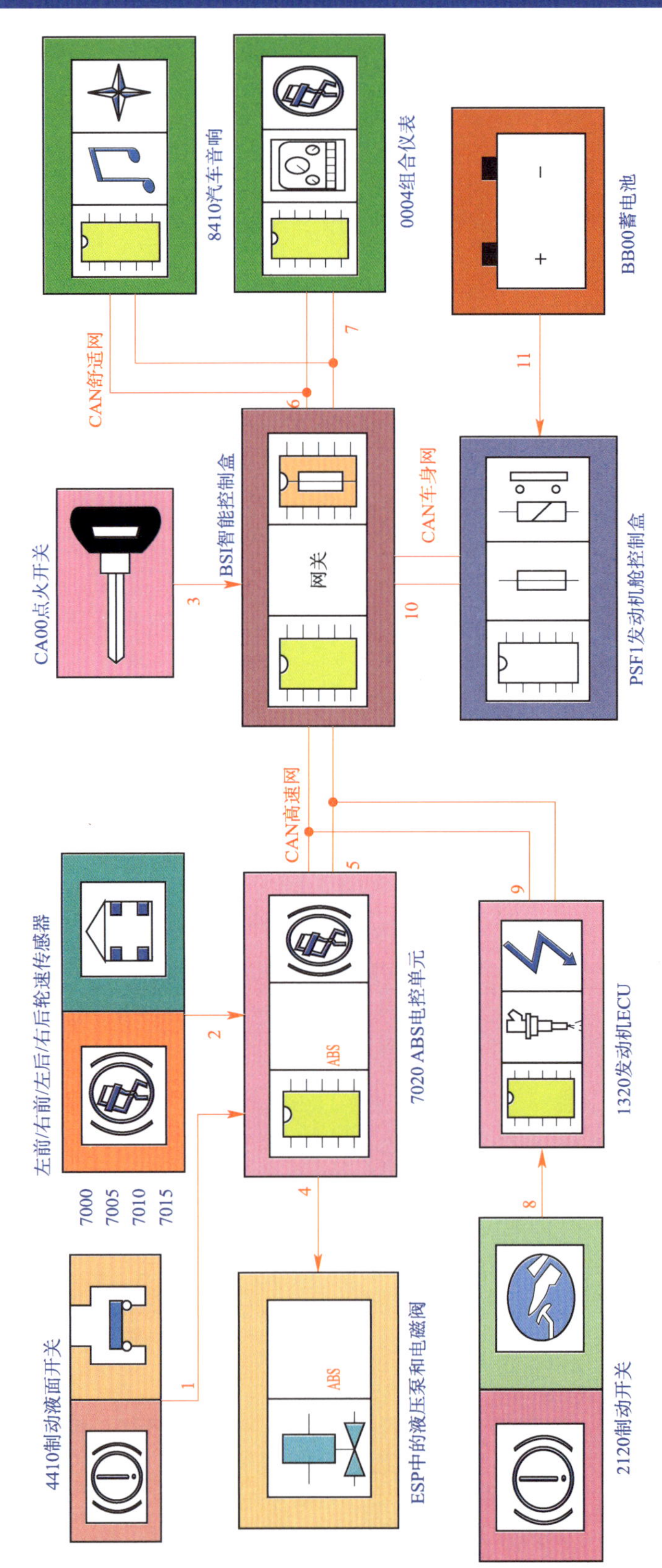

图 7-17　ABS 系统电路原理简图

ABS 系统电路原理简图说明　　表 7-1

连接号	信　号	信号性质	发生器/接收器	电路图中对应的导线编号
1	制动液面信息	开关信号	4410/7020	442
2	四个车轮速度信息	模拟信号	7000、7005、7010、7015/7800	7001/7002、9011/7012、9021T/7022T、9031T/7032T
3	点火开关的点火信号	开关信号	CA00/BSI	1065
4	对 ABS 总成中电磁阀和液压泵电机的控制指令	模拟信号	7020/ABS 总成	因在 ABS 总成内部，故电路图无对应导线
5	ABS 电控系统的工作状态和车速信号	CAN 高速网信号	7020/BSI	9000、9001
6	ABS 电控系统的工作状态和车速信号	CAN 舒适网信号	BSI/0004	9024P、9025P
7	车速信号	CAN 舒适网信号	0004/8410	9024T、9025T
8	制动开关信息	模拟信号	2120/1320	7309A
9	制动开关信息	CAN 高速网信号	1320/7020	9000、9001
10	对 ABS 等电控单元的供电指令	CAN 车身网信号	BSI/PSF1	9017R、9018R
11	蓄电池供电	模拟信号	BB00/PSF1	B03

下面根据图 7-16 和图 7-17，对 ABS 电控系统工作原理解析说明如下。

(1)蓄电池通过导线 B03 为发动机舱控制盒 PSF1 供电；PSF1 通过导线 BF04、BF05 为智能控制盒 BSI 供电；PSF1 通过导线 BF02A、BF03A 为 ABS 继电器 7802 供电。

(2)接通点火开关 M 位(点火挡)，点火开关将点火信号通过导线 1065 传送到智能控制盒 BSI；BSI 收到点火信号后，唤醒 CAN 高速网、CAN 车身网、CAN 舒适网等车载网络进入工作状态。

(3)全车网络工作后，BSI 一方面通过网线 Z12P 为组合仪表 0004 提供 + CAN 供电，一方面通过 CAN 车身网线 9017R、9018R 通知发动机舱控制盒 PSF1 为电控单元和用电器供电；PSF1 收到 BSI 的指令后，控制内部继电器 R1(请参看图 7-3-15)、R6 等工作，分别通过导线 1203 为发动机 ECU 供电，通过导线 CM06B 和 C 为 ABS 电控单元 7020、ABS 继电器 7802 和制动开关 2120 提供条件供电(注：点火开关在点火挡时的供电)；

(4)ABS 继电器 7802 得到 PSF1 的条件供电后，开始工作，ABS 继电器通过导线 7814、7816B、7816A 为 ABS 电控单元提供功率供电(注：对 ABS 总成内 8 个电磁阀和液压泵电机的供电)。

(5)各电控单元得到供电后，组合仪表 0004 上的 ABS 报警灯点亮，同时 ABS 电控系统开始自检；自检结束后，ABS 电控单元通过网络将自检结果通知组合仪表，如自检中 ABS 系统无故障，ABS 报警灯熄灭，ABS 电控系统进入正常工作状态；如自检中发现 ABS 系统有故障，ABS 报警灯保持点亮，同时 ABS 电控系统不进入工作状态(注：此时车辆只有普通制动系统的功能,车辆行驶制动时,有可能产生车轮制动抱死的现象)。

(6)ABS 电控系统进入工作状态后,ABS 电控单元 7020 为 4 个霍尔式轮速传感器 7000、7005、7010、7015 提供供电,同时不间断地接收 4 个轮速传感器和制动开关 2120 通过车载网络传递的信号,计算并根据 4 个车轮的滑移率,发出控制指令,通过控制 8 个电磁阀和电动液压泵的断电和通电,来调节 4 个车轮制动分泵的制动压力,防止车轮抱死,并把每个车轮的滑移率控制在最佳范围,以实现在缩短制动距离的同时,还可操纵车辆的行驶方向,防止追尾等交通事故的发生。

(7)在 ABS 电控系统的工作过程中,ABS 电控单元 7020 随时监控 ABS 电控系统是否存在故障,一旦发现 ABS 系统产生了故障,立即停止 ABS 电控系统的工作,一方面不接受 4 个轮速传感器的信号,同时控制 8 个电磁阀和电动液压泵断电,并维持普通制动系统的工作;一方面通过车载网络通知组合仪表 0004 点亮 ABS 报警灯,以警示驾驶员采取相应的安全措施。

(8)ABS 电控单元通过车载网络将车速信号传递给汽车音响 8410,汽车音响在可在车速增加或降低时,分别将音响喇叭的音量调高或调低,以保证车内人员能清晰地听到汽车音响的悦耳之声。

注:ABS 电控系统最常见的故障是一个轮速传感器因被污染而不能正确传递该车轮的轮速信号,此时 ABS 电控系统就无法计算该车轮的滑移率,无法对该车轮的制动压力进行控制,也就无法对 4 个车轮进行制动平衡控制;为了安全起见,此时 ABS 电控单元就停止对所有车轮的制动控制。

7 ABS 电控系统的检测

(1)操作诊断仪进入电控单元选择界面,选择 ABS 电控系统,诊断仪进入 ABS 电控系统选择菜单后,选择读取故障功能,如图 7-18 和图 7-19 所示。

图 7-18　选择 ABS 电控系统

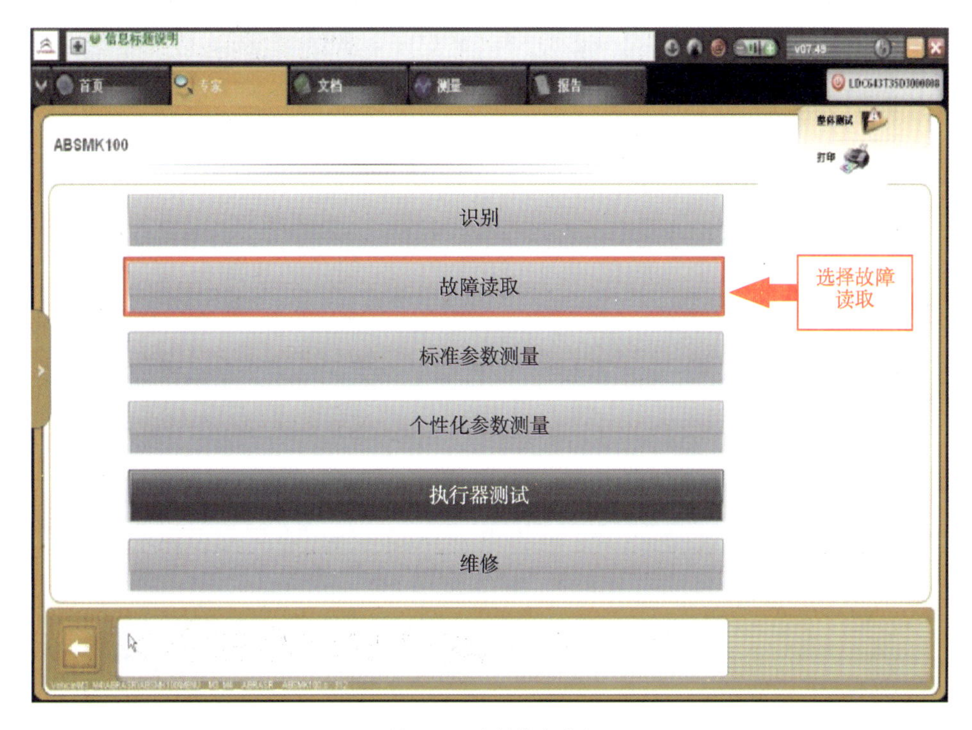

图 7-19　选择故障读取

(2)操作诊断仪进入 ABS 电控系统后,选择参数测量功能,检测 ABS 电控系统的参数,如图 7-20 至图 7-22 所示,各参数的名称和被检测的元件见表 7-2。

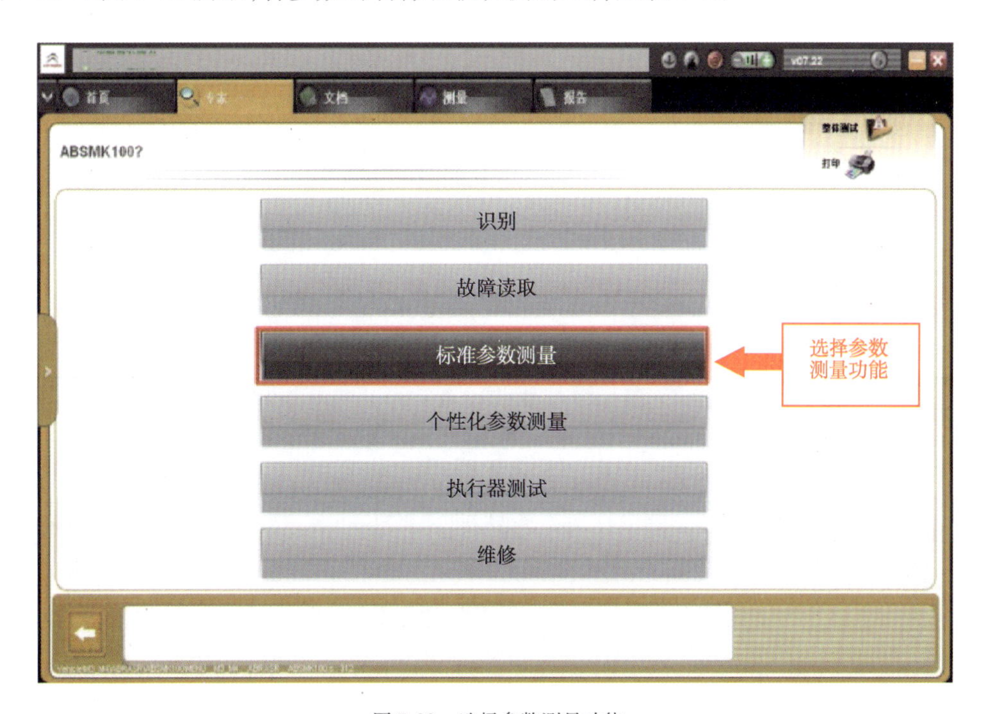

图 7-20　选择参数测量功能

图 7-21　检测动态信息参数

图 7-22　检测继电器和制动开关信息参数

ABS 电控系统的参数和被检测的元件　　表 7-2

序号	参 数 名 称	参 数 值	传递参数的元件(注:被检测的元件)
1	电源电压	14.0V	蓄电池 BB00
2	左后车轮转速	0km/h	左后轮速传感器 7010
3	右后车轮转速	0km/h	右后轮速传感器 7015
4	左前车轮转速	0km/h	左前轮速传感器 7000
5	右前车轮转速	0km/h	右前轮速传感器 7005
6	车速	0km/h	ABS 电控单元 7020
7	控制单元电源电压	14.1V	蓄电池 BB00
8	制动灯开关	松开	制动开关 2120

续上表

序号	参 数 名 称	参 数 值	传递参数的元件(注:被检测的元件)
9	ABS电磁阀电源状态	运行正常	ABS电控单元7020
10	循环泵继电器状态	激活	ABS电控单元7020
11	制动液液位	足够	制动液面开关4410
12	制动液液位传感器终端的电压	8.1V	制动液面开关4410
13	左后轮转速传感器电压状态	足够	左后轮速传感器7010
14	右后轮转速传感器电压状态	足够	右后轮速传感器7015
15	左前轮转速传感器电压状态	足够	左前轮速传感器7000
16	右前轮转速传感器电压状态	足够	右前轮速传感器7005

(3)操作诊断仪进入ABS电控系统后,选择执行器测试,分别测试ABS电控系统的执行器,如图7-23至图7-26所示,各参数名称和检测的元件见表7-3。

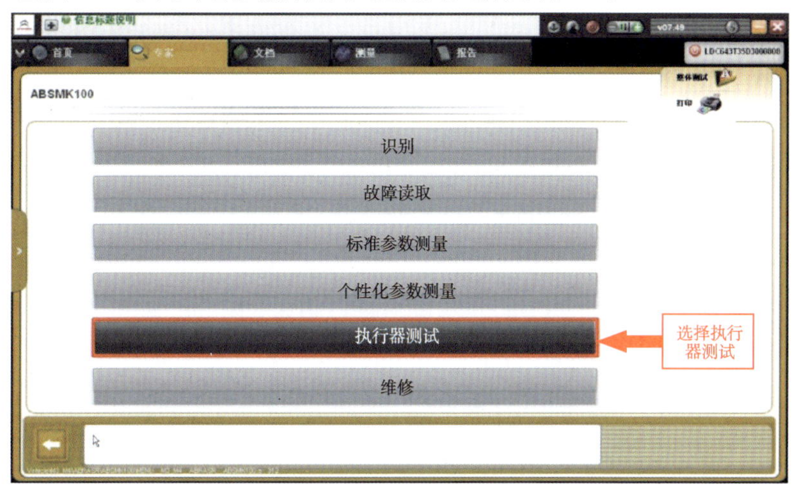

图7-23　选择执行器测试

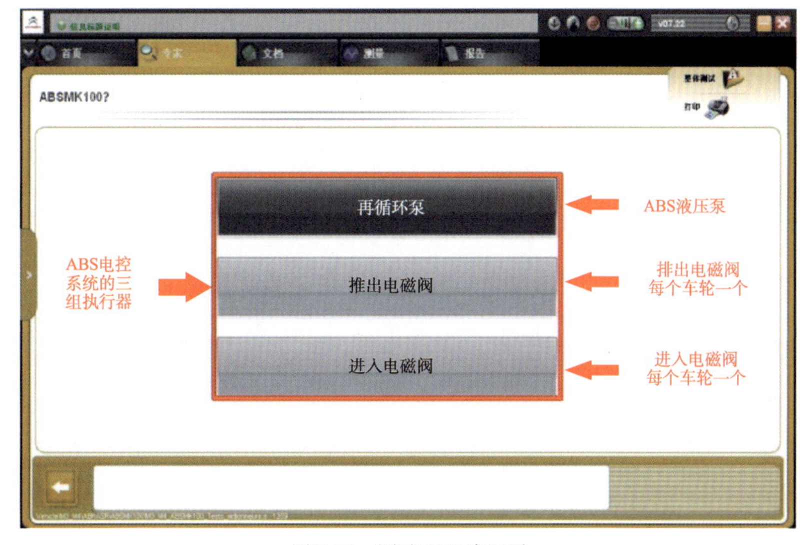

图7-24　测试ABS液压泵

图 7-25　测试 ABS 的四个排出电磁阀

图 7-26　测试 ABS 的四个进入电磁阀

ABS 电控系统执行器的名称和被检测的元件　　表 7-3

序　号	执行器名称	被检测的元件
1	再循环泵	ABS 液压单元内的电动液压泵
2	左前排出电磁阀	ABS 液压单元内的常开电磁阀
3	右前排出电磁阀	ABS 液压单元内的常开电磁阀
4	左后排出电磁阀	ABS 液压单元内的常开电磁阀
5	右后排出电磁阀	ABS 液压单元内的常开电磁阀
6	左前进入电磁阀	ABS 液压单元内的常闭电磁阀
7	右前进入电磁阀	ABS 液压单元内的常闭电磁阀
8	左后进入电磁阀	ABS 液压单元内的常闭电磁阀
9	右后进入电磁阀	ABS 液压单元内的常闭电磁阀

二、ESP 电控系统的电路分析与检测

1 ESP 电控系统的作用和组成

1)ESP 电控系统的含义和作用

ESP(Electronic Stability Program,电子稳定程序)电子稳定控制系统,它的主要作用是在汽车行驶过程中,保持车辆的稳定。如图 7-27 所示,一辆行驶在盘山公路上的车辆,公路左侧是山石耸立的绝壁,公路右边是万丈悬崖,驾驶员希望驾驶车辆沿公路中心线行驶;而有时由于车辆的惯性或道路湿滑等各种原因,车辆的实际行驶轨迹与驾驶员的意愿不一致,出现转向不足或转向过度等使车辆不稳定的现象。ESP 电控系统在汽车行驶过程中,用转向角度传感器检测驾驶员的意愿(驾驶员的意愿主要反映在转向盘上,因车辆无论出现转向不足或转向过度使车辆进入不稳定状态时,驾驶员一定会通过操作转向盘对车辆的行驶轨迹进行纠正,力图使车辆稳定行驶),用偏航率传感器来检测车辆实际运行轨迹;当驾驶员的意愿与车辆的运行轨迹不一致时,就对车辆进行调整,调整的目的是使用车辆稳定行驶,这就是 ESP 电控系统的主要作用。

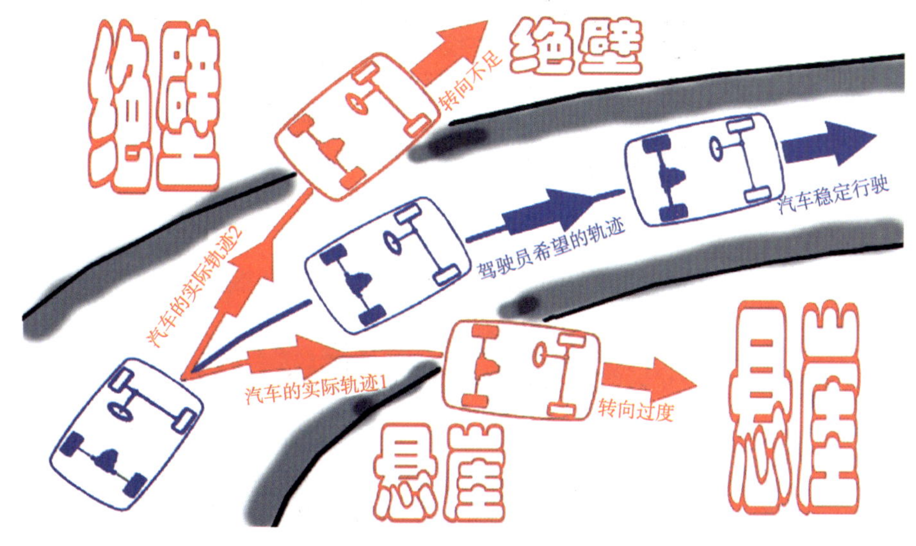

图 7-27 驾驶员的意愿和车辆的实际轨迹

ESP 电控系统具有防止制动时车轮抱死、防止驱动轮打滑、控制发动机的牵引力、电子制动力分配(注:根据车轮的载荷分配制动力)等多项安全性能,它是 ABS 的升级版。ESP 电子稳定控制系统又叫主动安全系统,因 ESP 电控系统能在车辆出现不稳定行驶时,能主动对车辆进行调整,使车辆脱离危险,保持稳定行驶。

2)ESP 电控系统的组成

ESP 电控系统在车上的布置如图 7-28 所示,它主要由 ESP 总成(包括 ESP 电控单元和 ESP 液压单元)、转向角度传感器、偏航率传感器、4 个轮速传感器、发动机 ECU、电子节气门、制动液面传感器、制动开关、组合仪表等组成。

2 ESP 电控系统主要元件的作用与原理

1)ESP 总成

ESP 总成的分解图如图 7-29。ESP 总成的主要作用是根据传感器的信号,控制 4 个车轮制动轮缸制动力的大小,并与其他电控单元配合,实现对车辆稳定性的控制。ESP 总成主要由液压单元和电控系统两部分组成;液压单元主要包括液压泵、2 个蓄压器(注:一个蓄压器为左前和右后制动轮缸蓄压,一个蓄压器为右前和左后制动轮缸蓄压)压泵电机、制动压力传感器等。

图 7-28　ESP 电控系统在车上的布置

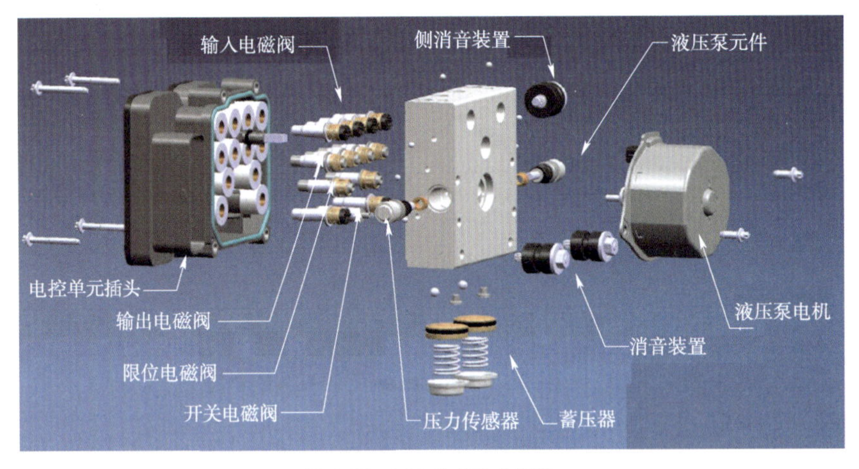

图 7-29　ESP 总成的分解图

2)转向角度传感器

转向角度传感器安装在转向盘下方,如图 7-30 所示,它是霍尔式传感器。它与转向盘下转换模块配合,向 ESP 电控单元提供转向盘的转动方向、转动角度、转向速度等信号。

3)偏航率传感器

偏航率传感器又称为陀螺仪,它安装在驻车制动手柄附近的汽车中轴线上,如图 7-31 所示,ESP 电控单元主要用它检测车辆的偏摆速度和横向加速度,计算车辆的实际运行轨迹。

偏航率传感器为电容式传感器,其工作原理的说明如图 7-32 所示,当汽车行驶时,传感器

随车身发生纵向和横向偏摆，电容器C1和C2的值则不断变化，传感器中的处理电路将电容器C1和C2的变化转化成电压的变化，然后将该变化的电压信号通过网线传递到CAN高速网上，供ESP电控单元、发动机电控单元、自动变速器电控单元等使用，作为对车辆运行轨迹进行调整的依据。

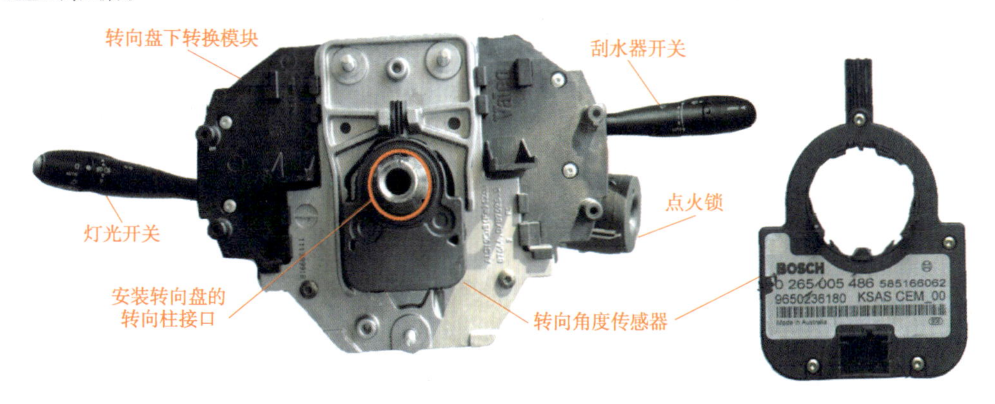

图7-30　转向角度传感器的安装位置和外形

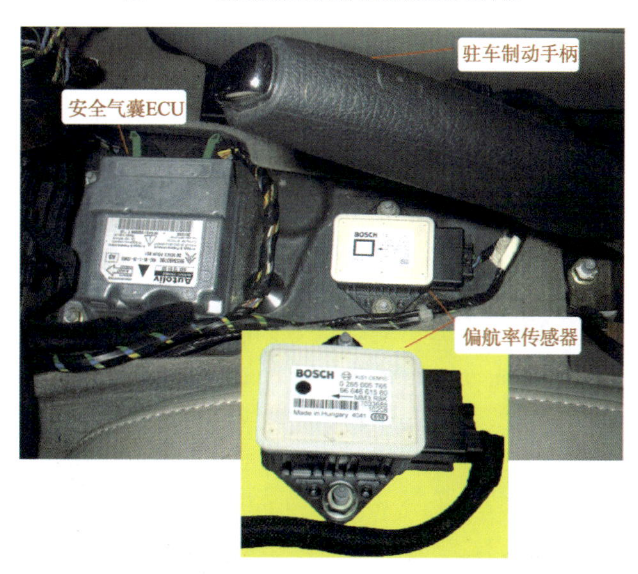

图7-31　偏航率传感器的安装位置和外形

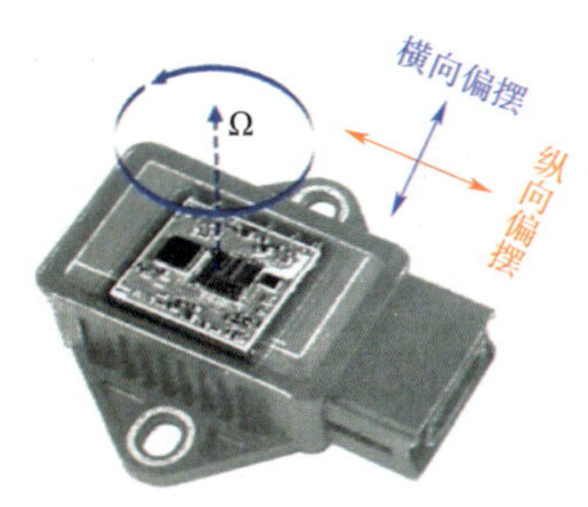

a) 传感器随车身的纵向和横向偏摆

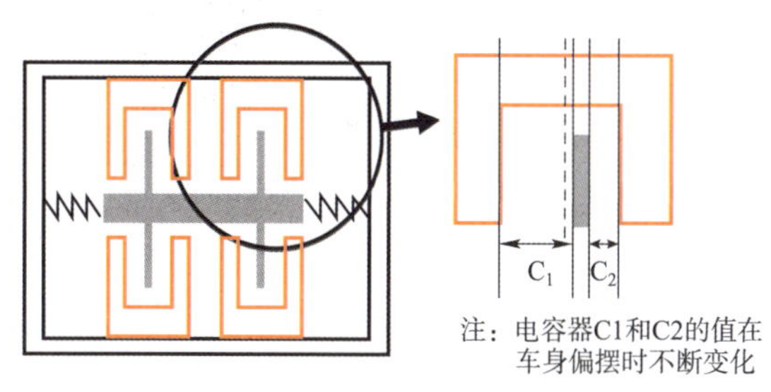

b) 传感器的物理模型

图7-32　偏航率传感器的纵向、横向偏摆和物理模型

4）轮速传感器

ESP 系统 4 个车轮的轮速传感器都装在轮毂轴承附近，如图 7-33a）所示，传感器的内部结构如图 7-33b）所示，它们是霍尔式传感器，为 ESP 电控单元提供车速和轮速信号。

a）轮速传感器的安装位置　　b）轮速传感器的内部结构

图 7-33　轮速传感器的安装位置和内部结构

5）发动机 ECU 和电子节气门

发动机 ECU 装在发动机舱的左侧，电子节气门装在进气总管上，它们的外形如图 7-34 所示。发动机 ECU 在 ESP 电控系统中的主要作用是通过电子节气门对发动机的输出转矩进行调整，以实现对车辆稳定性的控制。

6）制动开关和制动液面开关

制动开关和制动液面开关的外形如图 7-35 所示，制动开关装在制动踏板连接杆的下方，当踩下制动踏板时，该开关触点动作，将制动信号同时传递给 ESP 电控单元和智能控制盒。ESP 电控单元根据此信号对车辆进行稳定性控制，智能控制盒将此信号传递到 CAN 高速网上，供相关电控单元进行制动灯、自动变速器挡位、空调压缩机等控制。制动液面开关装在制动液储液罐上，ESP 电控单元一方面利用该开关检测的制动液位信息进行制动压力的控制，一方面利用网络将此信息传递给组合仪表，用于制动液位过低时报警。

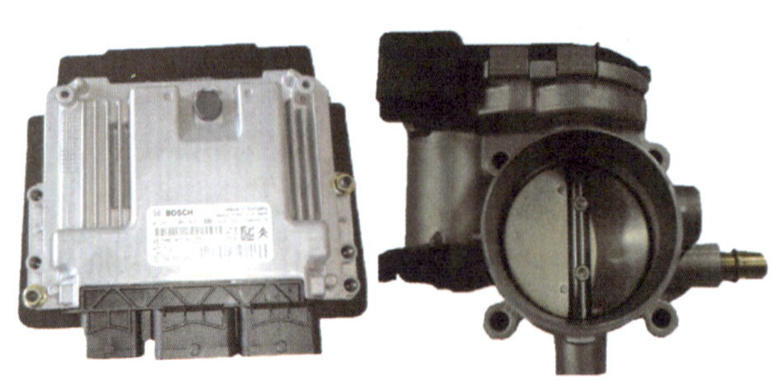

a）发动机ECU的外形　　b）电子节气门的个形

图 7-34　发动机 ECU 和电子节气门的外形

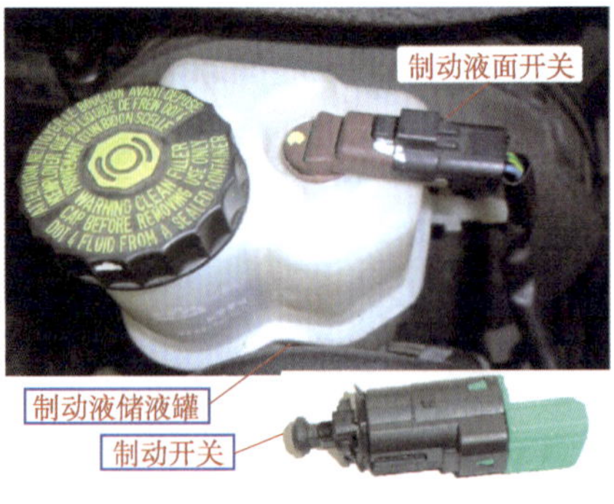

图 7-35　制动开关和制动液面开关

7）组合仪表

在 C5 轿车上，ESP 电控单元将 ESP 电控系统的工作状况、制动液面等信息，通过 CAN 高

速网传递给智能控制盒 BSI，智能控制盒则通过 CAN 舒适网将这些传递给组合仪表，组合仪表则将这些信息显示在仪表板上，如图 7-36 所示。

图 7-36 组合仪表上显示的 ESP 电控系统信息

8）ESP 关闭开关

汽车起动行驶后，ESP 电控系统就被激活进入工作状态。如驾驶员不想使用 ESP 系统，可按下仪表台中部的 ESP 关闭开关，此时 ESP 开关右侧的指示灯点亮，如图 7-37 所示。

图 7-37 仪表台上的 ESP 开关

9）转向盘上控制模块和转向盘下转换模块

转向盘上控制模块和转向盘下转换模块的外形如图 7-38 所示，转向盘上控制模块把驾驶员的限速和巡航控制请求通过 LIN 网线传递给转向盘下转换模块 CV00，CV00 通过 CAN 车身网线将这些信号通过网络传递给 ESP 电控单元，ESP 电控单元参考限速和巡航信息对车辆进行稳定性控制。

❸ ESP 电控系统的电路分析

C5 轿车 ESP 电控系统的电路原理图如图 7-39 所示，经过对 ESP 电控系统电路原理图的分析，可将该系统的工作原理简化成图 7-40 所示的框图，对框图的说明见表 7-4。现根据图

7-39和图7-40将ESP电控系统的工作原理解读如下。

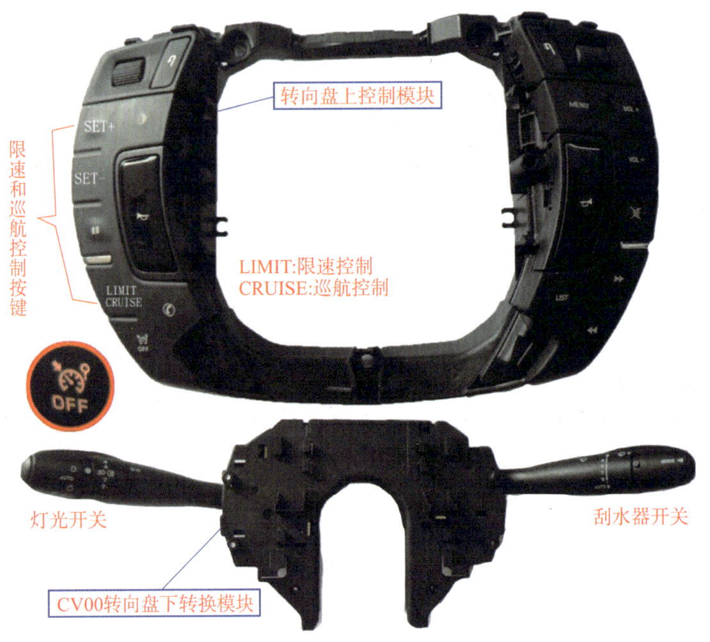

图7-38　转向盘上控制模块和转向盘下转换模块的外形

(1)蓄电池通过导线BB02为发动机舱控制盒PSF1供电;PSF1通过导线BM04、BM08为智能控制盒BSI供电;PSF1通过导线BM02、B725A、B725C为ESP电控单元供电;PSF1通过导线BH16D、BH16E为自动变速器ECU1630供电;BSI通过导线B860为方向盘下转换模块CV00供电。

(2)接通点火开关M位(点火挡),点火开关将点火信号通过导线1065传送到智能控制盒BSI;BSI收到点火信号后,唤醒CAN高速网、CAN车身网、CAN舒适网、LIN网等车载网络进入工作状态。

(3)全车网络工作后,BSI一方面通过网线Z12为组合仪表0004提供+CAN供电,一方面通过CAN车身网线9017、9018通知发动机舱控制盒PSF1为电控单元和用电器供电;PSF1收到BSI的指令后,控制内部继电器R1(注:图中未画出)、R6等工作,分别通过导线1203D和C6702为发动机电控单元1320和制动开关2120供电;全车网络工作后,CV00通过导线BE为转向盘上控制模块VMF供电;ESP电控单元通过导线7112和7112B为转向盘角度传感器7130和偏航率传感器7804供电。

(4)各电控单元得到供电后,立即控制各电控系统的传感器、执行器进入工作状态;汽车行驶时,ESP电控单元主要通过转向角度传感器7130、制动开关2120、制动压力传感器(在ESP总成内,见图7-29)、加速踏板位置传感器、自动变速器的挡位、限速、巡航控制按键等检测驾驶员的意愿,通过偏航率传感器7804、4个车轮的轮速传感器7810、7815、7820、7825等检测车辆的行驶轨迹;当ESP电控单元检测到驾驶员的意愿与汽车的行驶轨迹不一致时,首先计算对车辆进行调整修正的参数,然后通过CAN高速网9000、9001向发动机ECU和自动变速器ECU发出修正指令,同时通过控制ESP液压单元内的电磁阀和液压电动泵对4个制动轮缸的制动压力进行合理分配和调整。

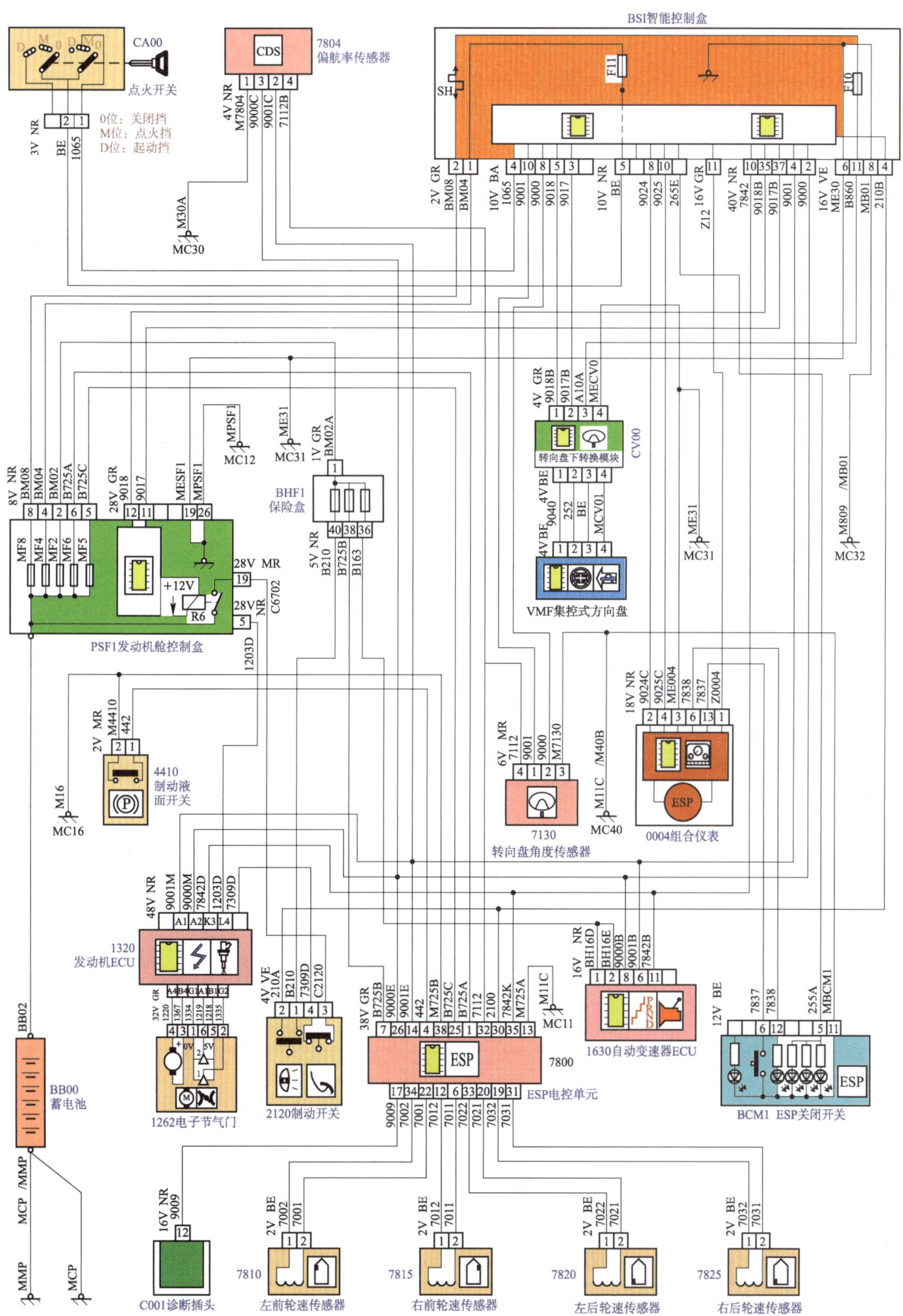

图7-39 C5轿车ESP电控系统电路原理图

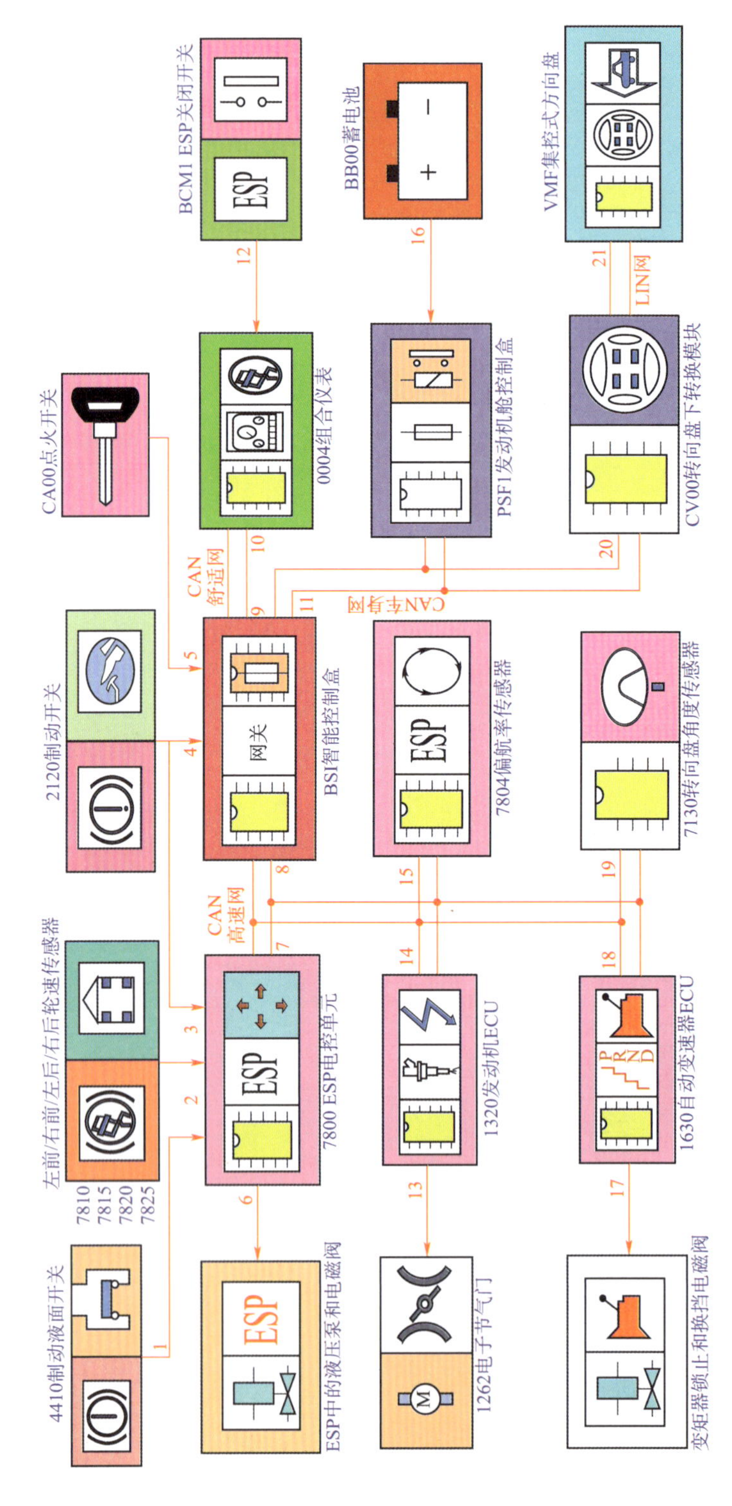

图 7-40　C5 轿车 ESP 电控系统原理框图

C5 轿车 ESP 电控系统原理框图的说明 表 7-4

连接号	信号	信号性质	发生器/接收器	电路图中对应的导线编号
1	制动液面信息	开关信号	4410/7800	442
2	4 个车轮速度信息	模拟信号	7810、7815、7820、7825/7800	9001/7002、9011/7012、9021/7022、9031/7032
3	制动开关信息	模拟信号	2120/7800	210A、210D
4	制动开关信息	模拟信号	2120/BSI	210A、210B
5	点火开关的点火信号	开关信号	CA00/BSI	1065
6	对 ESP 总成中电磁阀和液压泵电机的控制指令	模拟信号	7008/ESP 总成	因在 ESP 总成内部，故电路图无对应导线
7	ESP 电控系统的工作状态	CAN 高速网信号	7800/BSI	9000、9001
8	关闭 ESP 电控系统的请求	CAN 高速网信号	BSI/7800	9000、9001
9	ESP 电控系统的工作状态	CAN 舒适网信号	BSI/0004	9024、9025
10	关闭 ESP 电控系统的请求	CAN 舒适网信号	0004/BSI	9024、9025
11	对 ESP 等电控单元的供电指令	CAN 车身网信号	BSI/PSF1	9017B、9018B
12	关闭 ESP 电控系统的请求	开关信号	BCM1/0004	7837
13	对电子节气门的控制指令	模拟信号	1320/1262	1220、1367
14	发动机的转速和转矩信息	CAN 高速网信号	1320/7800	9000、9001
15	汽车的横向和纵向加速度等信息	CAN 高速网信号	7804/7800	9000C、9001C
16	蓄电池供电	模拟信号	BB00/PSF1	BB02
17	对变矩器和换挡电磁阀的锁上指令	模拟信号	1630/自动变速器液压控制阀板	电路图中未画出
18	自动变速器的工作状态	CAN 高速网信号	1630/7800	9000、9001
19	转向盘的转动方向、转到速度、转动角度等信息	CAN 高速网信号	1630/7800	9000、9001
20	限速、巡航请求信号	CAN 车身网信号	CV00/BSI	9017B、9018B
21	限速、巡航请求信号	LIN 网信号	VMF/CV00	9040

(5)发动机 ECU 获得 ESP 电控单元的修正指令后，通过对电子节气门、喷油器、点火线圈等的控制，调整发动机的输出转矩，修正巡航和限速的控制参数；自动变速器 ECU 获得 ESP 电控单元的修正指令后，通过控制变矩器锁止电磁阀和换挡电磁阀，调整变矩器的工作状态和变速器的换挡策略；发动机 ECU 和自动变速器 ECU 参入调整的目的是与 ESP 电控单元协调配合，共同完成对车辆行驶稳定性的控制，如图 7-41 所示。

(6)接通点火开关，ESP 故障灯点亮，同时 ESP 电控系统进行自检，如自检过程中没有发现故障，ESP 故障灯熄灭；如在自检或在 ESP 电控系统工作过程中，发现 ESP 电控系统有故障，ESP 故障灯点亮，同时组合仪表上提示："ESP/ASR 系统故障"，如图 7-36 所示。

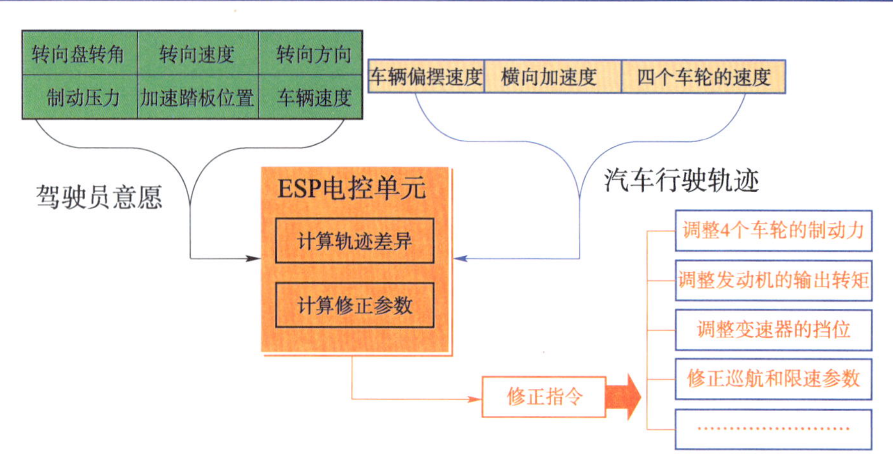

图 7-41　车辆稳定性控制工作过程简图

(7)有些驾驶员为了获得类似如赛车动态漂移的性能,可通过按键 BCM1 关闭 ESP 电控系统,此时 ESP 关闭开关 BCM1 将停用 ESP 电控系统的信号,通过导线 7837 传递到组合仪表 0004,组合仪表则通过网络将此信号传递给智能控制盒 BSI 和 ESP 电控单元。ESP 电控单元停止工作后,车辆失去 ESP 电控系统的各项功能。

4 ESP 电控系统的检测

用诊断仪对 ESP 电控系统进行检测的方法主要是:读取 ESP 电控系统的故障,检测 ESP 电控系统相关元件的参数,对 ESP 电控系统的执行器进行测试。这些检测方法基本可以检测到 ESP 电控系统的所有元件,下面分别加以说明。

(1)操作诊断仪进入 ESP 电控系统后,可通过选择读取故障功能,读取 ESP 电控系统存在的故障,如图 7-42 和图 7-43 所示。

(2)操作诊断仪进入 ESP 电控系统后,选择参数测量功能,检测 ESP 电控系统的主要参数,如图 7-44 至图 7-49 所示。各参数的名称和传递参数的元件见表 7-5。

图 7-42　选择故障读取功能

图 7-43　读取 ESP 电控系统的故障

图 7-44　选择参数测量功能

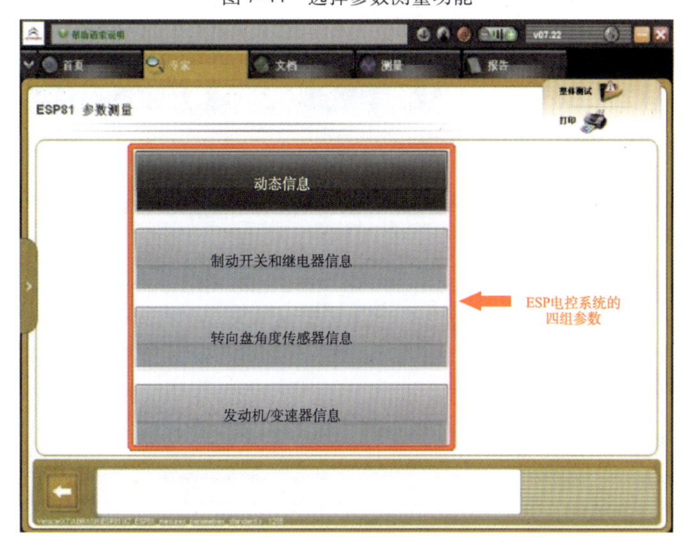

图 7-45　ESP 电控系统的四组参数

图 7-46　检测动态信息组参数

图 7-47　检测制动开关和继电器信息组参数

图 7-48　检测方向盘角度传感器

图 7-49 检测变速器和发动机的信息

ESP 电控系统的主要参数和传递参数的元件 表 7-5

序号	参 数 名 称	参 数 值	传递参数检测的元件(被检测的元件)
1	电源电压	14.1V	蓄电池 BB00
2	左后车轮转速	0	左后轮速传感器 7820
3	右后车轮转速	0	右后轮速传感器 7825
4	左前车轮转速	10.3km/h	左前轮速传感器 7810
5	右前车轮转速	3.8km/h	右前轮速传感器 7815
6	车速	7km/h	ESP 电控单元 7800
7	横摆角速度	0	偏航率传感器 7804
8	横向加速度	$0.01m/s^2$	偏航率传感器 7804
9	纵向加速度	$-0.01m/s^2$	偏航率传感器 7804
10	制动压力	3bar	ESP 总成中的压力传感器(见图 7-29)
11	加速踏板位置	10%	加速踏板传感器 1261
12	控制单元的电源电压	12.4V	ESP 电控单元 7800
13	制动灯开关	按压	制动开关 2120
14	驻车制动开关(如果安装了巡航控制)	按压	驻车制动开关 4400(电路图未画出)
15	制动摩擦片磨损	没有磨损	左前制动摩擦片磨损触点 4430(电路图未画出)
16	电磁阀电源继电器的状态	正常功能	ESP 电控单元 7800
17	再循环泵继电器的状态	关闭	ESP 电控单元 7800
18	驻车制动状态	应用	驻车制动开关 4400
19	制动液液位	足够	制动液面开关 4410

续上表

序号	参 数 名 称	参 数 值	传递参数检测的元件(被检测的元件)
20	转向盘角度传感器状态	良好的状态	转向盘角度传感器 7130
21	转向盘角度传感器校准	已校准	转向盘角度传感器 7130
22	转向盘角度传感器的调节	已调整	转向盘角度传感器 7130
23	转向角	-96°	转向盘角度传感器 7130
24	转向盘旋转方向	右侧	转向盘角度传感器 7130
25	通过电子稳定程序检查方向盘角度信息	没有探测到故障	ESP 电控单元 7800
26	发动机转速	896r/min	发动机转速传感器 1313
27	实际转矩	0.80Nm	发动机 ECU1320
28	驾驶员要求的力矩	0.68Nm	转向盘角度传感器 7130
29	发动机的数据清理	对话正确	发动机 ECU1320
30	防滑控制/防发动机制动控制设定值执行状态	无行动可能性	ESP 电控单元 7800
31	变速器变矩器状态	变矩器打开	自动变速器 ECU1630
32	变速杆的位置	倒挡	自动变速器 ECU1630
33	计算挂入的挡位	倒挡	自动变速器 ECU1630
34	正在换挡	否	自动变速器 ECU1630

(3)操作诊断仪进入 ESP 电控系统后,选择执行器测试功能,测试 ESP 电控系统的执行器,如图 7-50 至图 7-55 所示。各执行器的名称和测试元件见表 7-6。

图 7-50 选择执行器测试功能

图 7-51　ESP 电控系统的五组执行器

图 7-52　测试四个排气电磁阀

图 7-53　测试四个进气电磁阀

图 7-54　测试两个开关电磁阀

图 7-55　测试两个限位电磁阀

ESP 电控系统执行器的名称和被检测的元件　　表 7-6

序　号	执 行 器 名 称	被 检 测 的 元 件
1	再循环泵	ESP 总成内的电动液压泵
2	左前排气电磁阀	ESP 总成内的输出电磁阀 1
3	右前排气电磁阀	ESP 总成内的输出电磁阀 2
4	左后排气电磁阀	ESP 总成内的输出电磁阀 3
5	右后排气电磁阀	ESP 总成内的输出电磁阀 4

续上表

序号	执行器名称	被检测的元件
6	左前进气电磁阀	ESP总成内的输入电磁阀1
7	右前进气电磁阀	ESP总成内的输入电磁阀2
8	左后进气电磁阀	ESP总成内的输入电磁阀3
9	右后进气电磁阀	ESP总成内的输入电磁阀4
10	切换电磁阀1	ESP总成内的开关电磁阀1
11	切换电磁阀2	ESP总成内的开关电磁阀2
12	限制电磁阀1	ESP总成内的限位电磁阀1
13	限制电磁阀2	ESP总成内的限位电磁阀2

学习思考与拓展

1. ABS电控系统有哪些优点？

2. ABS电控系统由哪些元件组成？各元件的主要作用是什么？

3. ABS系统有哪三个工作过程？为什么说ABS电控系统有故障时，还能维持普通制动系统的工作？

4. 请画简图说明ABS电控系统的工作原理。

5. 什么叫ESP？为什么说ESP是主动安全系统？

6. ESP电控系统有哪些主要功能？

7. ESP电控系统由哪些元件组成？各元件的主要作用是什么？

8. 请画简图说明ESP电控系统的工作原理。

9. 请画表说明诊断仪可检测ABS、ESP系统的哪些传感器和执行器。

单元8　自动空调系统的电路分析与检测

一、自动空调系统的组成和主要元件的作用

东风雪铁龙 C5 轿车自动空调电控系统的组成和工作原理简图如图 8-1 所示。现对自动空调系统主要元件的作用说明如下。

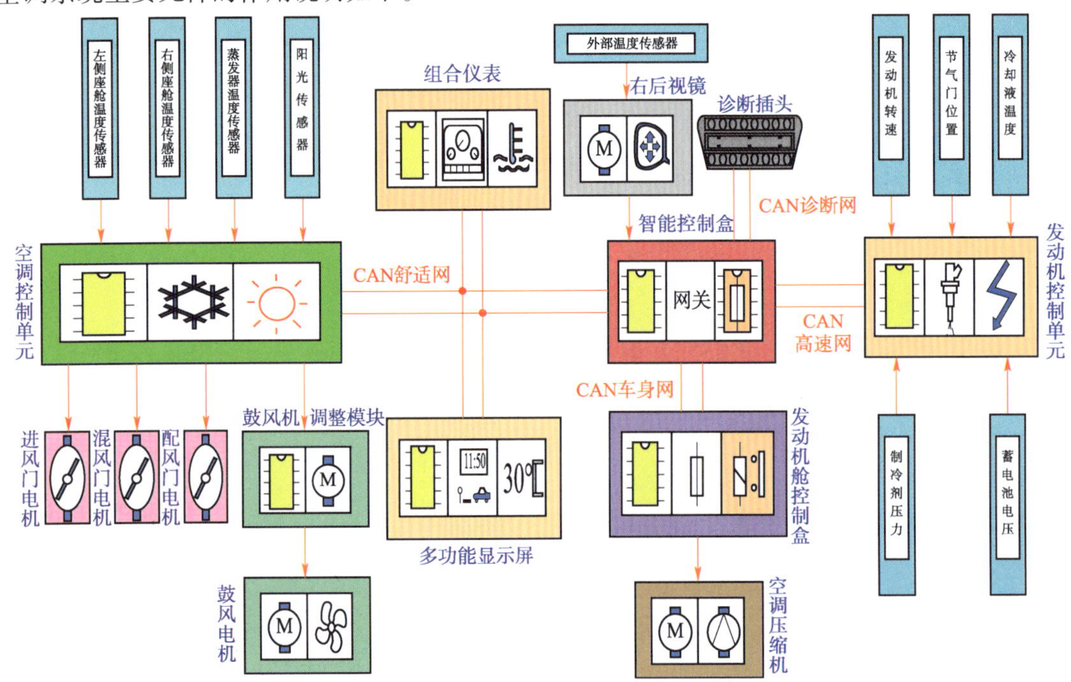

图 8-1　C5 轿车自动空调电控系统的组成工作原理简图

1 空调压缩机

C5 轿车使用的是变排量的空调压缩机，该压缩机上装有一个变排量的电磁阀，通过变排量电磁阀可改变压缩机斜盘的倾斜角度，从而改变活塞的行程，使压缩机的排量发生改变，如图 8-2 所示。与定排量的压缩机相比，变排量的压缩机可根据车内温度的高低来调节制冷剂排量的大小，使制冷温度平稳变化，不会发生因压缩机开机制冷温度陡降，又因压缩机停机，制冷温度陡升，使空调的舒适性更好。

2 座舱温度传感器

C5 轿车装备的是双区自动空调，该空调总成有左、右两个座舱温度传感器，它们的安装位置如图 8-3 和图 8-4 所示。它的外形如图 8-5 所示，它们是负温度系数型热敏电阻。自动空调 ECU 根据这两个传感器的信号，分别控制左、右座舱（即左、右座舱两个区）的温度。

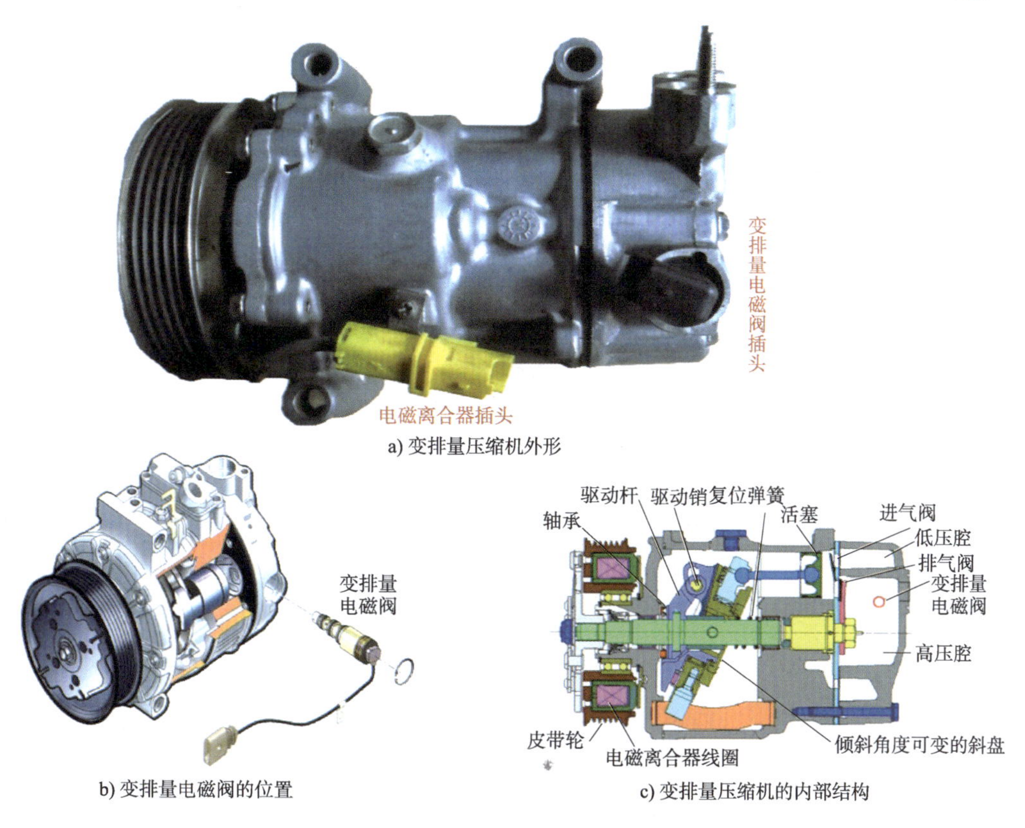

a) 变排量压缩机外形

b) 变排量电磁阀的位置

c) 变排量压缩机的内部结构

图 8-2 变排量压缩机的外形和结构

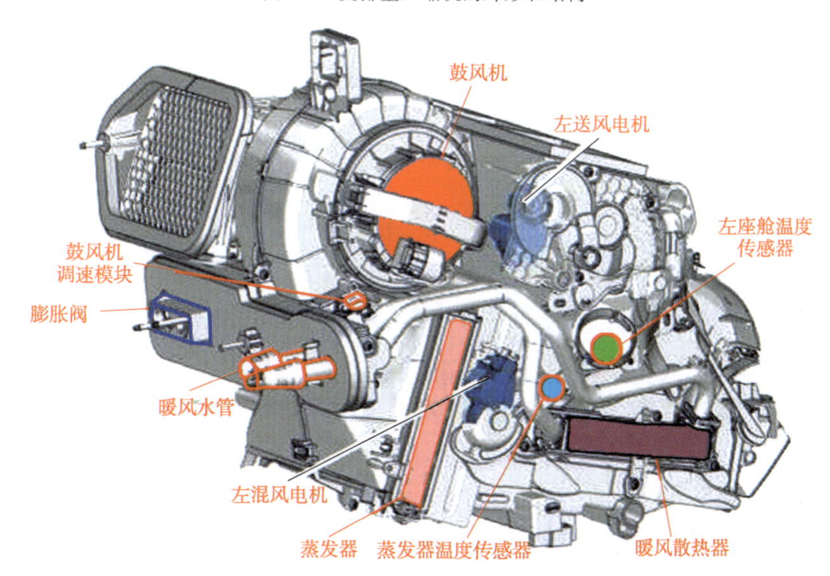

图 8-3 空调总成左侧的元件

3 蒸发器温度传感器

蒸发器温度传感器在空调总成上的安装位置和外形如图 8-3 和图 8-5 所示，它是负温度系数的热敏电阻。该传感器用来检测空调制冷系统工作时蒸发器的温度，当温度低于 2℃时，自动空调 ECU 将禁止压缩机工作,以防止蒸发器结霜或结冰。

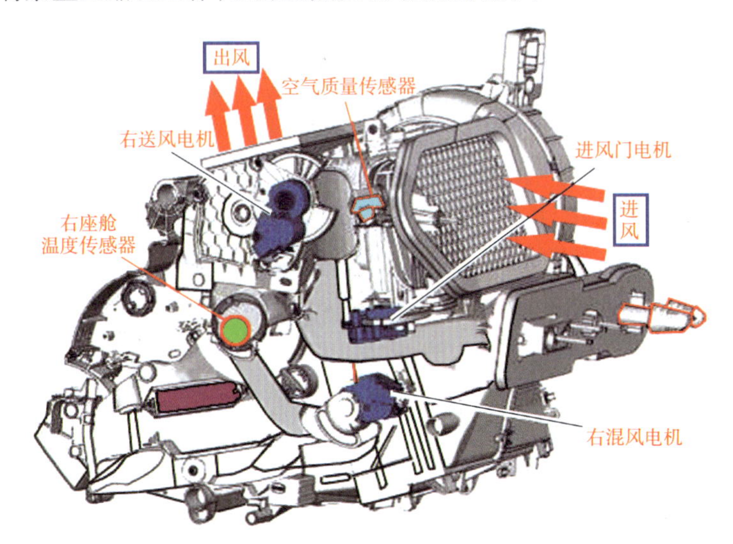

图 8-4　空调总成右侧的元件

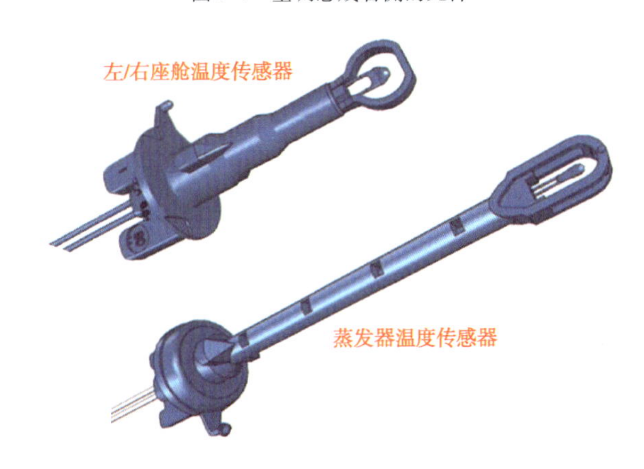

图 8-5　座舱温度传感器和蒸发器温度传感器外形

4 日照传感器

日照传感器的安装位置和外形如图 8-6 所示,它可以全方位检测到日光照射车内的情况,传感器内的光电二极管可产生与光照强度成正比的电流,传感器有 3 个脚,1 号和 2 号脚的信号分别反映车内左侧和右侧光照情况,3 号脚为搭铁脚。自动空调 ECU 根据日照传感器提供的日照信号,对左区(左侧)和右区(右侧)的空调控制参数进行修正,使车内左侧和右侧乘员感受到的空调舒适效果基本相同。

5 空气质量传感器

空气质量传感器安装在空调总成的进风口附近,如图 8-4 所示,传感器有 3 个脚,1 号和 2 号脚分别接电源的正负极,3 号脚为信号脚,传感器可在相邻的两个周期内分别检测车外空气中 NO_X和 CO 的浓度,如图 8-7 所示。当车外空气中 NO_X和 CO 的浓度超标时,自动空调 ECU 将通过进风门电机关闭进风门。

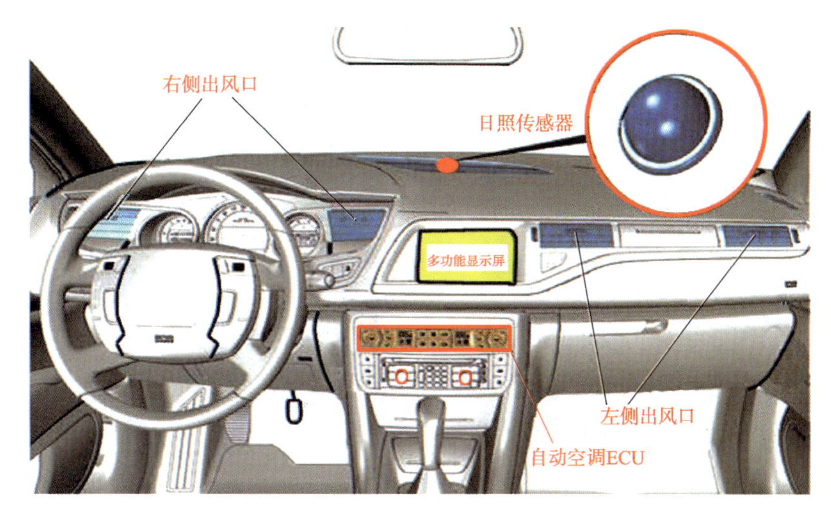

图 8-6 日照传感器的安装位置和外形

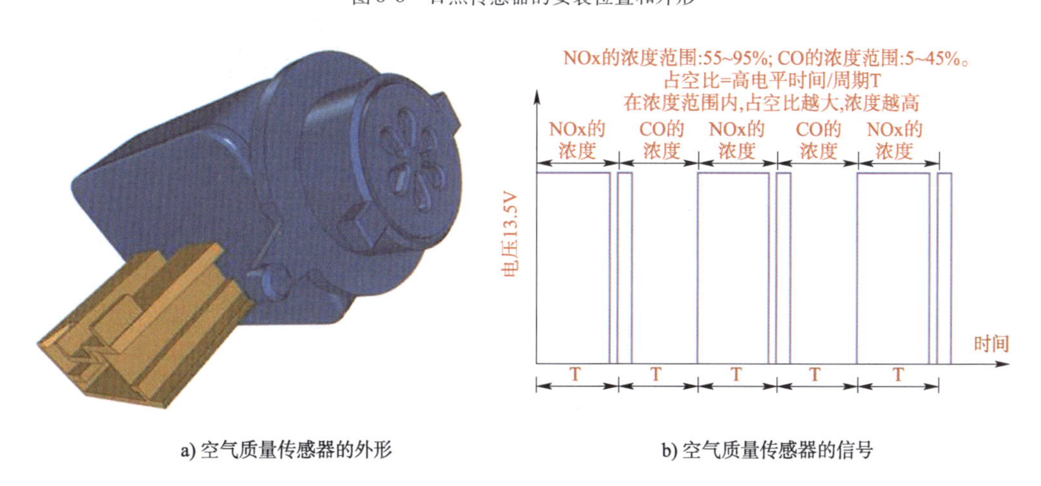

a) 空气质量传感器的外形　　b) 空气质量传感器的信号

图 8-7 空气质量传感器的外形和信号

6 步进电机

C5 轿车的空调系统有 5 个步进电机,它们是:一个进风门电机,它的作用是控制车内和车外空气的循环;左、右混风电机,它们的作用是将暖风散热器产生的热气和蒸发器产生的冷气混合起来,以尽快达到左区和右区乘员所设定的温度;左、右送风电机,它们的作用是分别向左侧和右侧出风口送风。5 个步进电机的安装位置如图 8-3 和图 8-4 所示,步进电机的外形如图 8-8所示,自动空调 ECU 根据各传感器的信号,每发出一个脉冲信号,步进电机就朝着指定的方向旋转一步(约 15°)。

7 鼓风机调速模块和鼓风机

鼓风机调速模块和鼓风机在空调总成中的安装位置如图 8-3 所示,它们的外形如图 8-9 所示。鼓风机为直流永磁电机,它的作用是将车内空气吸入空调风道,同时将空调风道内经暖风散热器升温或蒸发器降温的空气经空调出风口送出,促进车内和车外空气的循环流动。鼓风机调速模块的作用是调节鼓风机工作电流的大小,使鼓风电机具有不同的转速。

图 8-8　步进电机的外形

a) 鼓风机外形　　b) 鼓风机调速模块

图 8-9　鼓风机和鼓风机调速模块的外形

8 自动空调 ECU

C5 轿车的自动空调 ECU 和空调控制面板集成为一体，安装在仪表台中部，如图 8-6 所示，外形如图 8-10 所示。该空调为双区自动空调，即可将座舱左区和右区设置为不同的温度，该空调系统两个区都有手动和自动两种工作模式。如按下 A/C 按键，启动空调压缩机运行后，再按下左区温度调节旋钮中的 AUTO 键，该键下方的指示灯点亮，表示左区空调为自动工作模式。在自动工作模式，使用者只需调节好温度参数，其他的控制参数都不需要调节，而由空调 ECU 自动控制完成。当左区温度调节旋钮中的 AUTO 键下方的指示灯不亮时，表示左区空调为手动工作模式。在手动模式下，使用者需要调节温度、风向、鼓风机的速度等控制参数。

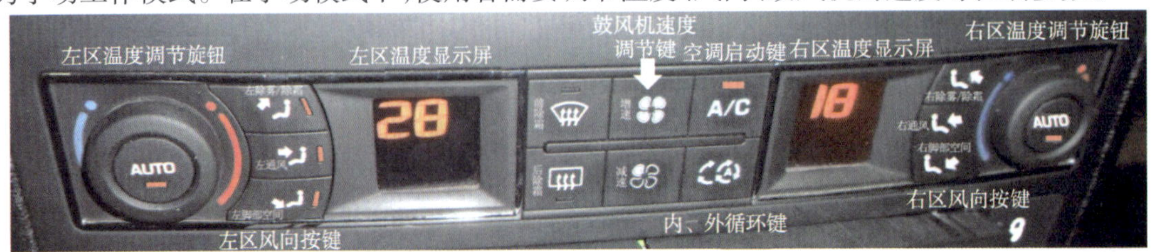

图 8-10　自动空调 ECU 和控制面板

9 车外温度传感器

车外温度传感器安装在右后视镜的下方,如图 8-11 所示。车外温度传感器为负温度系数的热敏电阻,当自动空调 ECU 通过该传感器检测到车外温度低于 5℃时,不控制空调压缩机工作。

10 冷却风扇模块

冷却风扇模块外形如图 8-12 所示,它包括无级调速的电动风扇和调速模块两部分,它的作用是为发动机冷却液散热器和空调冷凝器散热。

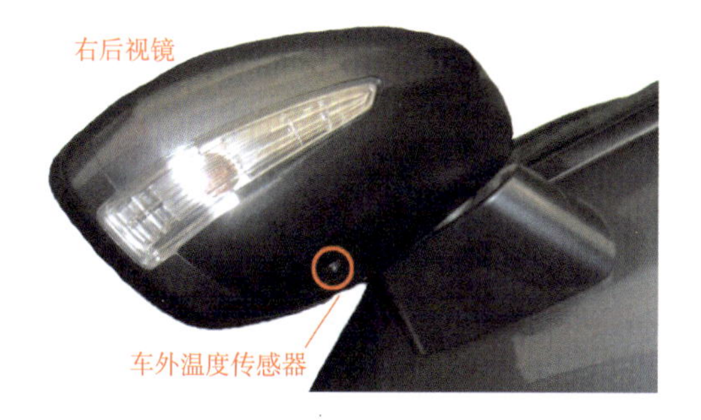

图 8-11　右后视镜上的车外温度传感器

图 8-12　冷却风扇模块

二、自动空调系统电路原理图的解读

C5 轿车自动空调电控系统的电路原理图如图 8-13 所示,经过对自动空调电控系统电路原理图的分析,可将该系统的工作原理简化成图 8-1 所示的简图,对简图的说明见表 8-1。现根据图 8-1 和图 8-13 将自动空调电控系统的电路原理解读如下。

(1)蓄电池通过导线 BB02 为发动机舱控制盒 PSF1 供电;PSF1 通过导线 BM04、BM08 为智能控制盒 BSI 供电。

(2)接通点火开关 M 位(点火挡),点火开关将点火信号通过导线 1065 传送到智能控制盒 BSI;BSI 收到点火信号后,唤醒 CAN 高速网、CAN 车身网、CAN 舒适网等车载网络进入工作状态。

(3)全车网络工作后,BSI 一方面通过网线 Z12 - Z0004 和 Z12 - Z8060 分别为组合仪表 0004 和自动空调 ECU8080 提供 + CAN 供电,一方面通过 CAN 车身网线 9017B - 9017、9018B - 9018 通知发动机舱控制盒 PSF1 为电控单元和用电器供电;PSF1 收到 BSI 的指令后,再根据自动空调 ECU 的信号,控制内部继电器 R6 和 R7 工作,通过导线 PM11 - 66 为鼓风机调速模块 8045 供电,通过导线 8060 为空调压缩机 8020 供电。

(4)各电控单元得到供电后,立即控制各电控系统的传感器、执行器进入工作状态,配合自动空调 ECU 完成各项控制功能。

(5)对空调压缩机的控制。发动机起动运行后,如按下空调启动键 A/C(见图 8-10),自动空调 ECU 将空调启动请求信号,通过 CAN 舒适网(9024C - 9024、9025C - 9025)→BSI→CAN 高速网(9000 - 9000M、9001 - 9001M)传递给发动机 ECU;发动机 ECU 收到空调启动请求信号后,主要通过发动机转速传感器 1313、电子节气门 1262 内的节气门位置传感器检测发动机的转速和发动机负荷,并根据检测结果(注:此结果就是检测发动机转速和发动机负荷是否达到空调压缩机启动运行的条件(以下简称发动机转速或负荷是否达标),防止压缩机启动运行后造成发动机转速过低或负荷过重,使发动机熄火),将允许或禁止空调压缩机工作的信号,通过

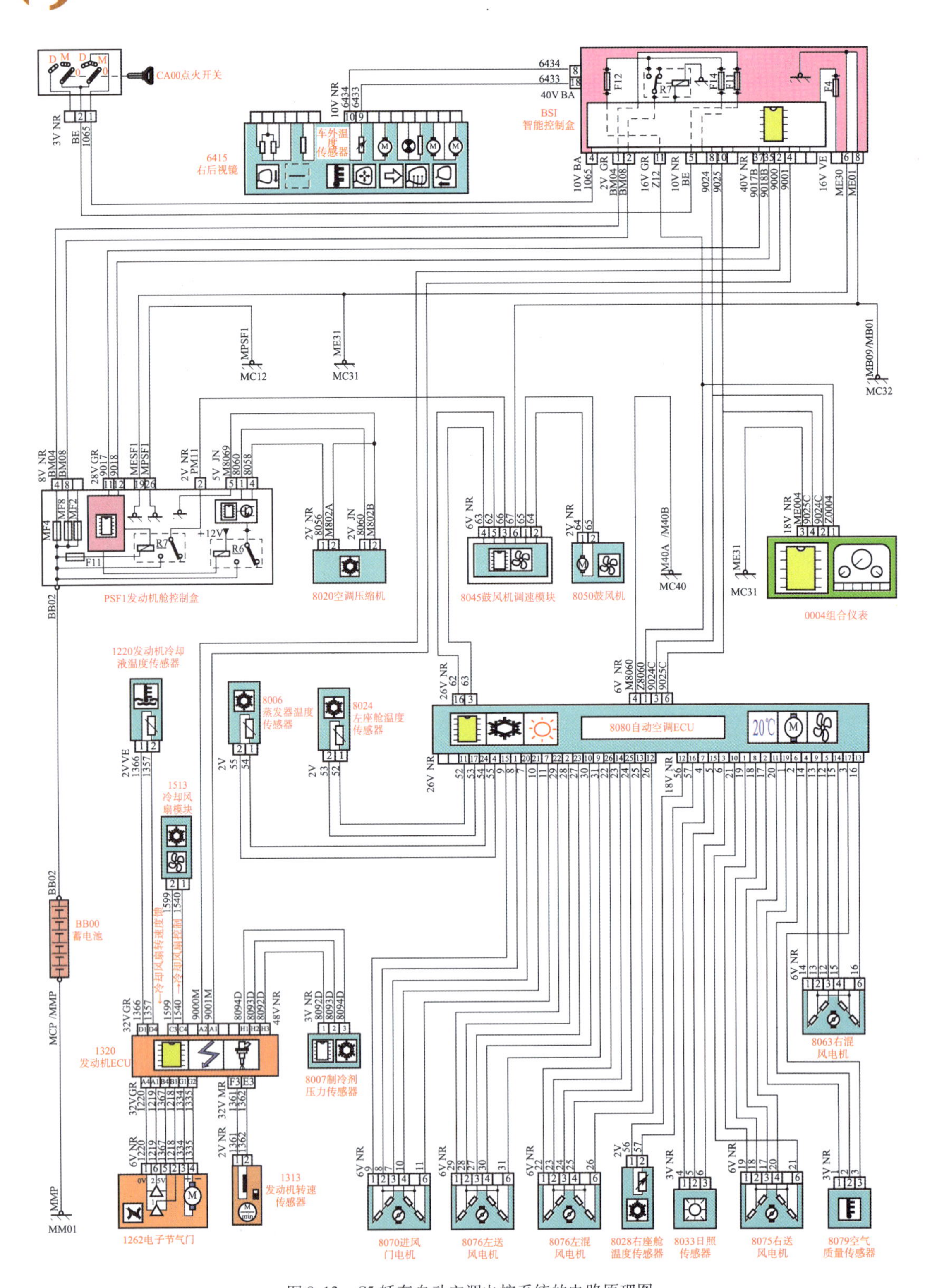

图 8-13　C5 轿车自动空调电控系统的电路原理图

C5 轿车自动空调系统工作原理简图的说明 表 8-1

连接号	信　　号	信号类型	发生器/接收器	电路图中对应的导线编号
1	左侧座舱温度信号	模拟信号	8024/8080	26V NR 52、53
2	右侧座舱温度信号	模拟信号	8028/8080	18V NR 56、57
3	蒸发器温度信号	模拟信号	8006/8080	26V NR 54、55
4	阳光照射信号	模拟信号	8033/8080	18V NR 4、5
5	空气质量信号	占空比信号	8079/8080	18V NR 3
6	进风门电机信号	占空比信号	8080/8070	26V NR 9、8、7、10、11
7	左混风电机信号	占空比信号	8080/8064	26V NR 22、23、24、25、26
8	右混风电机信号	占空比信号	8080/8063	26V NR 14、13、12、15、16
9	左送风电机信号	占空比信号	8080/8076	26V NR 29、28、27、30、31
10	右送风电机信号	占空比信号	8080/8075	26V NR19、18、17、20、21
11	自动空调系统的工作状况	CAN 舒适网信号	8080/0004	9024C、9025C
12	自动空调系统的工作状况	CAN 舒适网信号	8080/BSI	9024、9025
13	鼓风机速度控制信号	模拟信号	8080/8045	62、63
14	鼓风机速度控制信号	模拟信号	8045/8050	65、64
15	车外温度信号	模拟信号	6415/BSI	6434、6433
16	发动机转速、冷却液温度、制冷剂压力、节气门位置等信号	CAN 舒适网信号	BSI/8080	9024G、9025G
17	供电信号	模拟信号	PSF1/8045	PM11 - 66
18	点火信号	开关信号	CA00/BSI	1065
19	对空调系统的供电指令	CAN 车身网信号	BSI/PSF1	9017、9018
20	对压缩机的控制信号	模拟信号	PSF1/8020	8058(控制电磁阀)、8060(控制离合器)
21	发动机转速信号	模拟信号	1313/1320	1361、1362
22	节气门位置信号	模拟信号	1262/1320	1218、1219
23	冷却液温度信号	模拟信号	1220/1320	1366、1357
24	制冷剂压力信号	模拟信号	8007/1320	8093D
25	发动机转速、冷却液温度、制冷剂压力、节气门位置等信号	CAN 高速网信号	1320/BSI	9000、9001
26	对冷却风扇的控制指令	模拟信号	1320/1513	1540
27	冷却风扇的转速反馈信号	模拟信号	1513/1320	1599
28	蓄电池供电信号	模拟信号	BB00/PSF1	BB02

CAN 高速网传递给 BSI,BSI 则通过 CAN 车身网(9017B－9017、9018B－9018)将此信号传递给 PSF1。PSF1 则根据此信号,通过导线 8060 控制空调压缩机离合器线圈的通电或断电。需要指出的是:在空调压缩机启动或启动后的运行过程中,如发动机转速或负荷不达标时,发动机 ECU 一方面发出不允许或切断空调压缩机运行的信号,一方面控制电子节气门 1262 中的电机,迅速提高发动机转速、增加发动机的输出功率,使发动机的转速和输出功率尽快达到空调压缩机的启动运行条件。

(6)对鼓风机的控制。车内乘员通过两个按键把增加或减小鼓风机转速(见图 8-10)的请求传递给自动空调 ECU8080,空调 ECU 通过导线 62、63→鼓风机调速模块 8045→鼓风机 8050,对鼓风机的转速进行调整。

(7)对冷却风扇的控制。在空调压缩机运行工作中,发动机 ECU 通过制冷剂压力传感器 8007 和发动机冷却液温度传感器 1220 检测制冷剂压力和冷却液温度,当制冷剂压力达到 12bar(1200kPa)或冷却液温度达到 97℃时,发动机 ECU 通过导线 1540 控制冷却风扇低速旋转以降温降压;当制冷剂压力达到 17bar(1700kPa)或冷却液温度达到 101℃时,发动机 ECU 通过导线 1540,控制冷却风扇高速转速以加大降温降压的强度。

(8)对左区和右区温度的控制。车内乘员通过左区和右区温度调节旋钮把左区(如 28℃)和右区(如 18℃)的温度控制请求(见图 8-10)传递给自动空调 ECU8080,左、右座舱温度传感器 8024 和 8028 将左、右座舱的温度也传递给自动空调 ECU;空调 ECU 则根据车内乘员的温度控制请求和左、右座舱温度传感器检测的信号,控制左、右混风电机 8064 和 8063 将空调蒸发器产生的冷气和暖风水箱产生的热气混合尽快制成满足乘员温度要求的空气,然后由左、右送风电机 8076 和 8075 将这些空气从左、右出风口吹出。

(9)对空调压缩机排量的控制。在空调制冷系统的工作过程中,如左、右乘客的温度控制要求与左、右座舱温度传感器检测的温度,二者差值较大或较小时,自动空调 ECU 将通过 CAN 舒适网(9024G－9024、9025G－9025)→BSI→CAN 车身网(9017B－90017、9018B－9018)通知发动机舱控制盒 PSF1,PSF1 则通过导线 8058 控制变排量电磁阀加大或减小空调压缩机的制冷排量,使空调制冷系统的实际温度以车内乘员的温度控制要求为中心缓慢变化,提高空调制冷系统的舒适性。

(10)对空气质量的控制。在空调制冷系统的工作过程中,日照传感器 8033 和空气质量传感器 8079 不断检测车内日照状况和车外空气的质量;自动空调 ECU 根据日照传感器检测的信号,对左区和右区的混风和送风等空调控制参数进行修正,无论太阳光从车前哪个方向照射到车内时,使车内左区和右区空调的舒适度相同;当空气质量传感器检测到车外空气中 NO_X 和 CO 的浓度超标时,自动空调 ECU 将通过进风门电机 8070 关闭进风门,防止超标的不良空气进入到车内。

(11)空调系统的保护功能。①低温保护:在空调压缩机的工作过程中,装在右后视镜内的车外温度传感器不断检测车外的温度,装在蒸发器上的蒸发器温度传感器 8006 不断检测蒸发器的温度;当车外温度低于 5℃时 PSF1 将禁止压缩机吸合工作;当蒸发器温度低于 2℃时,PSF1 将切断压缩机的供电,防止压缩机继续制冷工作时造成蒸发器结冰。②高温保护:在空调压缩机的工作过程中,如发动机冷却液的温度大于 112℃时,PSF1 将切断压缩机的供电,以防止发动机的热负荷过重而损坏。③低压和高压保护:在空调压缩机的工作过程中,当制冷剂压力低于 2.5bar 时,PSF1 将切断压缩机的供电,防止压缩机因缺少制冷剂而缺少润滑油润滑

（注：润滑油是靠制冷剂携带着在压缩机内循环的）损坏；当制冷剂压力高于 24bar 时，PSF1 将切断压缩机的供电，防止压缩机继续工作时产生的高压破坏制冷系统的管路和密封。

（12）空调电控系统工作时，自动空调 ECU 将空调电控系统的工作状态通过 CAN 舒适网（9024G－9024C、9025G－9025C）传递给组合仪表 0004，组合仪表则将空调电控系统的状态（如冷却液温度过高的报警信息）显示在仪表上以告之驾驶员，如图 8-14。

图 8-14　组合仪表上显示的发动机冷却液过热的报警信号

三、自动空调电控系统的检测

用诊断仪对自动空调电控系统进行检测的方法主要是：读取自动空调电控系统的故障，检测自动空调电控系统相关元件的参数，对自动空调电控系统的执行器进行测试。这些检测方法基本覆盖了自动空调电控系统的所有元件，下面分别加以说明。

（1）读取自动空调电控系统的故障。操作诊断仪在完成 C5 轿车的全局测试后，选择自动空调电控系统，如图 8-15 所示；在进入自动空调电控系统后，可通过选择读取故障功能，读取自动空调电控系统存在的故障，如图 8-16 所示。

（2）检测自动空调电控系统的参数。操作诊断仪进入自动空调电控系统进行参数测量，如图 8-17 至图 8-21 所示，各参数的含义和被检测的元件见表 8-2。

图 8-15　选择自动空调电控系统

图 8-16　选择读取故障功能

图 8-17　选择参数测量功能

图 8-18　自动空调系统的三组参数

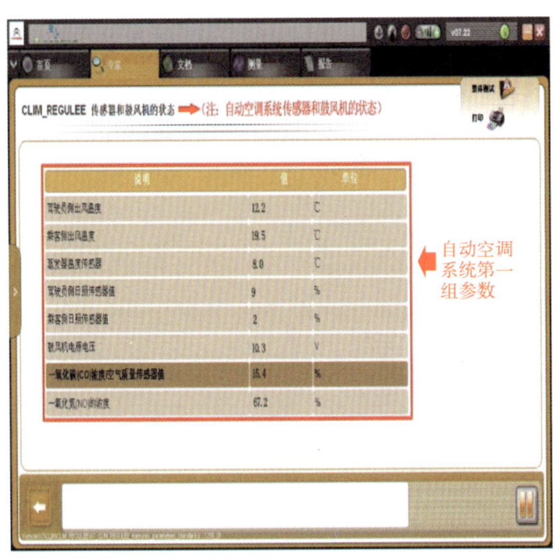

图8-19　检测自动空调系统的第一组参数

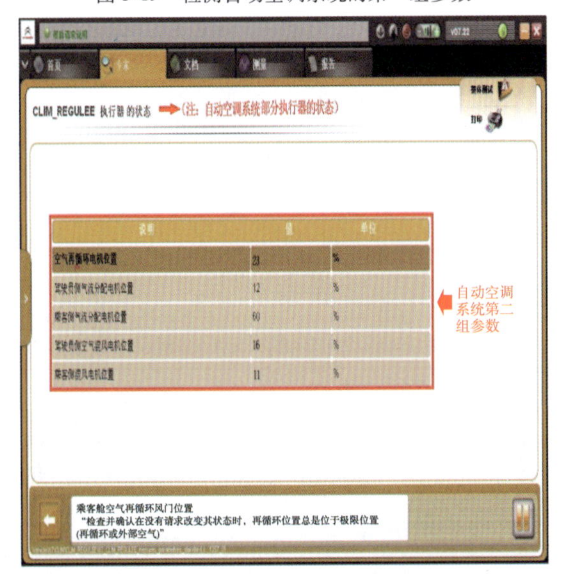

图8-20　检测自动空调系统的第二组参数

图8-21　检测自动空调系统的第三组参数

自动空调电控系统的参数和传递参数的元件　　表8-2

序号	参 数 名 称	参 数 值	传递参数的元件(注:被检测的元件)
1	驾驶员侧出风温度	12.2℃	左座舱温度传感器8024
2	乘客侧出风温度	19.5℃	左座舱温度传感器8028
3	蒸发器温度传感器	8.0℃	蒸发器温度传感器8006
4	驾驶员日照传感器	9%	日照传感器8033
5	乘客侧日照传感器	2%	日照传感器8033
6	鼓风机电源电压	10.3V	鼓风机8050
7	一氧化碳(CO)浓度/空气质量传感器	15.4%	空气质量传感器8079
8	一氧化氮(NO)的浓度	67.2%	空气质量传感器8079
9	空气再循环电机位置	23%	进风门电机8070
10	驾驶员侧气流分配电机位置	12%	左送风电机8076
11	乘客侧气流分配电机位置	60%	右送风电机8075
12	驾驶员侧空气混风电机位置	16%	左混风电机8064
13	乘客侧混风电机位置	11%	右混风电机8063
14	空调请求	启用/未激活	空调控制面板上的A/C按键
15	除霜/除雾/视野请求	未激活/启用	空调控制面板上的前风窗除霜按键
16	请求驾驶员侧自动调节(AUTO)	启用/未激活	空调控制面板左区温度调节旋钮中的AUTO按键
17	请求乘客侧自动调节(AUTO)	未激活/启用	空调控制面板右区温度调节旋钮中的AUTO按键
18	空气内外循环请求	未激活/启用	空调控制面板上的内外循环键
19	后风窗和后视镜除霜请求	未激活/启用	空调控制面板上的后除霜按键
20	风量加大请求	未激活/启用	空调控制面板上鼓风机的增速按键
21	风量减小请求	未激活/启用	空调控制面板上鼓风机的减速按键
22	气流分配请求-除雾/除霜	未激活/启用	空调控制面板左区风向按键-除雾/除霜
23	气流分配请求-通风	未激活/启用	空调控制面板左区风向按键-通风
24	气流分配请求-脚部空间	未激活/启用	空调控制面板左区风向按键-脚部空间
25	气流分配请求-除雾/除霜:乘客侧	未激活/启用	空调控制面板右区风向按键-除雾/除霜
26	气流分配请求-通风:乘客侧	未激活/启用	空调控制面板右区风向按键-通风
27	气流分配请求-脚部空间:乘客侧	启用/未激活	空调控制面板右区风向按键-脚部空间

(3)对空调系统执行器进行测试。操作诊断仪进入自动空调电控系统,选择执行器测试功能,如图8-22、图8-23和图8-24所示,各执行器的名称和检测的元件见表8-3。

图 8-22　在自动空调系统中选择执行器测试

图 8-23　自动空调系统的第一组执行器

图 8-24　自动空调系统的第二组执行器

自动空调电控系统执行器的名称和被检测的元件 表8-3

序号	执 行 器 名 称	被 检 测 的 元 件
1	空气入口和再循环电机	进风门电机8070
2	驾驶员侧气流分配电机	左送风电机8076
3	乘客侧气流分配电机	右送风电机8075
4	驾驶员侧混风电机	左混风电机8064
5	乘客混风电机	右混风电机8063
6	显示器照明	空调控制面板上的左区和右区温度显示屏
7	亮度	空调控制面板上的左区和右区温度显示屏
8	乘客舱鼓风机	鼓风机8050
9	空调功能指示灯	空调控制面板上的按键指示灯

学习思考与拓展

1. C5自动空调电控系统有哪些传感器和执行器？各传感器和执行器的主要作用什么？
2. 手动和自动空调有哪些区别？
3. 请画出C5轿车自动空调的工作原理简图，并简述其工作原理。
4. 简述空气质量传感器的作用和工作原理。
5. 请画表说明用诊断仪可检测自动空调电控系统的哪些传感器和执行器？
6. 简述空调系统的保护功能有哪些？
7. 请简述发动机ECU如何控制空调压缩机的工作？

单元9 风窗刮水器清洗系统电路分析与检测

一、毕加索轿车前/后风窗刮水器清洗系统电路分析与检测

1 前/后风窗刮水器清洗系统的组成

新毕加索(2007 年款)2.0 升轿车前/后风窗刮水器系统的布置如图 9-1 所示。前/后风窗刮水器清洗系统部分元件的外形如图 9-2 和图 9-3 所示。

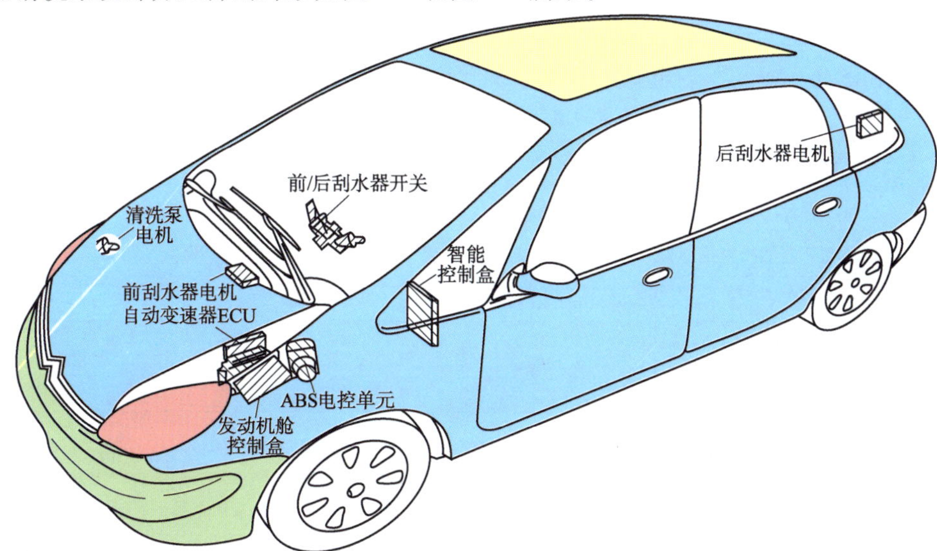

图 9-1 毕加索轿车前/后风窗刮水器系统的布置

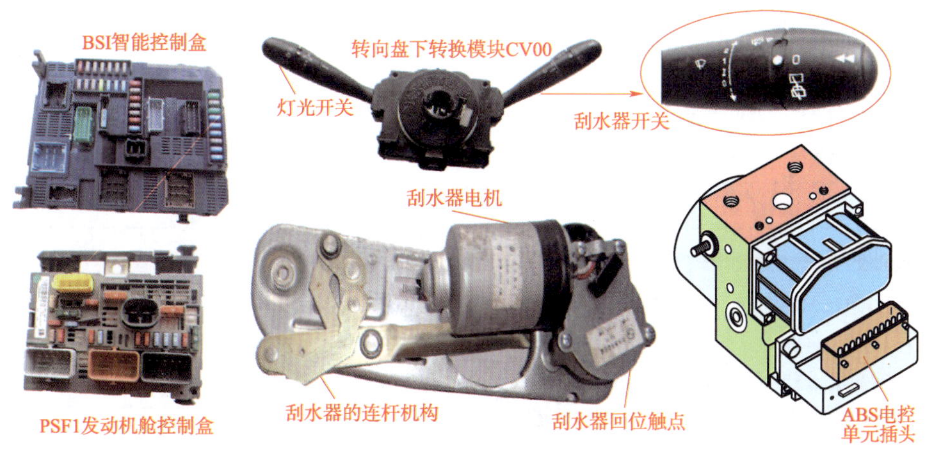

图 9-2 前/后风窗刮水器电控系统部分元件的外形

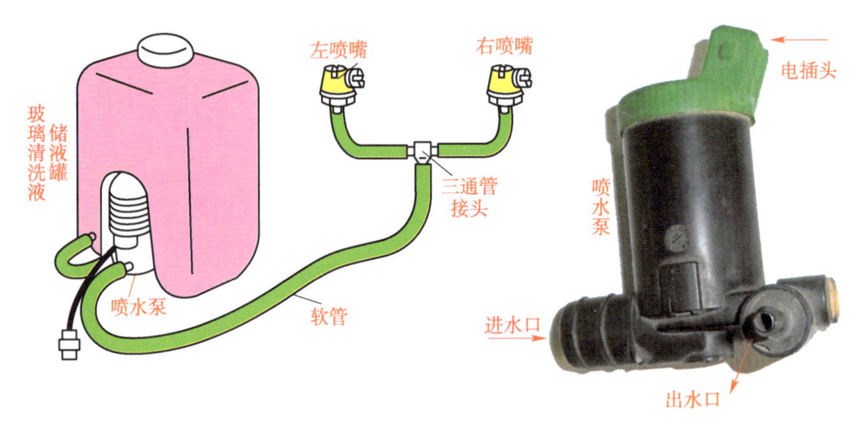

图 9-3　风窗玻璃清洗喷水泵的位置和外形

❷ 毕加索轿车前/后风窗刮水器清洗系统电路分析

毕加索轿车刮水器系统的电路原理如图 9-4 所示，根据对电路原理图的分析，可将毕加索轿车刮水器系统的运行原理概括成图 9-5 所示的简图，对运行原理简图的说明见表 9-1。下面根据图 9-4 和图 9-5 将刮水器电路的工作原理解析如下。

毕加索轿车风窗刮水器清洗系统的运行原理简图说明表　　表 9-1

连接号	信　号	信号性质	发生器/接收器	电路图中对应的导线编号
1	自动变速器的挡位信号	开关信号	B/1630	无
2	自动变速器的挡位信号	CAN 高速网信号	1630/BSI	9000A、9001A
3	车速信号	CAN 高速网信号	7020/BSI	9000、9001;9000A、9001A
4	前/后刮水和前/后风窗清洗请求	开关信号	A/CV00	无
5	前/后刮水和前/后风窗清洗请求	VAN 车身网信号	CV00/BSI	9012B、9013B
6	前刮水器和前/后风窗清洗泵的控制指令	VAN 车身网信号	BSI/PSF1	9012A、9013A
7	后刮水器的控制指令	模拟信号	BSI/5215	521
8	后刮水器的回位状态	模拟信号	5215/BSI	522
9	前刮水器的回位状态	模拟信号	5015/BSI	504
10	前刮水器的控制指令	模拟信号	PSF1/5015	500、501
11	前后风窗清洗指令	模拟信号	PSF1/5115	501、530

1）前刮水器各挡位的控制

前刮水器有点动挡（将刮水器开关向后拉动一下，松手后开关自动回位）、关闭 O 挡、间歇 I 挡、低速 1 挡、高速 2 挡共五个挡（见图 9-2）。刮水器开关通过内部的触点将请求控制前刮水器点动刮、间歇刮、低速刮、高速刮等信号传递给转向盘下转换模块 CV00，CV00 将这些请求信号通过 VAN 网线 9012B 和 9013B 传递给智能控制盒 BSI，BSI 则将控制前刮水器点动刮、间歇刮、低速刮、高速刮的指令通过 VAN 网线 9012A 和 9013A 传递给发动机舱控制盒 PSF1，

PSF1 通过控制两个内部继电器 R7 和 R8 实现对前刮水器 5015 的控制。在点动挡、间歇挡和低速挡工作时，PSF1 通过插头 16V VE(16 通道绿色)1 脚上的导线 500 为前刮水器电机 5015 送电，前刮水器电机通过插头 4V MR(4 通道棕色)1 脚上的导线 M5015 搭铁；在高速挡工作时，PSF1 通过插头 16V VE 9 脚上的导线 501 为前刮水器电机 5015 送电，前刮水器电机仍然通过导线 M5015 搭铁。

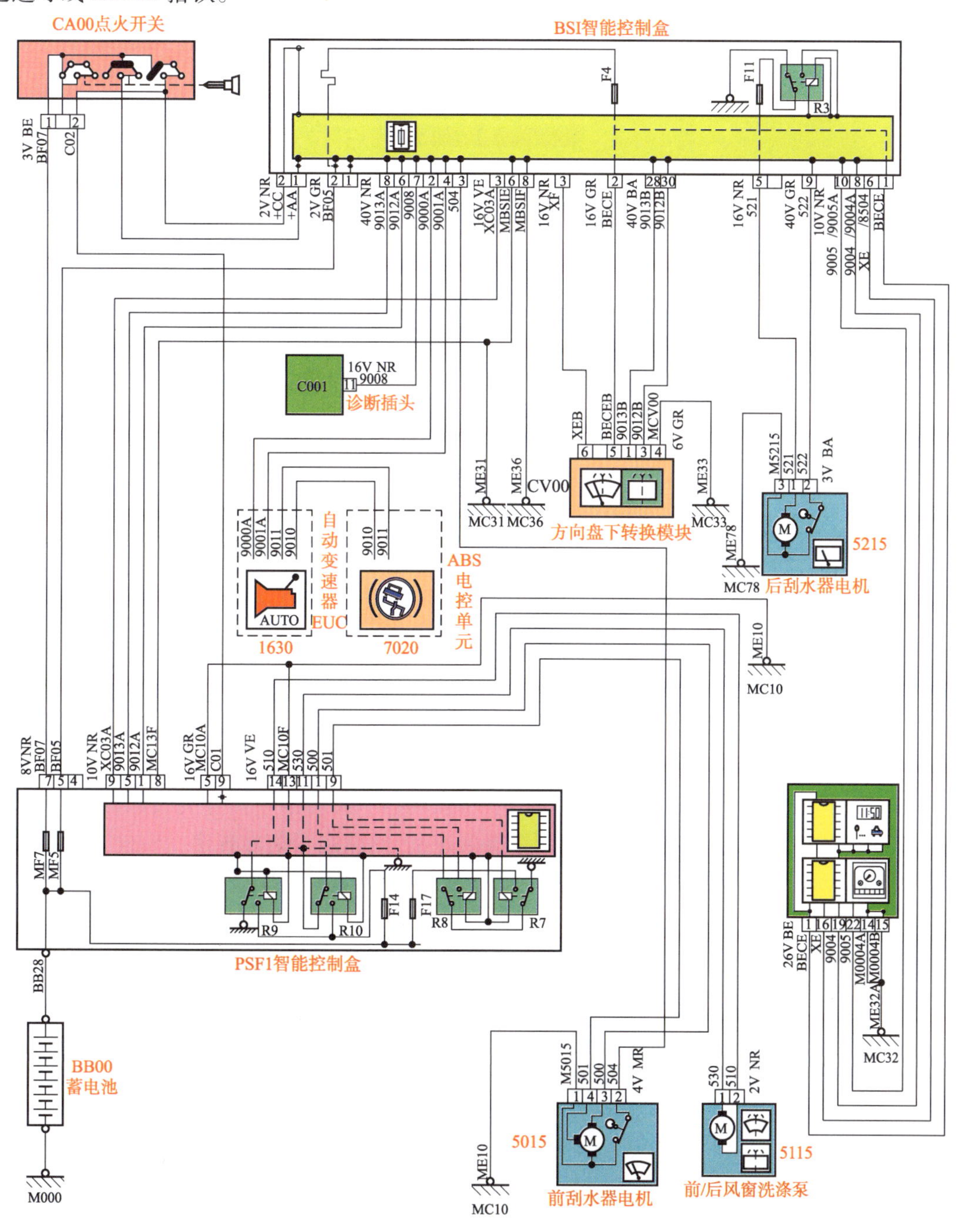

图 9-4　毕加索轿车风窗刮水器清洗系统的电路原理图

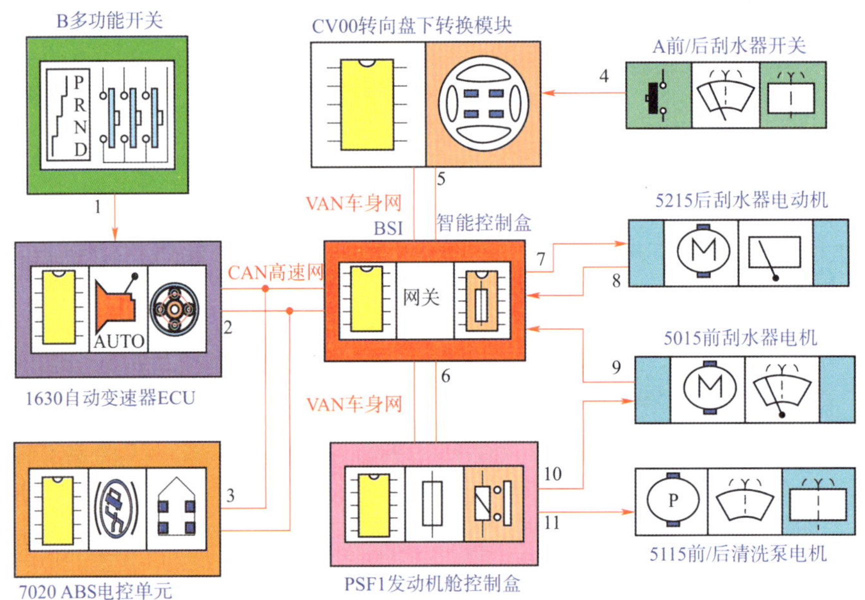

图9-5　毕加索轿车风窗刮水器清洗系统的运行原理简图

注:VAN 车身网有三根网线,它们是:+VAN(导线编码以 X 开头),为 VAN 车身网和舒适网电控单元供电;9012 和 9013 是传递信息的数据线。VAN 网的其他性质与 CAN 车身网基本相同。

2)前刮水器的回位控制

为了实现回位控制,前刮水器蜗轮的背面有一个回位触点(见图 9-2 中刮水器回位触点),当前刮水器在回位位置时,这个触点是闭合的,于是前刮水器电机 5015 插头 4V MR 1 脚的搭铁信号,通过回位触点、2 脚上的导线 504 传递给智能控制盒 BSI,BSI 则通过 VAN 网线 9012A 和 9013A 通知发动机舱控制盒 PSF1,由 PSF1 切断对前刮水器电机的供电;当前刮水器不在回位位置时,这个触点是断开的,于是 BSI 就不能通过前刮水器电机 5015 的 2 脚上导线 504 收到搭铁信号,此时 BSI 就不向 PSF1 发出切断对前刮水器电机供电的指令。

3)后刮水器的控制

后刮水器只有关闭挡、低速挡、喷水和间歇刮联动挡。旋转刮水器开关头部旋钮,刮水器开关同样通过内部的触点将请求控制后刮水器低速刮、间歇刮等信号传递给转向盘下转换模块 CV00,CV00 将这些请求信号通过 VAN 网线 9012B 和 9013B 传递给智能控制盒 BSI,BSI 则通过内部继电器 R3 实现对后刮水器 5215 的控制。后刮水器低速刮或间歇刮时,BSI 通过插头 16V NR(16 通道黑色)5 脚上的导线 521 为后刮水器电机 5215 送电,后刮水器电机通过插头 3V BA(3 通道白色)3 脚上的导线 M5215 搭铁;后刮水器 5215 内部也有一个回位触点,它通过插头 3V BA 2 脚上的导线 522 将后刮水器的回位状态信号(也是搭铁信号)传递给 BSI,当后刮水器到达回位位置时,由 BSI 切断对后刮水器电机的供电。

4)前/后风窗清洗泵的控制

刮水器开关通过内部的触点将请求控制清洗前或后风窗玻璃的信号传递给转向盘下转换模块 CV00,CV00 将这些请求信号通过 VAN 网线 9012B 和 9013B 传递给智能控制盒 BSI,BSI 则将控制清洗前或后风窗玻璃的指令通过 VAN 网线 9012A 和 9013A 传递给发动机舱控制盒 PSF1,PSF1 通过控制两个内部继电器 R9 和 R10 实现对前/后清洗泵 5115 的控制。如 PSF1

根据BSI的指令控制继电器R9工作，则继电器R9的触点通过导线510向清洗泵电机5115插头2V NR(2通道黑色)2脚供电，清洗泵电机5115插头1脚导线530通过PSF1内继电器R10的触点搭铁，此时清洗泵电机5115正转清洗前风窗玻璃(同时PSF1控制前刮水器电机5015间歇刮扫三次)；如PSF1根据BSI的指令控制继电器R10工作，则继电器R10的触点通过导线530向清洗泵电机5115插头1脚供电，清洗泵电机5115插头2脚导线510通过PSF1内继电器R9的触点搭铁，此时清洗泵电机5115反转清洗后风窗玻璃(同时BSI控制后刮水器电机5215间歇刮扫三次)。

5)刮水器电气系统的其他功能

(1)热保护功能：有时由于刮水器刮片老化、风窗玻璃脏污且无水等原因，刮水器在玻璃上刮刷时运行阻力很大，刮水器电机因工作电流增大，而发热量增大。为了防止刮水器电机过热烧损，在刮水器工作时，智能控制盒BSI通过40V NR插头3脚上的导线504和40V GR插头9脚上的导线522分别检测前刮水器5015和后刮水器5215回位触点传递过来的回位(搭铁)信号，如果BSI长时间收不到前或后刮水器的回位信号，就可知道前或后刮水器运行受阻，此时BSI会通过VAN网线9012A和9013A通知发动机舱控制盒PSF1，切断前或后刮水器电机的供电。

(2)挂倒挡时，自动起动后刮水器：当前刮水器工作时，如挂倒挡行驶，此倒挡行驶信号通过轮速传感器传递给ABS电控单元7020，ABS电控单元将该信号通过CAN网线9000、9001、9000A、9001A传递给智能控制盒BSI，由BSI控制起动后刮水器5215工作，将后风窗玻璃刮扫干净，方便驾驶员集中注意力倒车。

(3)根据车速，自动调整前刮水器的速度：为了使驾驶员集中注意力专心开车和将前风窗玻璃上的雨水刮扫干净，ABS电控单元7020将车速信号通过CAN网线9000、9001、9000A、9001A传递给智能控制盒BSI，BSI通过前刮水器5015的回位触点传递的回位信号检测前刮水器的速度，当车速增加或降低时，BSI将通过VAN网线9012A和9013A通知发动机舱控制盒PSF1，由PSF1控制将前刮水器5015的刮扫速度自动调高或调低一个级别。

3 毕加索轿车前/后风窗刮水器清洗系统电路典型故障分析

1)接通刮水器开关的低速挡和高速挡，前刮水器不运行工作

接通刮水器开关的低速或高速挡，前刮水器不工作，有可能是刮水器的控制电路(从刮水器开关到发动机舱控制盒PSF1)或动力电路(从PSF1到前刮水器)有故障。我们可在先检查前刮水器电机5015插接器插接正常，前刮水器熔断丝F17正常的情况下，用诊断仪进入到智能控制盒BSI内，进行前刮水器电机的执行机构测试，如前刮水器电机不能低速或高速运行，则应重点检查从PSF1到前刮水器电机5015之间的低速供电导线500、高速供电导线501、搭铁线M5015是否断路，如上述导线正常，再检查BSI与PSF1之间的VAN车身网线9012A和9013A能否正常传递信息；在进行前刮水器电机的执行机构测试时，如前刮水器电机能低速或高速运行，一方面说明从PSF1到前刮水器电机5015之间的动力电路没有故障，另一方面也说明从BSI发出的控制前刮水器的指令，能够通过BSI与PSF1之间的VAN车身网线9012A和9013A传送，故障点为刮水器开关损坏或转向盘下转换模块CV00不能将刮水器开关的信号通过网线9012B和9013B传送到智能控制盒BSI。

2)前刮水器有低速，没有高速

接通刮水器开关，前刮水器电机5015低速挡工作，高速挡不工作的主要原因有两个：一是

发动机舱控制盒 PSF1 与前刮水器电机之间的导线 501 断路，二是 PSF1 内继电器 R8 损坏，这二个故障中的任何一个发生，都会使前刮水器电机 5015 无高速挡的供电。

3）前或后刮水器不能回位

前刮水器 5015 不能回位的主要原因是前刮水器内的回位触点接触不良或前刮水器与智能控制盒 BSI 之间的导线 504 断路，这两个故障都使 BSI 不能通过导线 504 收到前刮水器通过内部的回位触点传递的回位（搭铁）信号。于是在我们关闭刮水器开关后，BSI 在长时间收不到回位信号后，只好通知 PSF1 强行切断前刮水器电机 5015 的供电，这时前刮水器片有可能停止在前风窗玻璃的任意位置。后刮水器不能回位的原因与前刮水器不能回位的原因相同，主要原因是后刮水器内的回位触点接触不良或后刮水器与 BSI 之间的导线 522 断路。

4）刮水器开关控制失灵

当转向盘下转换模块 CV00 与智能控制盒 BSI 之间的网线 9012B 和 9013B 断路，或 BSI 与发动机舱控制盒 PSF1 之间的网线 9012A 和 9013A 断路后，刮水器开关的低速和高速等信号都不能传送出去了，刮水器开关控制就失灵了，此时 PSF1 控制前刮水器低速运行（这是刮水器系统的一种降级控制模式）。上述故障发生后我们应重点检查 CV00、BSI、PSF1 之间的网线是否相互连接短路或两根网线是否同时断路。

二、C5 轿车前风窗刮水器清洗系统电路分析与检测

1 前风窗刮水器清洗系统主要元件的作用

东风雪铁龙 C5 轿车前风窗刮水器清洗系统融入车载网络之中，增加了一些新的功能。C5 轿车前风窗刮水器清洗系统主要元件的布置如图 9-6 所示，前风窗刮水器清洗系统主要元件的外形如图 9-7、图 9-8 和图 9-9 所示。现对前风窗刮水器清洗系统主要元件的作用说明如下。

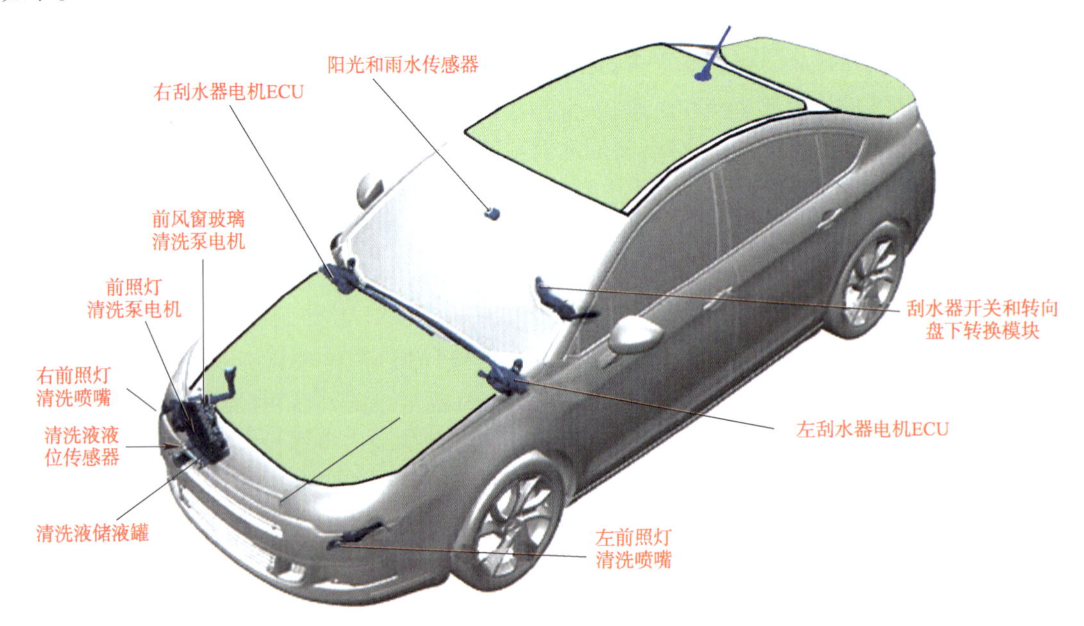

图 9-6　C5 轿车前风窗刮水器清洗系统的布置

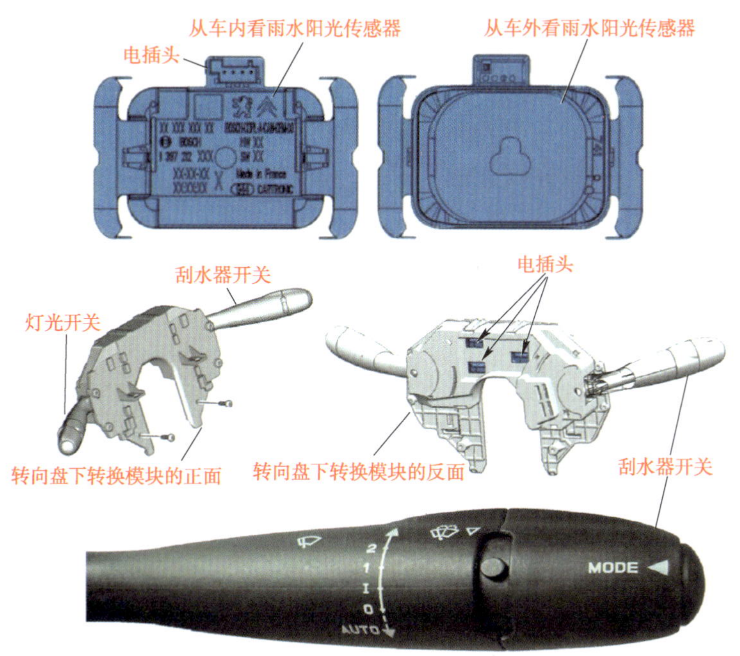

图9-7　雨水阳光传感器、转向盘下转换模块和刮水器开关的外形

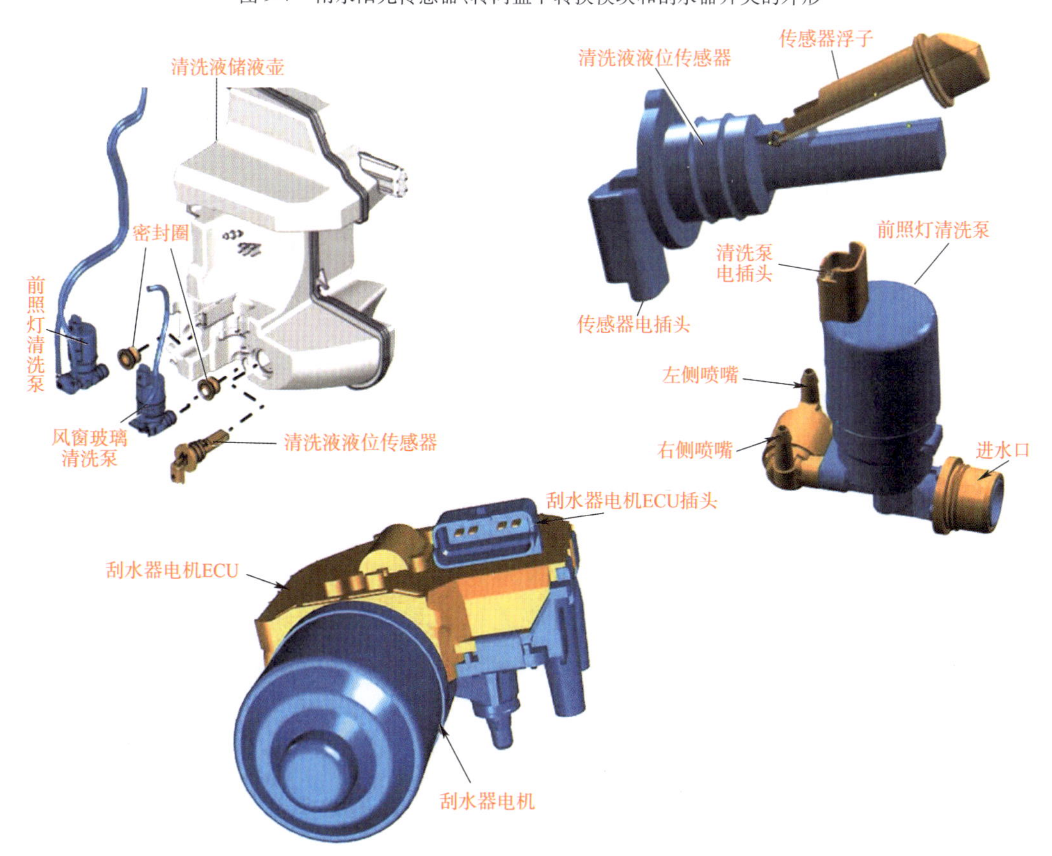

图9-8　刮水器电机ECU、液位传感器、前照灯清洗泵等

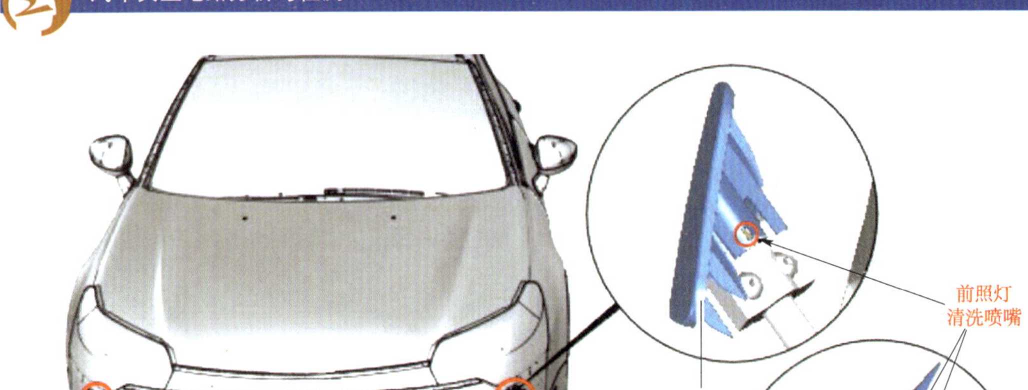

图 9-9　前照灯清洗喷嘴的布置和外形

1)雨水阳光传感器 5008

(1)检测有无雨水和雨量的大小;

(2)检测车外光线的强弱;

(3)将雨水和阳光信号通过 CAN 车身网传递给智能控制盒 BSI,BSI 可根据该传感器的信号,控制刮水器电机自动工作和前照灯自动点亮。

2)转向盘下转换模块 CV00

(1)解读刮水器开关发送的自动刮扫、间隙刮扫、低速和高速刮扫、风窗玻璃和前照灯清洗的请求信号;

(2)把刮水器开关的上述请求信号通过 CAN 车身网传递给智能控制盒 BSI。

3)风窗玻璃清洗泵 5115

在发动机舱控制盒 PSF1 的控制下,向前风窗玻璃喷水,清洗前风窗玻璃。

4)前照灯清洗泵 5405

在发动机舱控制盒 PSF1 的控制下,向左、右前照灯灯罩表面喷水,清洗左、右前照灯灯罩表面上的灰尘、杂质等。

5)左、右刮水器电机 ECU 5025、5030

(1)解读从发动机舱控制盒 PSF1 通过 LIN 网传送过来的刮水器的控制指令;

(2)控制左、右刮水器电机同步并协调地进行自动刮扫、间隙刮扫、低速刮扫和高速刮扫。

6)清洗液液位传感器 5110

检测清洗液液位的高低,当清洗液液位过低时,发出报警信号。

7)前照灯清洗喷嘴

在近光灯或远光灯点亮和前风窗玻璃清洗时,将前照灯清洗泵输送过来的清洗液喷向左、右前照灯罩外表面,清洗灯罩外表面。前照灯清洗喷嘴是一个机械元件,其工作压力为

200kPa 以上，无电路连接。

❷ C5 轿车前风窗刮水器清洗系统电路原理图的分析

C5 轿车前风窗刮水器清洗系统电路原理如图 9-10 所示，根据对电路原理图的分析，可将 C5 轿车前风窗刮水器清洗系统的运行原理概括成图 9-11 所示的简图，对运行原理简图的说明见表 9-2。下面根据图 9-10 和图 9-11 将刮水器电路的工作原理解读如下。

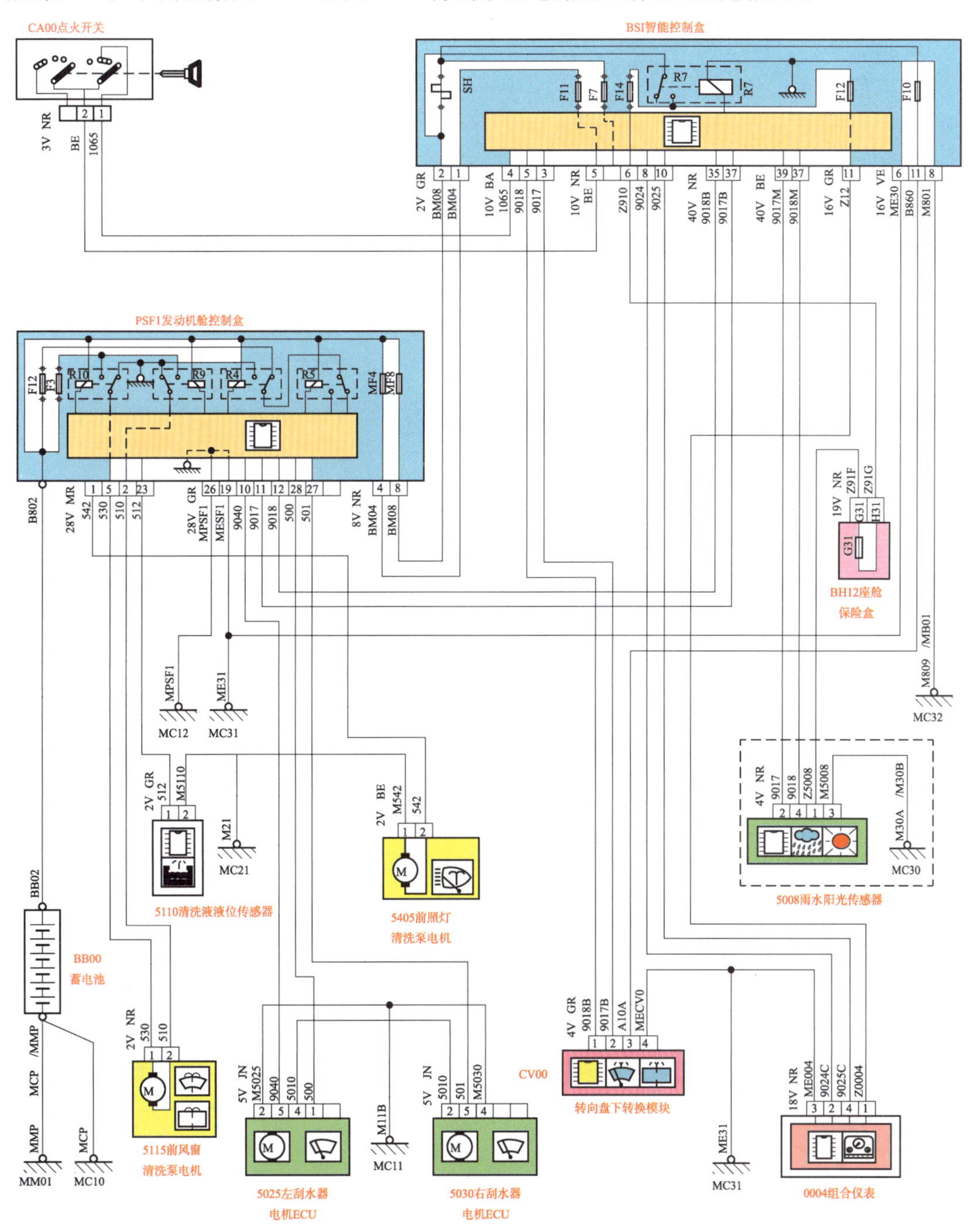

图 9-10 C5 轿车前风窗刮水器清洗系统电路原理图

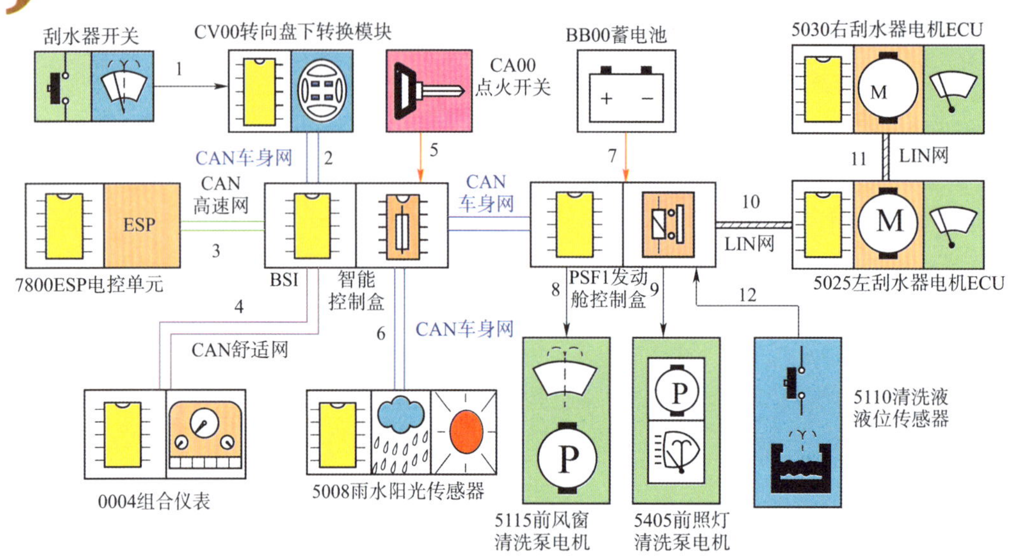

图 9-11　C5 轿车前风窗刮水器清洗系统的运行原理简图

C5 轿车前风窗刮水器清洗系统运行原理简图的说明　　表 9-2

连接号	信　　号	信 号 性 质	发生器/接收器	电路图中对应的导线编号
1	刮水器开关的刮扫和清洗请求	开关信号	刮水器开关/CV00	无
2	刮水器开关的刮扫和清洗请求	CAN 车身网信号	CV00/BSI	9017B、9018B
3	车速信息	CAN 高速网信号	7800/BSI	9000、9001(图中未画出)
4	刮水器系统的自动刮扫和清洗液液位报警信息	CAN 舒适网信号	BSI/0004	9024、9025
5	点火开关的点火信号	开关信号	CA00/BSI	1065
6	有无雨水和雨量大小信号	CAN 车身网信号	5008/BSI	9017、9018
7	蓄电池的供电	模拟信号	BB00/PSF1	BB02
8	前风窗清洗指令	模拟信号	PSF1/5115	510、530
9	前照灯清洗指令	模拟信号	PSF1/5405	542
10	对左、右刮水器电机的控制指令	LIN 网信号	PSF1/5025	9040
11	对右刮水器电机的控制指令	LIN 网信号	5025/5030	5010
12	清洗液液位信号	开关信号	5110/PSF1	512

1)刮水器开关的挡位

(1)将刮水器开关向后拨动一下(即从 O 位置扳向 AUTO 位置,见图 9-7),松手后开关自动回位,进入刮水器开关的点动挡兼自动刮扫挡,此时前刮水器在风窗玻璃上来回刮扫一次停

在起始位置，同时组合仪表0004上显示：“自动刮水器启用”，如图9-12所示。当前风窗刮水器清洗系统进入自动刮水器模式后，如雨水阳光传感器检测到前风窗玻璃上有雨水时，自动启动左、右刮水器电机工作；且下小雨时，左、右刮水器电机自动慢速工作，下大雨时，左、右刮水器电机自动快速工作。

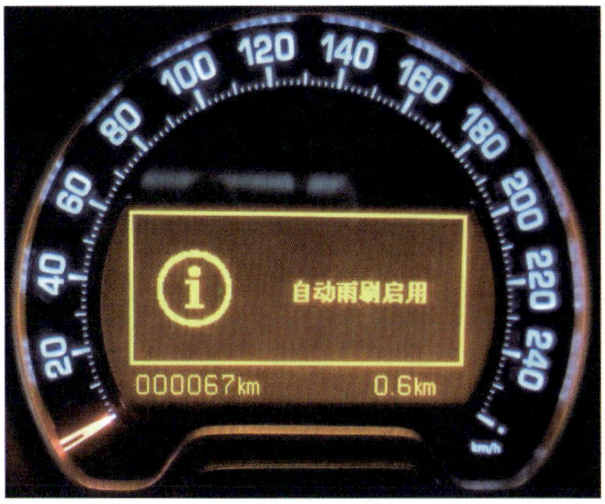

(2)将刮水器开关向前拨动到I位置，进入刮水器开关的间隙挡，此时前刮水器按照：在风窗玻璃上来回刮扫一次→停几秒钟→在风窗玻璃上来回刮扫一次→停几秒钟……的循环工作。

图9-12　组合仪表上提示“自动雨刷启用”

(3)将刮水器开关向前拨动到1位置，进入刮水器开关的低速挡，此时前刮水器在风窗玻璃上来回低速刮扫。

(4)将刮水器开关向前拨动到2位置，进入刮水器开关的高速挡，此时前刮水器在风窗玻璃上来回高速刮扫。

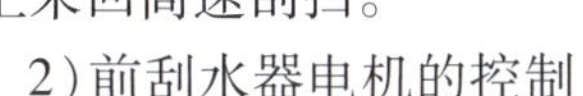

2)前刮水器电机的控制

将点火开关CA00旋至点火挡，点火开关将点火信号通过导线1065传递给智能控制盒BSI，BSI接收到点火信号后，则唤醒CAN高速网、CAN车身网、CAN舒适网、LIN网进入工作状态，为在各电控单元之间传递信息作准备。当车载网络(注：这里指CAN网和LIN网)唤醒后，发动机舱控制盒PSF1控制内部的继电器R5通过导线500和501分别为左、右刮水器电机ECU提供工作供电。

刮水器开关通过内部的触点将请求控制前刮水器点动刮、间歇刮、低速刮、高速刮等信号传递给转向盘下转换模块CV00，CV00将这些请求信号通过CAN车身网线9017B和9018B传递给智能控制盒BSI，BSI则将控制前刮水器或点动刮、间歇刮、低速刮、高速刮的指令通过CAN车身网线9017B和9018B传递给发动机舱控制盒PSF1，PSF1则通过LIN网线9040将BSI对前刮水器的控制指令传递给左刮水器电机ECU。在左、右刮水器电机ECU构成的LIN网络中，左刮水器电机ECU是主ECU，右刮水器电机ECU是从ECU；左刮水器电机ECU通过LIN网线接收从PSF1传递过来的前刮水器的控制指令后，一方面通过LIN网线5010将对前刮水器的控制指令传递给右刮水器电机ECU，另一方面它指挥并协调(注：因左、右刮水器电机各自独立驱动一个刮水臂工作，如左、右刮水器电机动作不能同步和协调，二者就会产生干涉碰撞)右刮水器电机ECU一道实现对左、右刮水器电机的点动兼自动、间隙、低速、高速等控制。

3)前刮水器的回位控制

为了不使前刮水片停在前风窗玻璃的中间位置而影响驾驶员的视线，无论前刮水器工作到什么位置我们关闭刮水器开关后，前刮水器应持续工作到它的起始位置才能停下来，这就叫刮水器的回位控制。为了实现回位控制，在左、右刮水器电机ECU内置了一个回位位置传感器(注：通过东风雪铁龙的汽车专用诊断仪可检测到在刮水器电机工作时该传感器的信号，如图9-13所示)。左、右刮水器电机ECU根据回位位置传感器的信号，可实现对左、右刮水器的回位控制。

4)前风窗玻璃和前照灯的清洗控制

将刮水器开关向上抬起(放下后刮水器开关自动回位)，刮水器开关通过内部的触点将请求控制前风窗清洗的信号传递给转向盘下转换模块 CV00,CV00 将这一请求信号通过 CAN 车身网线 9017B 和 9018B 传递给智能控制盒 BSI,BSI 则将控制前风窗清洗泵的指令通过 CAN 车身网线 9017B 和 9018B 传递给发动机舱控制盒 PSF1,PSF1 则通过内部继电器 R9 和 R10 控制清洗泵电机 5115 工作,在电机 5115 的驱动下,前风窗玻璃清洗泵向前风窗玻璃喷水;同时 PSF1 还通过 LIN 网线 9040 将清洗前风窗的指令传递给左刮水器电机 ECU,于是在左刮水器电机 ECU 的指挥下,左、右刮水器电机驱动左、右刮水片来回刮扫三次。

图 9-13 回位传感器传递的刮水器回位信息

前风窗玻璃清洗泵电机工作时,如通过车灯开关接通近光灯或远光灯,车灯开关通过内部触点将点亮近光灯或远光灯的请求传递给 CV00,CV00 将这一请求信号通过 CAN 车身网线 9017B 和 9018B 传递给 BSI,BSI 则将控制前照灯清洗泵工作的指令通过 CAN 车身网线 9017B 和 9018B 传递给发动机舱控制盒 PSF1,PSF1 则通过内部继电器 R11(原理图中未画出)和导线 542 控制前照灯清洗泵电机 5405 工作。

5)清洗液液位过低时的报警

清洗液液位传感器 5110 检测清洗液液位的高低,当前风窗玻璃清洗泵电机工作时,如清洗液位不足时,传感器将报警信号(低电位搭铁信号)通过导线 512 传递给 PSF1,PSF1 通过 CAN 车身网线 9017 和 9018 传递给 BSI,BSI 通过 CAN 舒适网线 9024 和 9025 传递给组合仪表 0004, 0004 在仪表盘中显示:“风窗清洗液不足”,如图 9-14 所示,警示驾驶员添加风窗玻璃清洗液。

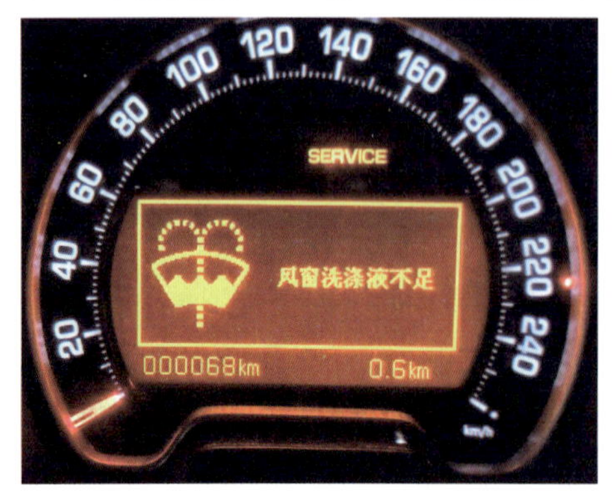

图 9-14 仪表上“风窗清洗液不足”的报警

6)前风窗玻璃刮水器清洗系统的其他功能

(1)热保护功能:有时由于刮水器刮片老化、风窗玻璃脏污且无水等原因,刮水器在玻璃上刮刷时运行阻力很大,甚至刮水器被卡住不能运行,刮水器电机因工作电流增大,而发热量增大。为了防止刮水器电机过热烧损,在刮水器工作时,左、右刮水器电机 ECU 始终监测回位位置传感器的信号(注:刮水器正常工作时,刮水器刮片在风窗玻璃上每来

回刮扫一次，回位位置传感器就发送一个回位信号)，如果左或右刮水器电机ECU长时间收不到传感器的回位信号，就可知道左或右刮水器运行受阻，此时左、右刮水器电机ECU会同时切断左、右刮水器电机的供电，实现左、右刮水器电机的热保护功能。

(2)根据车速，自动调整前刮水器的速度：为了使驾驶员集中注意力专心开车和将前风窗玻璃上的雨水刮扫干净，ESP电控单元7800将车速信号通过CAN高速网线9000、9001传递给智能控制盒BSI，BSI通过回位位置传感器传递的回位信号检测前刮水器的运行速度，当车速增加或降低时，BSI将车速信息通过CAN车身网线9017B和9018B通知发动机舱控制盒PSF1，PSF1则通过LIN网线9040通知左刮水器电机ECU，由左、右刮水器电机ECU根据车速信息控制将左、右刮水器的刮扫速度自动调高或调低一个级别。

(3)降级运行功能：当转向盘下转换模块CV00与智能控制盒BSI之间的CAN车身网线9017B和9018B都断路后，刮水器开关发出的所有刮扫和清洗请求信号BSI就不能收到了(注：这时灯光开关发出的信号BSI也收不到了)，此时前风窗刮水器清洗系统从最坏的角度设想，车辆仍需要行驶回家，且天黑在下雨，于是当发动机运行时，左、右刮水器电机ECU控制左、右刮水器自动间隙运行，且自动点亮近光灯，以保证驾驶员仍有较好的视线，将车辆安全驾驶回家。这就是前风窗刮水器清洗系统的降级运行功能。

3 C5轿车前风窗刮水器清洗系统典型电路故障(表9-3)

C5轿车前风窗玻璃刮水器清洗系统典型故障 表9-3

故障点	故障现象	故障说明
CV00上CAN车身网线9017B、9018B都断路	刮水器和灯光开关失效，接通点火开关点火挡后，左、右刮水器自动启动并在风窗玻璃上间隙刮扫	这是前风窗刮水器清洗系统的一种降级运行模式，目的是提供一定的视线，使驾驶员将车辆安全驾驶回家
BIS至PSF1之间的CAN车身网线9017B、9018B都断路	同上	同上
PSF1为5025左刮水器电机ECU的供电线500断路	无论接通刮水器开关的哪个挡位，左、右刮水器都不工作	左刮水器电机ECU因无供电不工作，同时它也不把BSI对刮水器的控制指令传递给右刮水器电机ECU
PSF1为右刮水器电机ECU供电的导线501断路	无论接通刮水器开关的哪个挡位，右刮水器都不工作，左刮水器只在风窗玻璃左边的小范围内低速刮扫	右刮水器电机ECU因无供电不工作，左刮水器电机ECU不知右刮水器的位置，为防止干涉，因此控制左刮水器小范围刮扫
左刮水器电机ECU为右刮水器电机ECU传递指令的LIN网线5010断路	同上	右刮水器电机ECU不能从LIN网线5010上获得刮水器的控制指令而不工作；为防止干涉，左刮水器在小范围刮扫
PSF1向左刮水器电机ECU传递刮水器控制指令的LIN网线9040断路	接通点火开关的点火挡后，左、右刮水器自行启动，且在风窗玻璃上间隙刮扫	LIN网线9040断路后，无论刮水器开关发出什么挡位的刮扫请求，左、右刮水器电机ECU都接受不到刮水器的控制指令，此时刮水器系统为了提供一定的视线，使驾驶员将车辆安全驾驶回家，同时也为了警示驾驶员刮水器系统有故障，于是控制左、右刮水器在风窗玻璃上间隙刮扫

续上表

故障点	故障现象	故障说明
清洗液液位传感器上的导线512搭铁	尽管清洗液液位在报警液位之上,只要将刮水器开关扳到风窗玻璃清洗挡,组合仪表0004上就显示报警信息	因当清洗液液位不足时,液位传感器就通过导线512传递给PSF1一搭铁信号,此时组合仪表上就显示"风窗清洗液不足"的报警信息
5405前照灯清洗泵上的导线542断路	接通车灯开关的近光灯或远光灯挡,同时将刮水器开关扳到风窗玻璃清洗挡,前照灯清洗泵不工作	导线542断路后,前照灯清洗泵因供电电路被切断而不工作

4 C5轿车前风窗刮水器清洗系统的检测

用诊断仪对前风窗刮水器清洗系统进行检测的方法主要是:读取前风窗刮水器清洗系统有关的故障,检测前风窗刮水器清洗系统相关元件的参数,对前风窗刮水器清洗系统的执行器进行测试。这些检测方法基本可以检测到前风窗刮水器清洗系统的所有元件,下面分别加以说明。

(1)读取前风窗刮水器清洗系统有关的故障。操作诊断仪在完成C5轿车的全局测试后,选择BSI电控系统(注:前风窗刮水器清洗系统是BSI控制的系统之一),如图9-15所示;在进入BSI电控系统后,可通过选择读取故障功能,读取与前风窗刮水器清洗系统有关的故障,如图9-16和图9-17所示。

(2)检测前风窗刮水器清洗系统的参数。操作诊断仪进入BSI电控系统进行参数测量,分别检测前风窗刮水器清洗系统的两组参数,如图9-18至图9-22所示,各参数的含义和被检测的元件见表9-4。

(3)对前风窗刮水器清洗系统执行器进行测试。操作诊断仪进入BSI执行器测试,选择视野组执行器测试,如图9-23、图9-24、图9-25、图9-26、图9-27所示;各执行器的名称和检测的元件见表9-5。

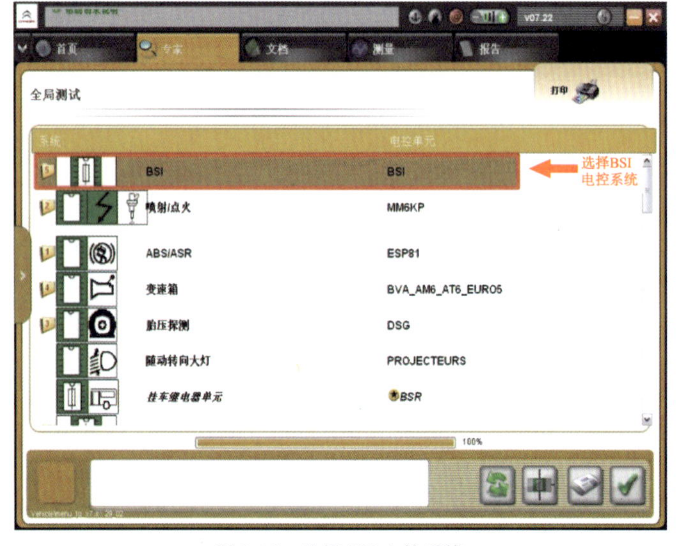

图9-15 选择BSI电控系统

图 9-16 选择故障读取功能

图 9-17 读取与前风窗清洗系统有关联的故障

图 9-18 选择参数测量功能

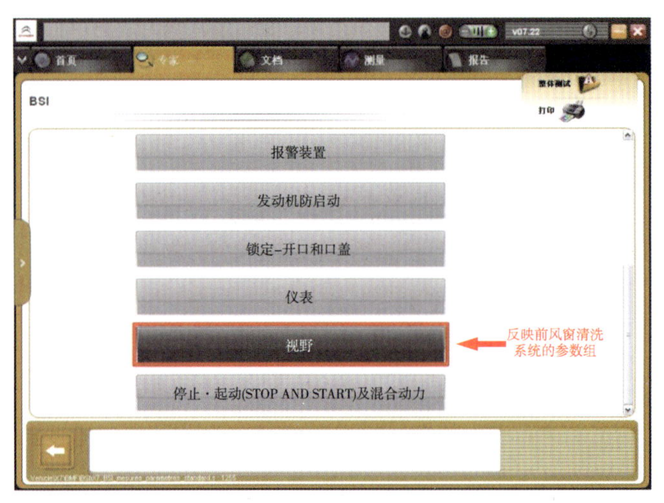

图 9-19　选择视野参数组

图 9-20　反映“视野”的二组参数

图 9-21　检测刮水器组参数

图9-22　检测清洗和除雾/除霜组参数

前风窗刮水器清洗系统的主要参数和传递参数的元件　　表9-4

序　号	参　数　名　称	参　数　值	传递参数的元件(注:被检测的元件)
1	自动刮水器模式2	未启用	转向盘转换模块CV00
2	雨量传感器发出的刮水请求	无	雨水阳光传感器5008
3	前刮水器命令(通过LIN网)	连续动作	左/右刮水器电机ECU 5025/5030
4	通过雨量传感器控制的前雨刮速度	挡位0	左/右刮水器电机ECU 5025/5030
5	刮水器低速请求	未激活	转向盘转换模块CV00
6	刮水器高速请求	未激活	转向盘转换模块CV00
7	前刮水器停止信息	否	左/右刮水器电机ECU 5025/5030
8	前风挡玻璃清洗器请求	未激活	转向盘转换模块CV00
9	前风挡玻璃清洗控制	启用	前风窗清洗泵电机5115
10	前照灯清洗控制	未激活	前照灯清洗泵电机5405
11	除雾/除霜请求	未激活	空调面板上的除雾/除霜按键
12	除雾/除霜控制	未激活	自动空调ECU8080

图9-23　选择视野组执行器

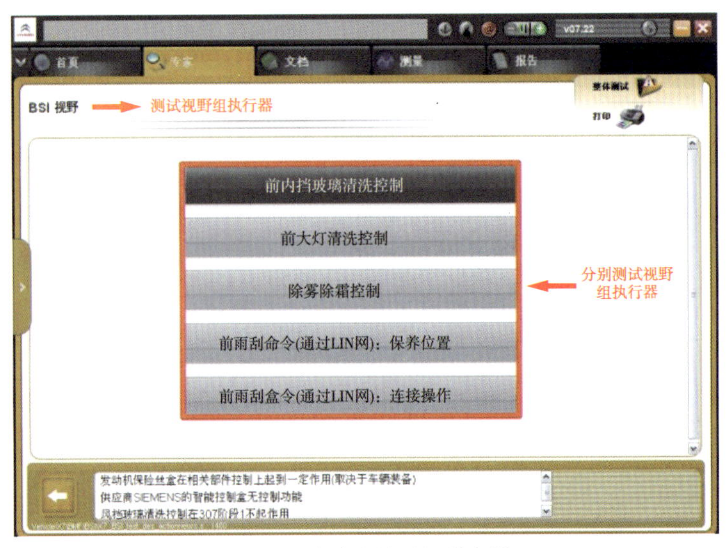

图 9-24　分别测试视野组执行器

图 9-25　选择前刮水器电控系统

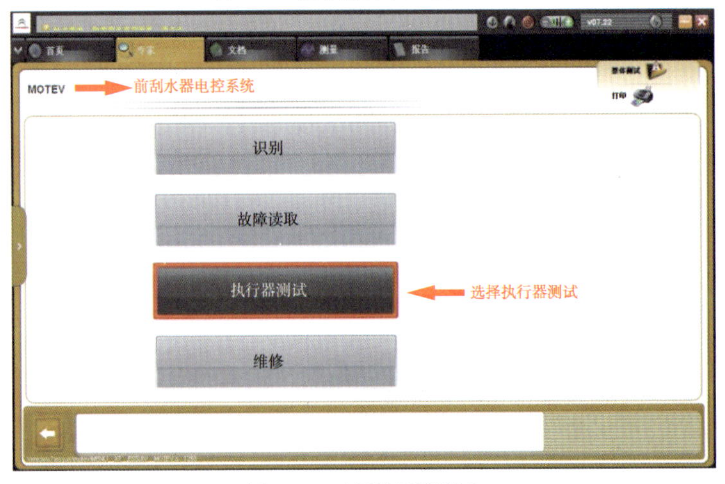

图 9-26　选择执行器测试

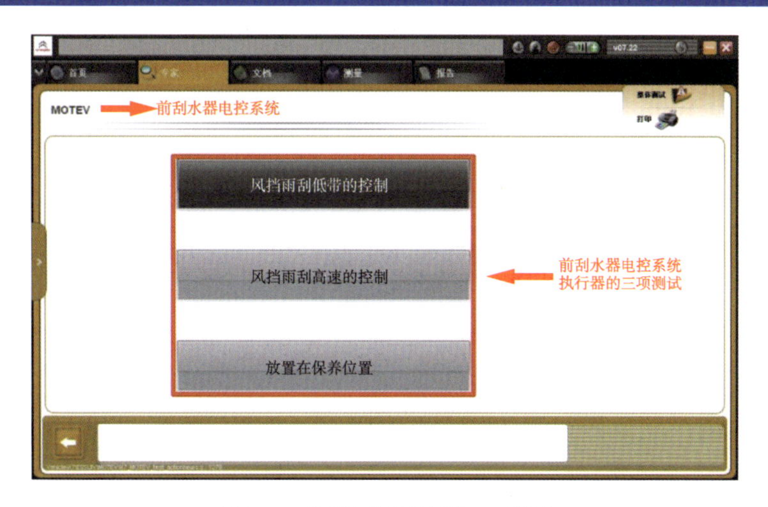

图9-27 分别进行执行器的三项测试

前风窗刮水器清洗系统执行器的名称和被检测的元件 表9-5

序号	执 行 器 名 称	被 检 测 的 元 件
1	前挡风玻璃清洗控制	左/右刮水器电机 ECU 5025/5030
2	前照灯清洗控制	前照灯清洗泵电机 5405
3	除雾/除霜控制	自动空调 ECU8080
4	前刮水器命令(通过 LIN 网):维护位置	转向盘转换模块 CV00
5	前刮水器命令(通过 LIN 网):连续操作	转向盘转换模块 CV00
6	风窗刮水器低速的控制	左/右刮水器电机 ECU 5025/5030
7	风窗刮水器低速的控制	左/右刮水器电机 ECU 5025/5030
8	放置在保养位置	左/右刮水器电机 ECU 5025/5030

学习思考与拓展

1. 请画出毕加索轿车风窗刮水器清洗系统原理简图,并简述其工作原理。

2. 请分别说明毕加索轿车刮水器热保护功能;挂倒挡时,自动启用后刮水器功能;根据车速自动调整前刮水器的速度功能。

3. 请对照电路图9-4分析前刮水器不能回位的主要原因有哪些?

4. 请分别说明C5轿车前风窗刮水器清洗系统主要元件的作用是什么?

5. 请画出C5轿车前风窗刮水器清洗系统运行原理简图,并简述其工作原理。

6. 请说明C5轿车前风窗刮水器清洗系统的降级功能是什么?

7. 请画表说明用诊断仪可检测C5轿车前风窗刮水器清洗系统的哪些元件的参数?

8. 请画表说明用诊断仪可检测C5轿车前风窗刮水器清洗系统的哪些执行器?

9. 请对照电路图9-10分析LIN网线9040断路后,会产生哪些后果和故障现象?

单元 10　随动转向前照灯系统电路分析与检测

一、转向前照灯的作用

在东风雪铁龙 C5 轿车上，装备有随动转向前照灯。图 10-1 是没有随动转向功能的前照灯照明情况，图 10-2 是有随动转向功能的前照灯照明情况。

图 10-1　没有随动转向功能的前照灯照明情况

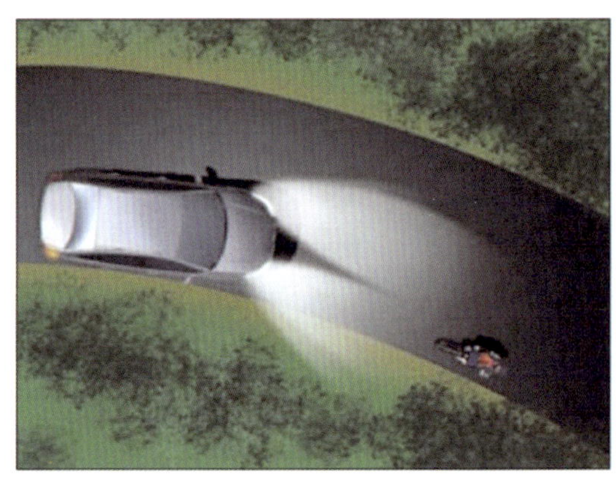

图 10-2　有随动转向功能的前照灯照明情况

随动转向前照灯的光束具有根据转向盘的转动角度自动调整光束角度的功能，在近光灯或远光灯开启的状态下，汽车转弯时随动转向，使光束紧随行驶道路方向，为转向车辆行进的前方区域提供照明，提供了双倍的视野照明宽度，这样可大大提高汽车夜间行驶转向时的安全性能。

二、转向前照灯电控系统的组成和主要元件的作用

转向前照灯电控系统主要元件在车上的布置如图 10-3 所示，下面对主要元件的作用说明如下。

（1）左、右转向前照灯总成 2610、2615：转向前照灯总成的外形和结构如图 10-4 和图 10-5 所示。它主要由可转动的氙气大灯（包括近光和远光）、氙气大灯电源模块、水平方向调整机构、垂直方向调整机构等组成。它的作用是根据转向前照灯 ECU 的指令，调整前照灯光束的水平和垂直位置。

（2）转向前照灯 ECU 6606：转向前照灯 ECU 装在蓄电池右侧，见图 10-4，主要根据车身高度传感器、转向角度传感器的信号和内部的控制程序，对前照灯光束进行水平和垂直方向的调整。

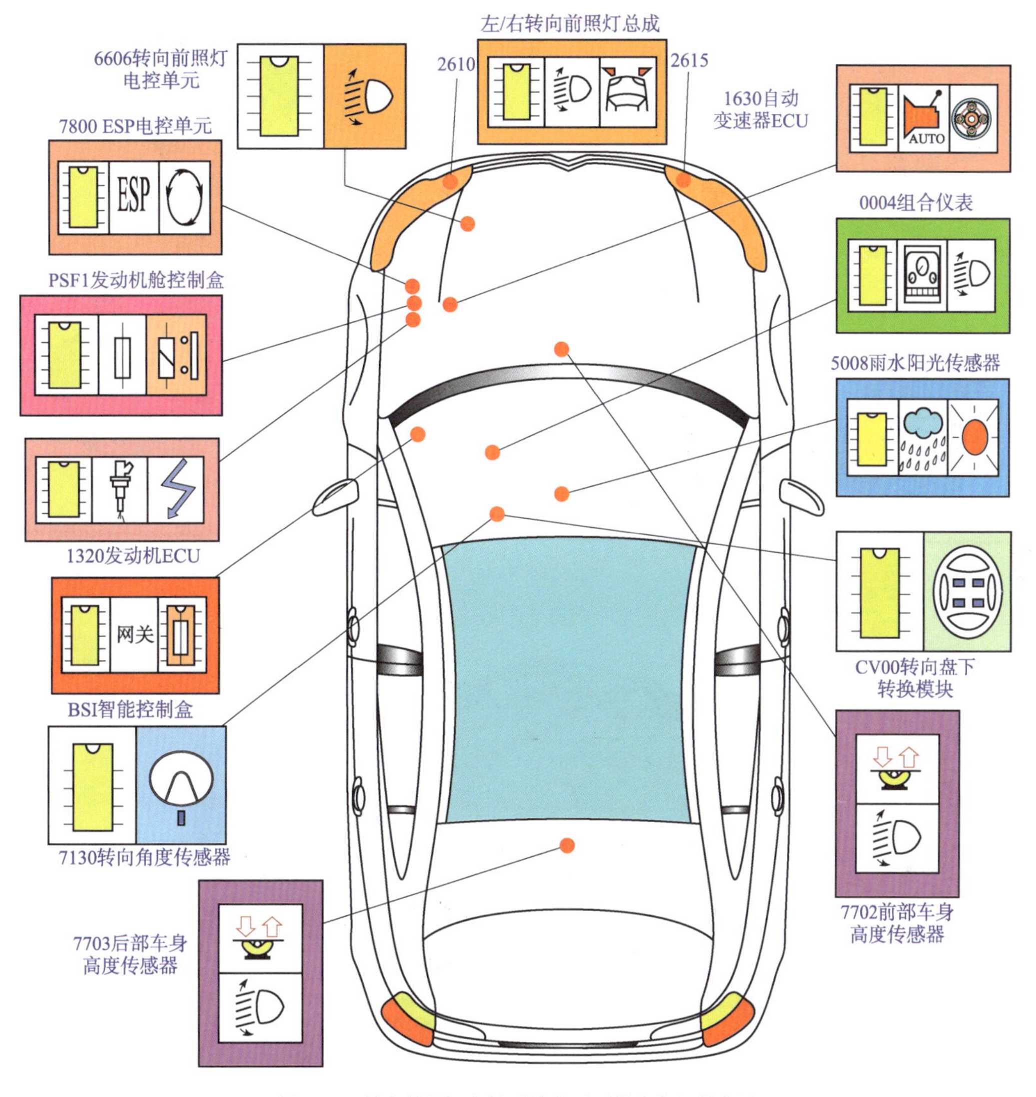

图10-3 转向前照灯电控系统主要元件在车上的布置

(3)转向角度传感器7130:转向角度传感器装在转向盘下,外形如图10-6所示,它主要检测驾驶员操控转向盘的转动方向、转动角度和转动速度等信号,并将检测信号通过CAN高速网(导线编码9000、9001)经过智能控制盒BSI传递给转向前照灯ECU。

(4)车身高度传感器7702、7703:前部和后部车身高度传感器分别装在前桥平衡杆和后桥平衡杆的中部,外形如图10-6所示,它们用来检测汽车在行驶过程中车身前部和后部高度的变化信号,并将检测信号传递给转向前照灯ECU。

(5)BSI智能控制盒:BSI装在仪表台的左下方,外形如图10-7所示,它是C5轿车上最重要、功能最多的核心电子控制单元;它在转向前照灯电控系统中的主要作用是管理CAN高速网、CAN车身网、CAN舒适网等所有车载网络;接收转向角度传感器的信号,并将与转向前照灯系统有关的信号和指令通过网络传递给发动机舱控制盒、转向前照灯ECU、组合仪表等电控单元。

图 10-4　转向前照灯总成的外形和调整机构

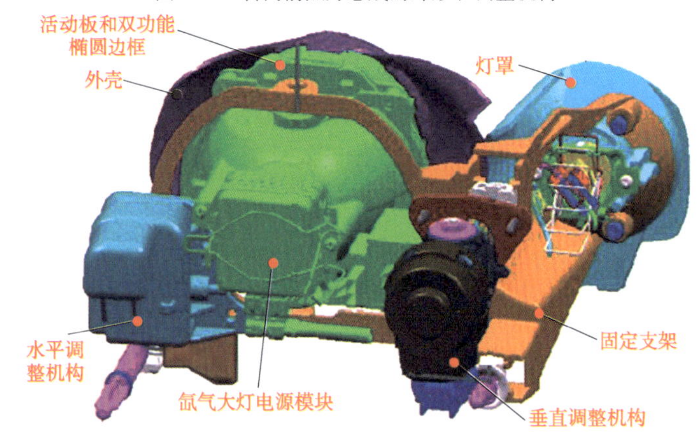

图 10-5　转向前照灯总成的结构

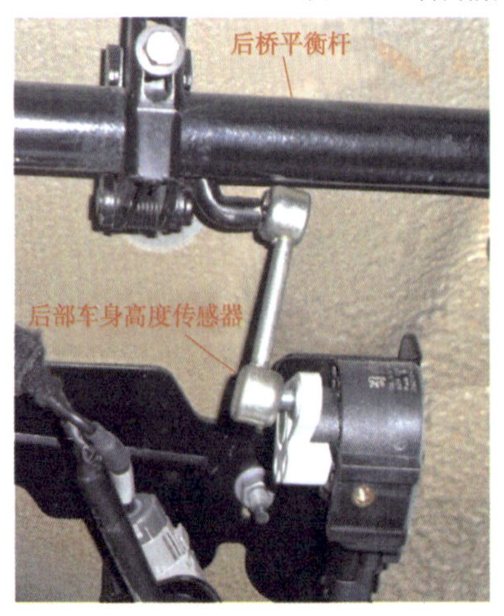

图 10-6　转向盘角度传感器和车身高度传感器

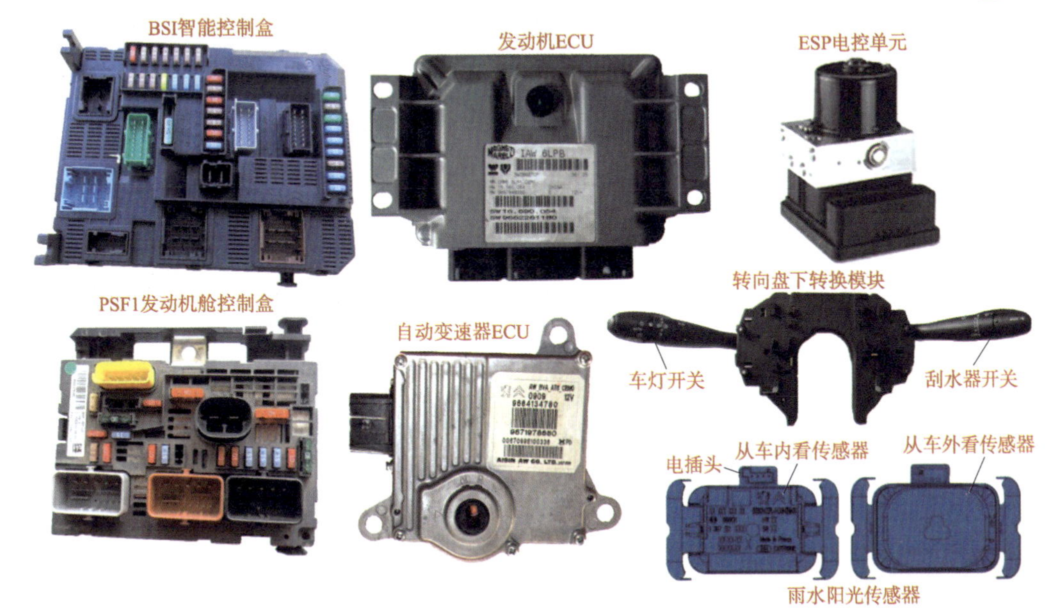

图10-7　参与转向前照灯电控系统工作的部分元件

(6)PSF1 发动机舱控制盒：PSF1 装在发动机舱的左侧，外形如图10-7所示，它在前照灯转向电控系统中的主要作用是根据智能控制盒的指令，通过发动机舱控制盒内的R6继电器（条件供电继电器），为转向前照灯ECU和左、右转向前照灯总成提供条件供电。

(7)转向盘下转换模块CV00：CV00装在转盘下方，它的外形如图10-7所示，它在前照灯转向电控系统中的主要作用是将车灯开关点亮近光灯、远光灯的信号通过CAN车身网传递给智能控制盒。

(8)雨水阳光传感器5008：雨水阳光传感器装在前风窗玻璃的上部中间，外形如图10-7所示，它将有没有雨水、雨量大小、阳光强弱等信号，通过CAN车身网传递给智能控制盒BSI，BSI根据雨水阳光传感器的信号，控制自动点亮近光灯。

(9)发动机ECU 1320和ESP电控单元7800：发动机ECU装在发动机舱左侧，ESP电控单元装在发动机舱的左下方，它们的外形如图10-7所示，发动机ECU和ESP电控单元在前照灯转向电控系统中的主要作用分别是将发动机运转信号和车速信号通过CAN高速网传递给转向前照灯ECU；转向前照灯ECU需要根据发动机运转信号和车速信号控制转向前照灯的工作。

(10)自动变速器ECU 1630：自动变速器ECU装在自动变速器的上方，外形如图10-7所示，它在前照灯转向电控系统中的主要作用是将倒挡信号通过CAN高速网传递给转向前照灯ECU；转向前照灯ECU需要根据倒挡信号控制转向前照灯的工作。

三、激活转向前照灯功能的条件

在C5轿车上使用转向前照灯的功能，必须先将该功能激活，激活条件如下：

①接通点火开关，通过操作转向盘左侧的“组合仪表菜单选择旋钮”，逐步进入“车辆参数”→“照明”→“随动转向前照灯”（参看图10-12、图10-13、图10-14），选中车辆配置菜单中的“随动转向前照灯”功能，如图10-8所示，选中方框内的勾；②起动发动机；③接通近光灯；④车速超过5 km/h；⑤未挂倒挡。

图 10-8 在车辆配置菜单中选择“随动转向前照灯”功能

四、C5 轿车转向前照灯系统的电路分析

C5 轿车转向前照灯系统的电路原理图如图 10-9 所示，经过分析，可将 C5 轿车转向前照灯系统的电路原理简化成图 10-10 所示的框图，对框图的说明见表 10-1。下面，根据图 10-9 和图 10-10，对 C5 轿车转向前照灯系统的电路原理予以解析。

（1）蓄电池通过导线 BB02 为发动机舱控制盒 PSF1 供电；PSF1 通过导线 BM04、BM08 为智能控制盒 BSI 供电；BSI 通过导线 B860 – A10A 为转向盘下转换模块 CV00 供电。

（2）接通点火开关 CA00 的点火挡 M，通过 1 脚上的导线 1065，将点火信号传递给智能控制盒 BSI，于是 BSI 唤醒所有车载网络投入工作，同时 BSI 控制 R7 继电器（管理 + CAN 的继电器）工作，R7 继电器工作后，BSI 通过导线 Z910 – Z91G – Z91F – Z5008 为雨水阳光传感器 5008 供电；通过导线 Z12 – Z0004 为组合仪表 0004 供电。

（3）CAN 车身网工作后，发动机舱控制盒 PSF1 控制 R6 继电器（管理条件供电的继电器）工作，R6 继电器工作后，PSF1 通过导线 C162 – C660A、C660B 为转向前照灯 ECU 供电；通过导线 C162 – C2610 为左前转向前照灯总成 2610 供电；通过导线 C162 – C2615 为右前转向前照灯总成 2615 供电。

（4）各电控单元得到供电后，立即控制各电控系统的传感器、执行器进入工作状态，配合转向前照电控单元完成控制功能。转向盘下转换模块 CV00 将车灯开关点亮近光灯、远光灯等信号通过 CAN 车身网（网线 9017B 和 9018B）传送到 BSI，BSI 通过 CAN 车身网（网线 9017B 和 9018B）将这些信号传送到发动机舱控制盒 PSF1，PSF1 则通过 28V MR 插接器 25 和 26 脚上的导线 2701 和 2702，分别为左、右前照灯总成的近光灯丝供电；通过 28V MR 插接器 28 和 27 脚上的导线 2801 和 2802，分别为左、右前照灯总成的远光灯丝供电。

（5）在汽车行驶时，发动机 ECU1320 将发动机的运转信号、自动变速器 ECU1630 将变速器的挡位信号、ESP 电控单元 7800 将车速信号通过 CAN 高速网（网线 9000 和 9001）传递给转向前照灯 ECU6606；转向角度传感器 7130 通过 CAN 高速网（网线 9000 和 9001）将转向盘转动的方向、转动的角度、转动速度等信号传递给 BSI，BSI 通过 CAN 高速网（网线 9000 和 9001）将这些信号传送到 6606 转向前照灯 ECU；转向前照灯 ECU 通过 32V BE 插接器上的导

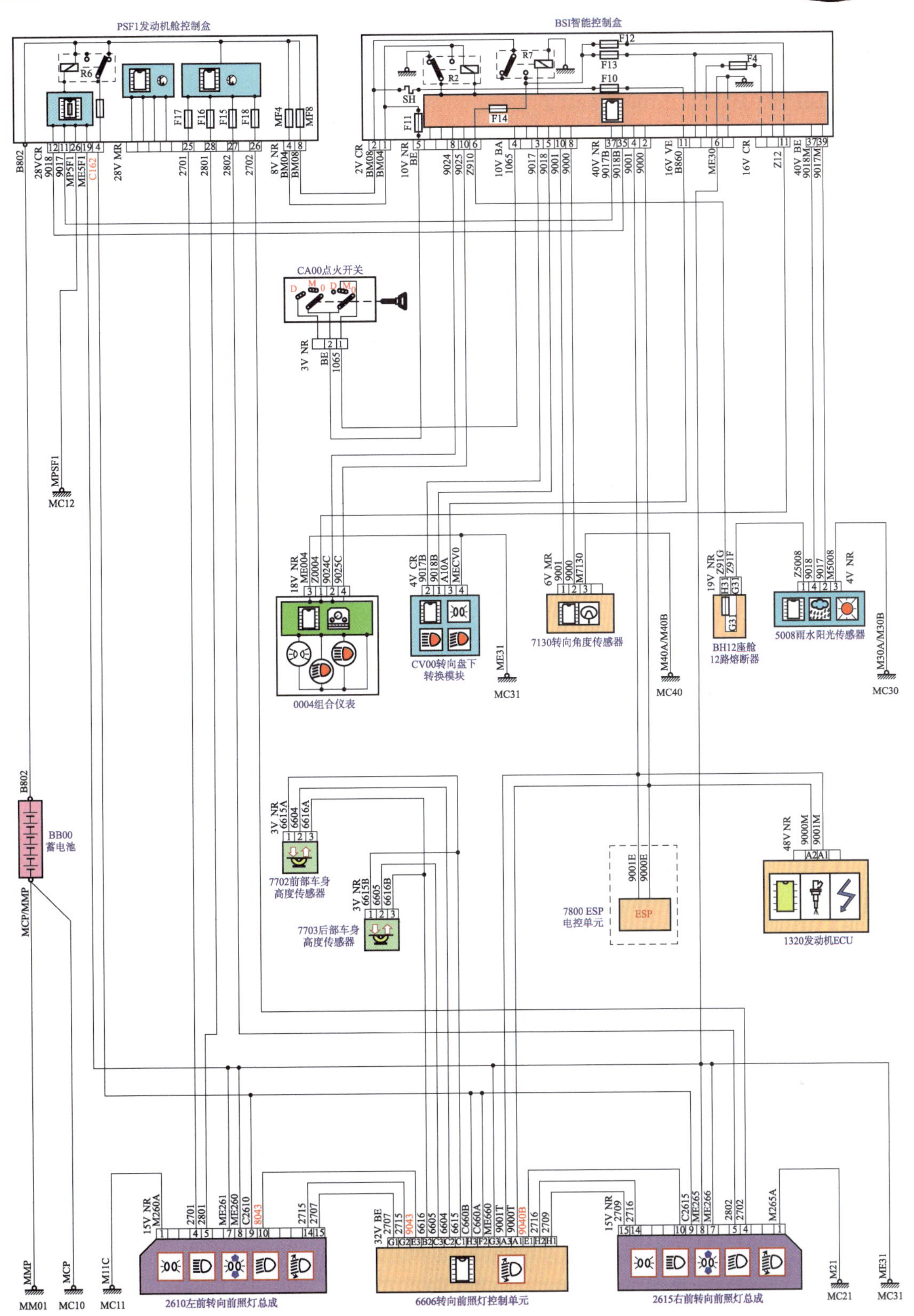

图10-9 C5轿车转向前照灯系统的电路原理图

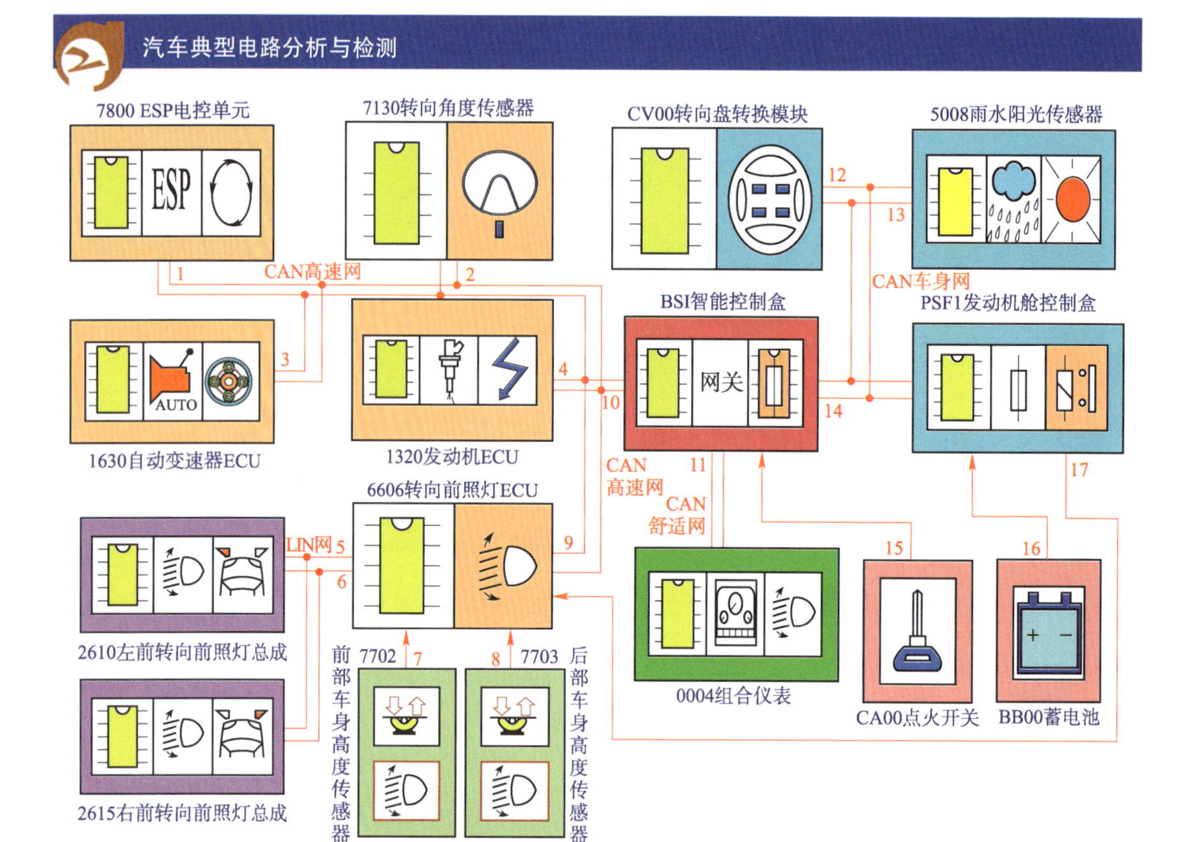

图 10-10　转向前照灯电控系统的工作原理框图

随动转向前照灯系统的工作原理框图说明　　表 10-1

连接号	信　　号	信号性质	发送器/接收器	电路图中对应的导线
1	车速信号	CAN 高速网信号	7800/6606	9000E、9001E
2	转向方向和转向角度信号	CAN 高速网信号	7130/6606	9000、9001
3	倒挡信号	CAN 高速网信号	1630/6606	注:图中未画出
4	发动机运转信号	CAN 高速网信号	1320/6606	9000M、9001M
5	调节左前照灯指令	LIN 网信号	6606/2610	9043
6	调节右前照灯指令	LIN 网信号	6606/2615	9040B
7	前部车身高度信号	模拟信号	7702/6606	6604
8	后部车身高度信号	模拟信号	7703/6606	6605
9	转向前照灯系统工作状态信号	CAN 高速网信号	6606/BSI	9000T、9001T
10	点亮或关闭前照灯的指令	CAN 高速网信号	BSI/6606	9000、9001
11	随动转向前照灯系统工作状况的信号	CAN 舒适网信号	BSI/0004	9024、9025
12	点亮或关闭前照灯的请求	CAN 车身网信号	CV00/BSI	9017B、9018B
13	雨水阳光信号	CAN 车身网信号	5008/BSI	9017、9018
14	提供条件供电指令	CAN 车身网信号	BSI/PSF1	9017B、9018B
15	点火开关位置信号	模拟信号	CA00/BSI	1065
16	提供蓄电池供电	模拟信号	BB00/PSF1	BB02
17	提供条件供电	模拟信号	PSF1/6606	C162

线 6616 和 6615 为两个车身高度传感器提供供电，前部和后部车身高度传感器 7702 和 7703 通过导线 6504 和 6505 将车身高度的信号传递给转向前照灯 ECU；转向前照灯 ECU 则根据转向角度传感器的信号、车身高度传感器的信号、发动机转速信号、自动变速器挡位信号、车速信号等对前照灯光束分别进行水平和高度调节。

（6）转向前照灯 ECU6606 插头上各导线的含义见表 10-2，左/右前照灯总成 2610/2615 插接器上各导线的含义见表 10-3 和表 10-4。

转向前照灯 ECU6606 插头上各导线的含义 表 10-2

导线编号	导线含义和作用
2707	为左角度灯供电（注：在左、右转向前照灯总成中，装有角度灯，角度灯在车辆转弯时点亮，以提高汽车转向时的照明效果）
2715	
9043	LIN 网线，把转向前照灯 ECU 水平和高度调节指令传递给左前照灯总成
6616	转向前照灯 ECU 为车身高度传感器提供供电
6605	后部车身高度传感器 7703 提供的后部车身高度信号
6604	前部车身高度传感器 7702 提供的前部车身高度信号
6615	转向大灯 ECU 为车身高度传感器提供供电
C660B	发动机舱控制盒 PSF1 为转向前照灯 ECU 提供的条件供电
C660A	
ME660	转向前照灯 ECU 的搭铁线
9001T	CAN 高速网网线，为 BSI 与转向前照灯 ECU 之间传递信息
9000T	
9040B	LIN 网线，把转向前照灯 ECU 水平和高度调节指令传递给右前照灯总成
2716	为右角度灯供电
2709	

左前照灯总成 2610 插头上各导线的含义 表 10-3

导线编号	导线含义和作用
M260A	左前照灯总成的搭铁线
2701	发动机控制盒 PSF1 提供的近光灯供电
2801	发动机控制盒 PSF1 提供的远光灯供电
ME261	左前照灯总成的搭铁线
ME260	
C2610	发动机控制盒 PSF1 提供的条件供电
9043	LIN 网线，把转向前照灯 ECU 水平和高度调节指令传递给左前照灯总成
2715	为左角度灯供电
2707	

右前照灯总成 2615 插头上各导线的含义 表 10-4

导线编号	导线含义和作用
2709	为右角度灯供电
2716	

续上表

导线编号	导 线 含 义 和 作 用
9040B	LIN 网线,把转向前照灯 ECU 水平和高度调节指令传递给右前照灯总成
C2615	发动机控制盒 PSF1 提供的条件供电
ME265	右前照灯总成的搭铁线
ME266	
2802	发动机控制盒 PSF1 提供的远光灯供电
2702	发动机控制盒 PSF1 提供的近光灯供电
M265A	右前照灯总成的搭铁线

(7)转向前照灯控制单元将前照灯系统的工作情况(如近光灯工作、远光灯工作、是否存在故障等)信息,通过 CAN 高速网(网线 9000T 和 9001T)传递给 BSI,BSI 将这些信息通过 CAN 舒适网(网线 9024 和 9025)传递给组合仪表 0004,组合仪表则将前照灯系统的工作情况显示出来(如点亮近光指示灯、点亮远光指示灯、显示转向前照灯电控系统的故障等)。

五、转向前照灯电控系统的其他功能

(1)前照灯自动点亮功能:将车灯开关拨在"AUTO"挡,就启用了前照灯自动点亮功能,组合仪表显示:"前照灯自动点亮启用",如图 10-11 所示。以后汽车在行驶过程中,如果雨水阳光传感器探测到外部光线比较暗(例如汽车行驶在隧道中)时,驾驶员不用操作车灯开关,近光灯自动点亮。

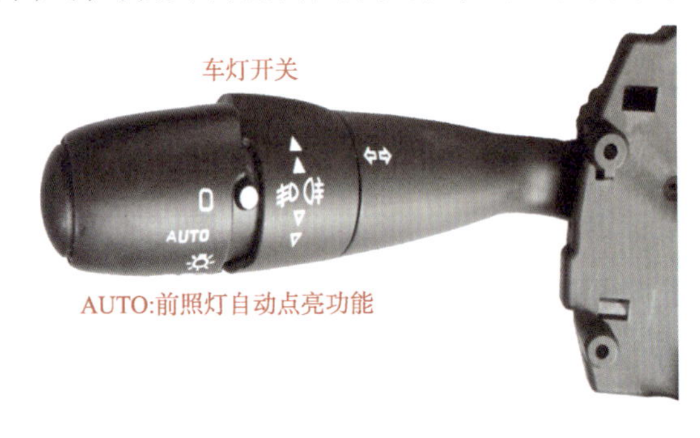

图 10-11　启用前照灯自动点亮功能

图 10-12　选择车辆参数

(2)日间行车灯功能:接通点火开关,通过操作转向盘左侧的"组合仪表菜单选择旋钮"(图 10-8),逐步进入"车辆参数"→"照明"→"日间行车灯",选中车辆配置菜单中的"日间行车灯"功能,选中方框内的勾,如图 10-12 至图 10-14 所示。经过上述设置以后,就启用了前照灯系统的日间行车灯功能.

日间行车灯功能就是,起动发动机以后,在不接通灯光开关的情况下,日间行车灯自动点亮。此项功能主要适用于白天行驶在光线较暗的环境中。

(3)前照灯延时熄灭功能:接通点火开关,通过操作

转向盘左侧的“组合仪表菜单选择旋钮”(图 10-8),逐步进入“车辆参数”→“照明”→“前照灯延时熄灭”→“15S”(注:前照灯延时熄灭的时间可在 15S/30S/60S 之间任意选择),选中车辆配置菜单中的“前照灯延时熄灭”功能,如图 10-12 至图 10-14 所示,经过上述设置以后,就启用了前照灯延时熄灭功能。

前照灯延时熄灭功能就是:关闭点火开关以后,向上抬一下车灯开关,近光灯点亮,并延时照明一定时间(在图 10-14 中,选定的时间为 15S),方便驾驶员在这段时间内锁好车门并从光线较暗的地下车库中走出,这项功能又称为“伴我回家功能”。

图 10-13 选择照明

图 10-14 选择日间行车灯

六、检测转向前照灯电控系统

我们可用诊断仪对转向前照灯电控系统进行检测,检测方法主要是:读取转向前照灯电控系统的故障,检测转向前照灯电控系统相关元件的参数,对转向前照灯电控系统的执行器进行测试,下面分别加以说明。

(1)操作诊断仪进入转向前照灯电控系统后,可通过选择读取故障功能,读取转向前照灯电控系统存在的故障,如图 10-15 至图 10-17 所示。

图 10-15 选择转向前照灯电控系统

图 10-16　选择故障读取功能

图 10-17　读取转向前照灯电控系统的故障

(2)操作诊断仪进入 ESP 电控系统后,选择参数测量功能,检测转向盘角度传感器的参数,如图 10-18 至图 10-20 所示。各参数的名称和传递参数的元件见表 10-5。

(3)操作诊断仪进入转向前照灯电控系统后,选择执行器测试功能,先测试右转向前照灯总成,如图 10-21 至图 10-25 所示;再分别测试左转向前照灯总成和左、右转向前照灯总成,如图 10-26 和图 10-27 所示。执行器的测试内容和测试元件见表 10-6。

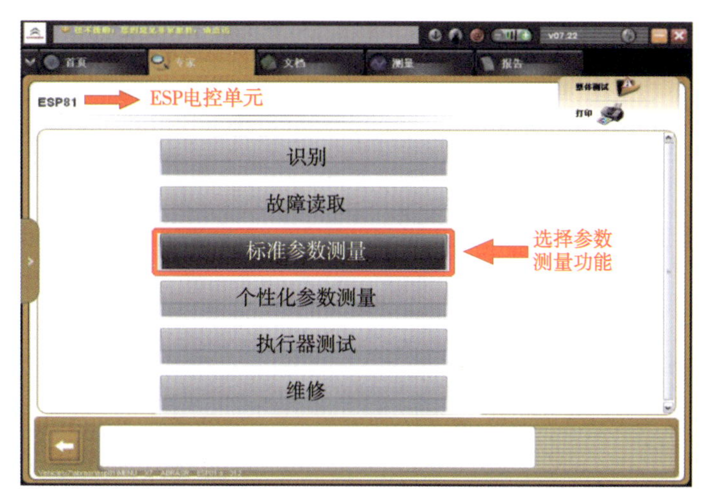

图 10-18　在 ESP 电控系统中选择参数测量

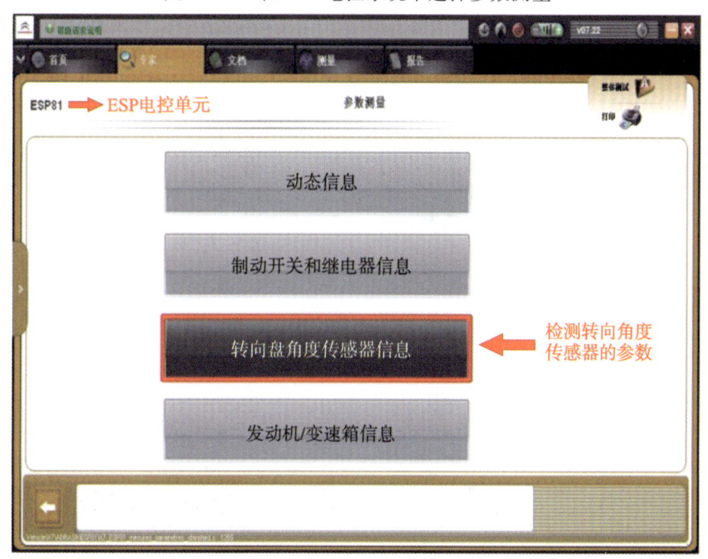

图 10-19　选择转向角度传感器

图 10-20　检测转向角度传感器的参数

转向角度传感器的参数和传递参数的元件　　表 10-5

序号	参　数　名　称	参　数　值	传递参数检测的元件(被检测的元件)
1	转向盘角度传感器状态	良好的状态	转向盘角度传感器 7130
2	转向盘角度传感器校准	已校准	转向盘角度传感器 7130
3	转向盘角度传感器的调节	已调整	转向盘角度传感器 7130
4	转向盘角度	－129.5 度	转向盘角度传感器 7130
5	转向盘旋转方向	左	转向盘角度传感器 7130
6	通过电子稳定程序检查转向盘角度信息	没有探测到故障	ESP 电控单元 7800

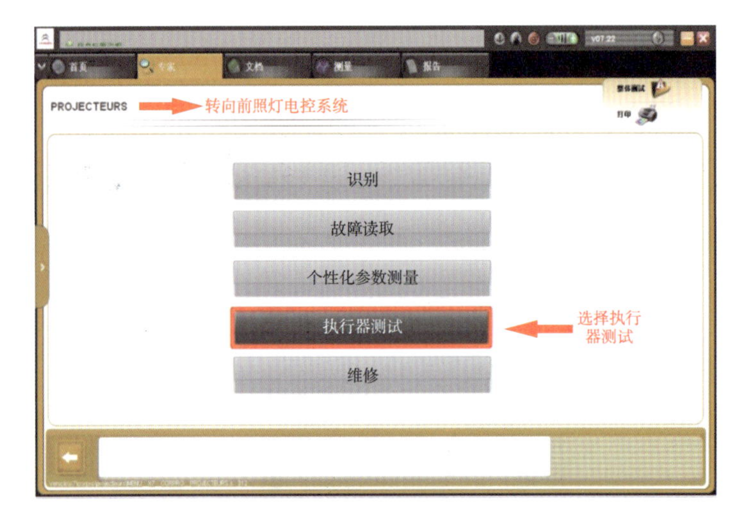

图 10-21　选择执行器测试

图 10-22　三项执行器测试

图 10-23 选择向左运动测试

图 10-24 检查测试现象和结果

图 10-25 选择向左运动测试

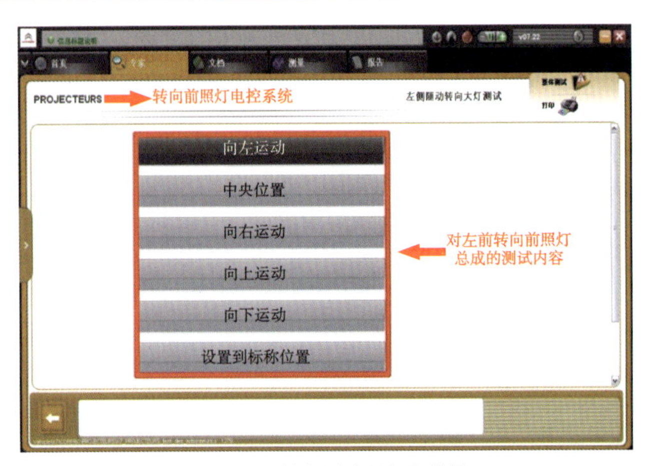

图 10-26 检查测试现象和结果

图 10-27 同时测试左、右转向前照灯总成

转向前照灯电控系统执行器的测试的内容和被检测的元件 表 10-6

序号	执行器测试内容	被检测的元件
1	右转向前照灯向左运动	右转向前照灯水平调整机构
2	右转向前照灯到中央位置	右转向前照灯水平调整机构
3	右转向前照灯向右运动	右转向前照灯水平调整机构
4	右转向前照灯向上运动	右转向前照灯垂直调整机构
5	右转向前照灯向下运动	右转向前照灯垂直调整机构
6	右转向前照灯设置到标称位置	右转向前照灯水平和垂直调整机构
7	左转向前照灯向左运动	左转向前照灯水平调整机构
8	左转向前照灯到中央位置	左转向前照灯水平调整机构
9	左转向前照灯向右运动	左转向前照灯水平调整机构
10	左转向前照灯向上运动	左转向前照灯垂直调整机构
11	左转向前照灯向下运动	左转向前照灯垂直调整机构
12	左转向前照灯设置到标称位置	在转向前照灯水平和垂直调整机构

学习思考与拓展

1. 随动转向前照灯的作用是什么？
2. 请说明转向前照灯电控系统中各元件的作用是什么。
3. 激活转向前照灯功能的条件是什么？
4. 请画出转向前照电控系统的工作原理框图，并简述其工作原理。
5. 请分别说明前照灯自动点亮功能、日间行车灯功能、前照灯延时熄灭功能的含义。
6. 请画表说明转向前照灯电控系统执行器测试的内容和被检测的元件。

单元 11　中控锁电控系统的电路分析与检测

一、中控锁系统的组成和主要元件的作用

世嘉轿车中控锁电控系统的组成和工作原理简图如图 11-1 所示。现对中控锁电控系统主要元件的作用说明如下。

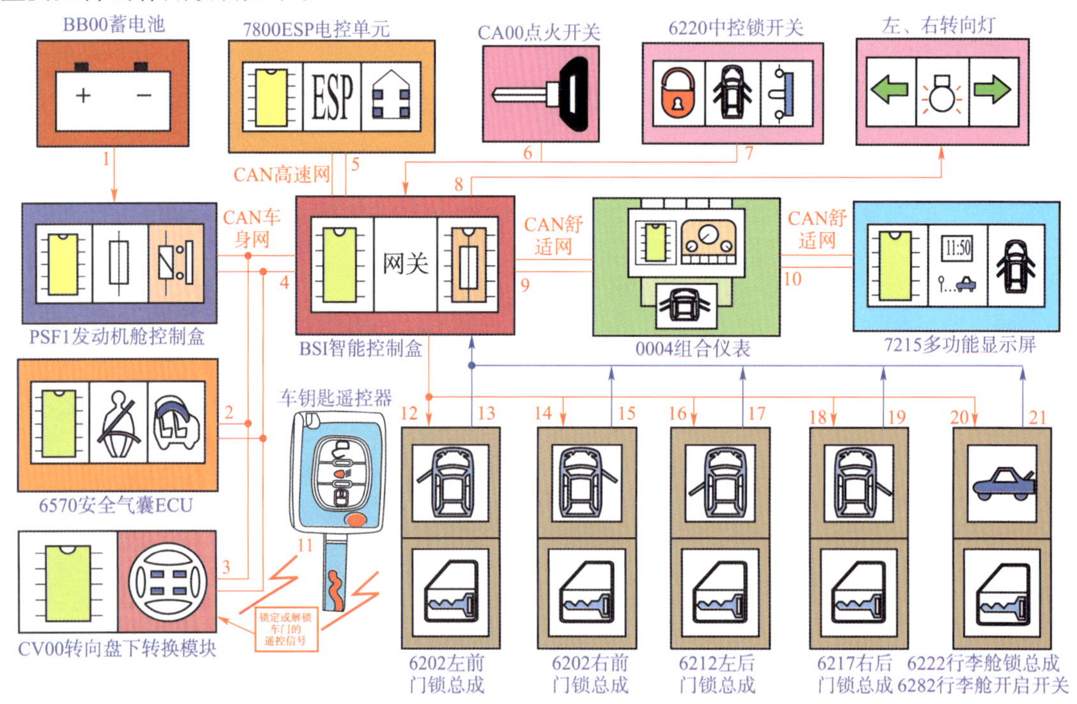

图 11-1　世嘉轿车中控锁电控系统的组成和工作原理简图

1 智能控制盒 BSI

智能控制 BSI 装在仪表台左下方,外形如图 11-2 所示。BSI 在中控锁电控系统中的主要作用是接收车钥匙遥控器发出的锁定和解锁信息、ESP 电控单元 7800 发出的车速信息、安全气囊 ECU6570 发出的气囊起爆信息,并根据这些信息,控制中控锁系统(包括四个车门和行李舱门)锁定或解锁,并在电子配钥匙的过程中存储车钥匙的密码。

2 四个门锁总成 6202、6207、6212、6217 和行李舱锁总成 6222

四个门锁总成和行李舱锁总成分别装在左前门、右前门、左后门、右后门和行李舱门上,外形如图 11-2 所示。门锁总成由电子模块组成、门锁驱动器、机械锁装置等组成;电子模块可将反映车门开启和关闭的状态通过导线传递给智能控制盒;门锁驱动器是一直流电机,它可驱动机械锁装置动作;机械锁装置可在门锁驱动器的驱动下锁定和解锁车门。左前门的机械锁装

置还可在车钥匙的旋转驱动作用下锁定或解锁车门，如图 11-3 所示。

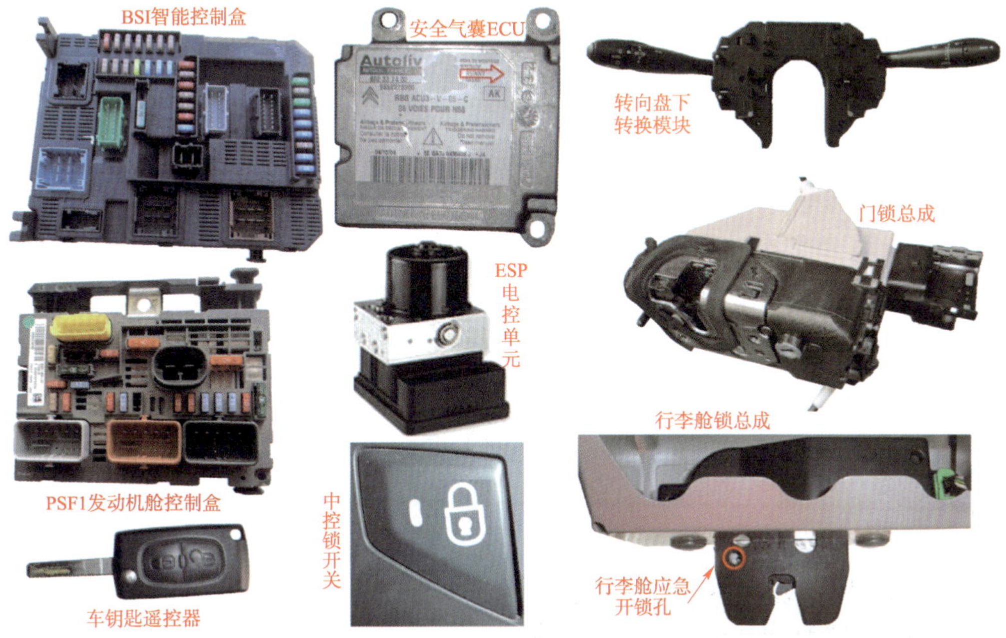

图 11-2 世嘉轿车中控锁电控系统部分元件的外形

❸ 车钥匙遥控器

车钥匙遥控器外形如图 11-2 所示，它可将锁定和解锁中控锁的无线遥控信息，先传递给转向盘下转换模块 CV00，然后由 CV00 通过 CAN 车身网传递给智能控制盒 BSI；车钥匙还可插入左前门锁总成内的钥匙孔旋转，通过导线将锁定或解锁中控锁系统的请求信号传递给 BSI。

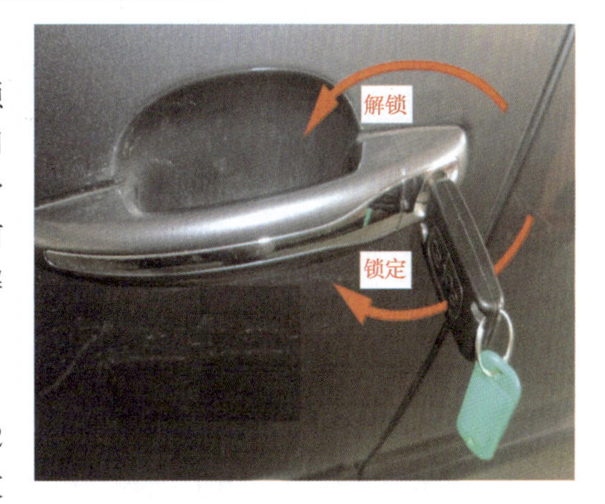

图 11-3 车钥匙发送锁定或解锁信号

❹ 中控锁开关 6220

中控锁开关装在仪表台中部，外形如图 11-2 所示。驾驶员可通过按压中控锁开关，将请求改变中控锁系统状态的信号传递给 BSI（即如在中控锁系统为锁定状态时，按压中控锁开关一次，表示请求 BSI 将中控锁系统改变为解锁状态，反之亦然）。

❺ 转向盘下转换模块 CV00

转向盘下转换模块 CV00 装在转向盘下方，外形如图 11-2 所示。CV00 在中控锁电控系统的主要作用是：

1）接收车钥匙发送的锁定和解锁中控锁系统的遥控信息；

2）将车钥匙发送的遥控信号解调后传送给智能控制盒 BSI。

❻ 左、右转向灯

左、右转向灯可用不同的点亮方式配合表达中控锁系统有状态：当我们按遥控器的锁定键

时,中控制锁系统锁定,且转向灯常亮 2s 左右;当我们按遥控器的解锁键时,中控制锁系统解锁,且转向灯闪亮 2s 左右。

7 ESP 电控单元 7800

ESP 电控单元装在发动机舱在下方,外形如图 11-2 所示。ESP 电控单元在中控锁电控系统的主要作用是将车速信号通过 CAN 高速网传递给 BSI。当车速达到一定值时 BSI 控制中控锁系统锁定,以保证车内乘员的安全。

8 安全气囊 ECU 6570

安全气囊 ECU 装在车内变速杆后方的中轴线上,外形如图 11-2 所示。安全气囊 ECU 在中控锁电控系统的主要作用是在撞车安全气囊起爆时,通过 CAN 车身网将气囊起爆信号传递给 BSI,由 BSI 立即控制中控锁系统解锁,便于打开车门,车内乘员迅速逃生。

9 发动机舱控制盒 PSF1

发动机舱控制盒 PSF1 装在发动机舱左侧,外形如图 11-2 所示。PSF1 在中控锁电控系统的作用是为中控锁系统的智能控制盒 BSI、转向盘下转换模块 CV00 等供电。

10 组合仪表 0004 和多功能显示屏 7215

组合仪表装在仪表台上方,多功能显示屏装在仪表台中部;组合仪表通过 CAN 舒适网获得 BSI 传递过来的中控锁系统的工作状态,并通过 CAN 舒适网将中控锁系统的工作状态传递给多功能显示屏显示出来,以告知或警示车内乘员,如图 11-4 所示。

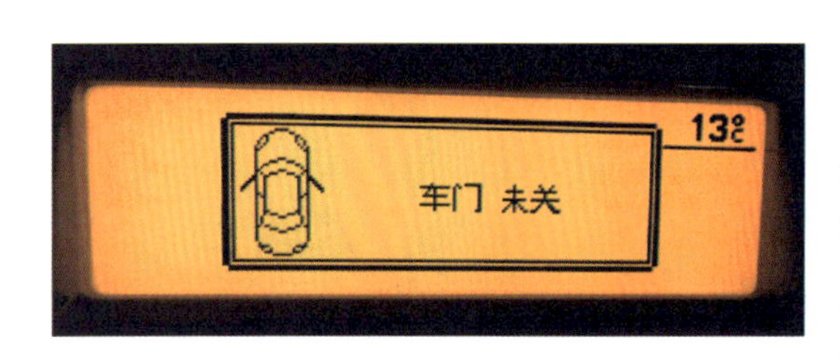

图 11-4　多功能显示屏警示左前车门和右前车门未关

中控锁电控系统的电路分析

世嘉轿车中控锁电控系统的电路原理图如图 11-5 所示,经过分析可将世嘉轿车中控锁电控系统的电路原理图简化成图 11-1 所示的简图,对简图的说明见表 11-1,下面根据图 11-5 和图 11-1,对世嘉轿车中控锁电控系统的电路原理解析如下。

1 由遥控器实现对中控锁的控制

按车钥匙遥控器上的锁定或解锁按键,车钥匙上的遥控器发送高频信号到转向盘下转换模块 CV00,CV00 将解锁或闭锁信号通过 CAN 车身网线 9017B－9017P 和 9018B－9018P 传送到智能控制盒 BSI,BSI 通过控制集成在其内部的两个继电器 R4A 和 R5A, 然后由继电器 R4A 和 R5A 控制导线 6204P、6205P 为左前门锁 6202、右前门锁 6207、左后门锁 6212、右后门锁 6217 四个门锁驱动器双向供电,实现 BSI 对这四个门的锁定与解锁控制;BSI 通过控制导线 6216 为行李舱门锁 6222 单向供电,实现 BSI 对行李舱门的解锁控制(注:行李舱门锁定不用供电)。

2 由车钥匙实现对中控锁的控制

左前门锁总成上留有车钥匙孔,当车钥匙插入左前门锁孔,可用钥匙拨动左前门锁总成 6202 内的触点,通过左前门 6202 插头上的导线 6207 将解锁或闭锁请求信号传送到智能控制盒 BSI,由 BSI 用上述相同的方法实现对四个车门和行李舱门的控制。

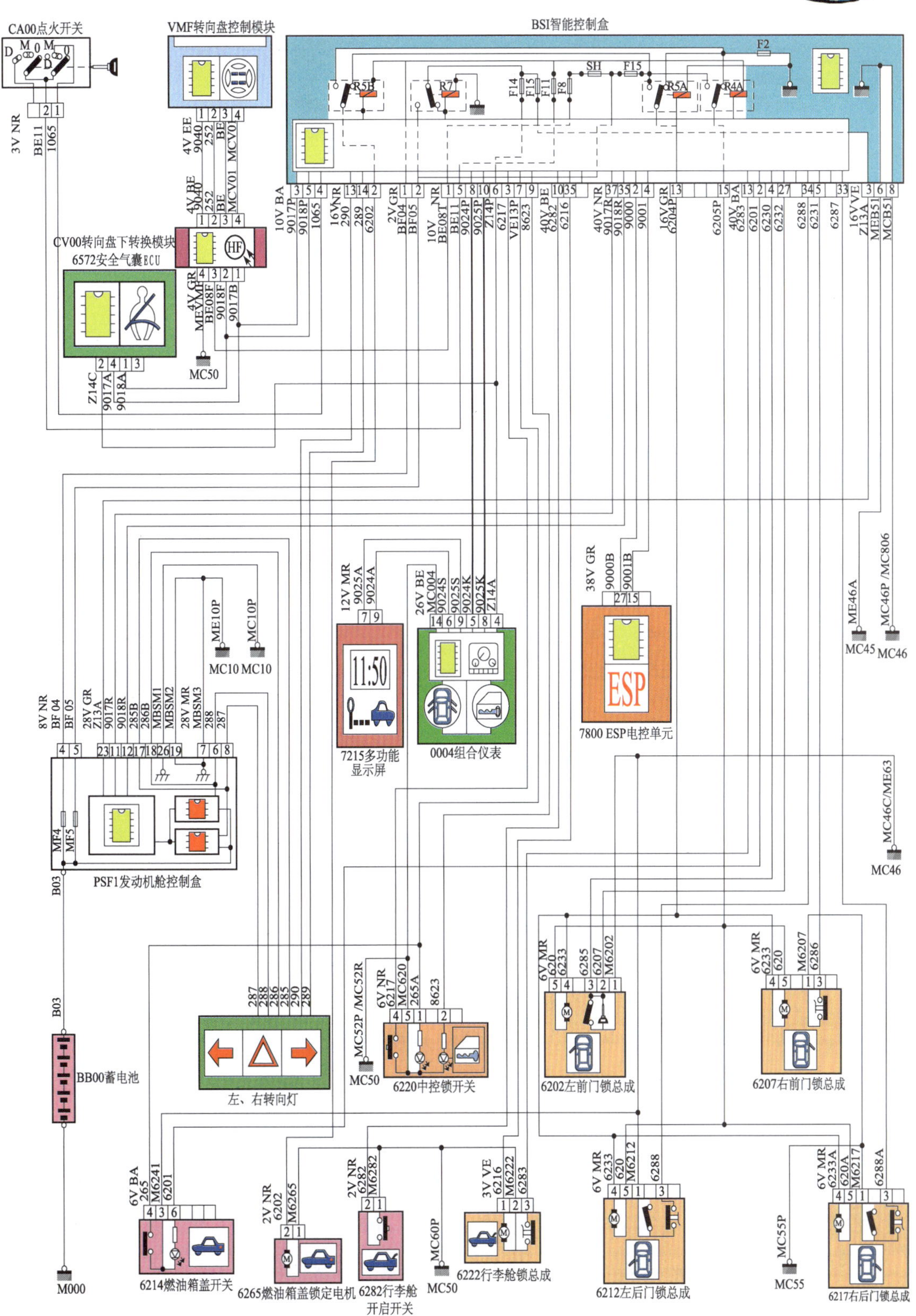

图 11-5　世嘉轿车中控锁电控系统电路原理图

世嘉轿车中控锁电控系统工作原理简图的说明(见图11-1) 表11-1

连接号	信　号	信号性质	发送器/接收器	电路图中对应的导线
1	提供蓄电池供电	模拟信号	BB00/PSF1	B03
2	安全气囊起爆信号	CAN 车身网信号	6570/BSI	9017A、9018A
3	锁定和解锁的遥控信号	CAN 车身网信号	CV00/BSI	9017B、9018B
4	提供供电指令	CAN 车身网信号	BSI/PSF1	9017R、9018R
5	车速信号	CAN 高速网信号	7800/BSI	9000B、9001B
6	点火信号	模拟信号	CA00/BSI	1065
7	改变中控锁系统状态信号	模拟信号	6220/BSI	6217
8	控制转向灯信号	模拟信号	BSI/各转向灯	287、288、286、285、290、289
9	中控锁系统工作状态信号	CAN 舒适网信号	BSI/0004	9024P、9025P
10	中控锁系统工作状态信号	CAN 舒适网信号	0004/7215	9024S、9025S
11	锁定和解锁的遥控信号	无线信号	车钥匙遥控器/CV00	无电路连接
12	锁定或解锁左前门指令	模拟信号	BSI/6202	620、6233
13	左前门开启/关闭状态;车钥匙锁定/解锁中控锁的请求	模拟信号	6202/BSI	6285;6207
14	锁定或解锁右前门指令	模拟信号	BSI/6207	620、6233
15	右前门开启/关闭状态	模拟信号	6207/BSI	6286
16	锁定或解锁左后门指令	模拟信号	BSI/6212	620、6233
17	左后门开启/关闭状态	模拟信号	6212/BSI	6288
18	锁定或解锁右后门指令	模拟信号	BSI/6217	620A、6233A
19	右后门开启/关闭状态	模拟信号	6217/BSI	6288A
20	解锁行李舱门指令	模拟信号	BSI/6282	6216
21	行李舱门开启/关闭状态	模拟信号	6222/BSI	6283
22	开启行李舱门请求信号	模拟信号	6282/BSI	6282

3 由中控锁开关实现对中控锁的控制

按压仪表台上的中控锁开关6220,该开关通过导线6217传给智能控制盒BSI一搭铁信号,此信号为改变中控锁系统状态的请求信号,当BSI收到该信号后,立即控制翻转中控制锁系统的状态:即将“锁定”变为“解锁”状态,或将“解锁”变为“锁定”状态。

4 由四个车门的内拉手实现对中控锁的控制

左前门6202、右前门6207、左后门6212、右后门6217都有一个反映车门或“开启”或“关闭”状态的触点在门锁插头的1与3脚之间(行李舱门6260反映门状态的触点在插头的2与3脚之间),当车门打开时,该触点闭合;当车门关闭时,该触点断开。BSI通过检测四个车门插头的3脚和行李舱门插头的3脚是否有搭铁信号,就可知道各个车门的状态。如五个车门有一个未关好时,为安全起见,当BSI控制中控锁系统锁定时,各门锁驱动器就会反弹,使五个车门都无法锁定。

另外,四个车门6202、6207、6212、6217内部有一个内拉手。当五个车门由BSI控制锁定

后，任一个门的内拉手(见图 11-6)都可拨动车门锁插头 1 与 3 脚之间的触点，使该触点闭合将搭铁信号传给 BSI，由 BSI 控制中控锁系统解锁。

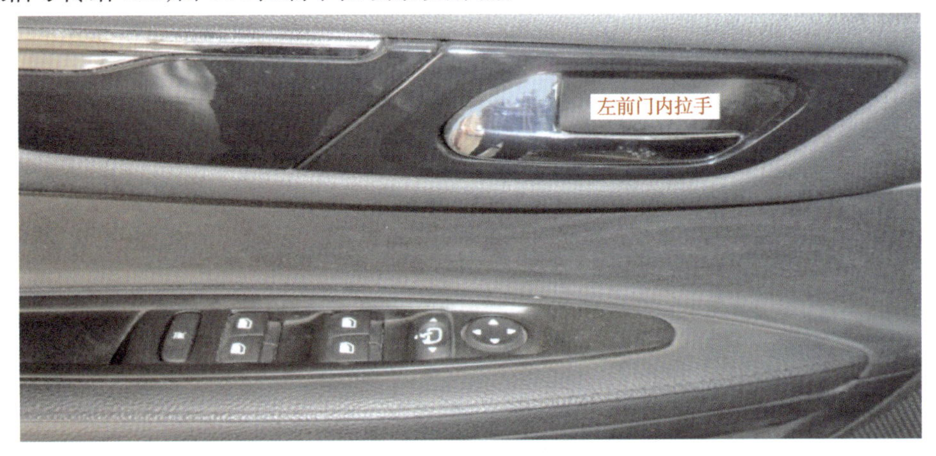

图 11-6　左前门的内拉手

5 行李舱门锁的解锁条件

当 BSI 控制中控锁系统锁定后，行李舱门锁的解锁条件如下：1)先由 BSI 控制中控锁系统解锁；2)然后按压行李舱开启开关 6282，该开关内的触点闭合后，通过插头 2 脚上的导线 6282 将搭铁信号传给 BSI，请求 BSI 控制内部继电器 R5B 并通过导线 6202 为行李舱门锁总成 6222 供电，解锁行李舱。

6 车速达到一定值时，BSI 控制中控锁系统锁定

汽车行驶过程中，ESP 电控单元不断接收四个轮速传感器的信号，并将该信号换算成车速信号通过 CAN 高速网线 9000B－9000 和 9001B－9001 传送给智能控制盒 BSI，当车速达到 5km/h 以上时，BSI 控制锁定中控锁系统，以保证车内乘员的安全。

7 安全气囊起爆时，BSI 控制中控锁系统解锁

接通点火开关 CA00 的点火挡 M，通过 1 脚上的导线 1065，将点火信号传递给智能控制盒 BSI，于是 BSI 唤醒所有车载网络投入工作，同时 BSI 控制 R7 继电器(管理 +CAN 的继电器)工作，R7 继电器工作后，BSI 通过 +CAN 网线 Z14P－Z14C 为安全气囊 ECU 供电。在汽车行驶过程中，如车辆发生碰撞造成安全气囊起爆，安全气囊 ECU 将通过 CAN 车身网线 9017A－9017P 和 9018A－9018P 将安全气囊起爆信号传递给 BSI，BSI 则立即控制中控锁系统解锁，以方便车内乘员逃生和车外人员施救。

三、中控锁电控系统的其他功能

1 寻车功能

有时车辆停在停车场，而停车场上同样的车辆有几辆，在光线昏暗和停车拥挤的环境下，车主很难准确辨认哪一辆是自己的车。为了方便车主寻找到自己的车，这时车主可按车钥匙上的闭锁按键，车钥匙遥控器发射的“寻车”信号传送到转向盘下转换模块 CV00，CV00 又将此信号通过 CAN 车身网线 9017B－9017P 和 9018B－9018P 传递到 BSI，BSI 则控制本车所有

转向灯快速闪烁(此时中控锁系统仍为锁定状态),方便车主根据闪烁的转向灯找到自己的车。

❷ 30s 后自动再锁定功能

有时车主停车并按遥控器锁定中控锁后,在从停车场所离开的过程中,不小心按了遥控器的解锁键,此时车辆的中控锁已经“解锁”,但车主在不知晓的情况下已经离开了停车场所。在这种情况下,如中控锁解锁的车辆30s 内没有车门被打开,BSI 会重新控制锁定中控锁系统。防止车主对遥控器的误操作,造成车辆被盗。

❸ 门锁驱动器的热保护功能

门锁驱动器的频繁动作,会造成驱动器电机过热烧损。为此,当门锁驱动器在一定的时间内连续动作一定次数后,BSI 就在 30s 内禁止启动门锁驱动器,以实现门锁驱动器的热保护。

四、中控锁系统典型电路故障分析

❶ 车钥匙上的遥控器失灵

当中控锁遥控器不能控制五个车门锁定或解锁时,即为遥控器失灵。遥控器失灵的常见原因有两个:一是遥控器电池电量不足或电池与集成电路板接触不良,此时应检修或更换电池,该电池型号为:3V CR1620,如图 11-7 所示;二是遥控器受到电磁干扰后正确的遥控信息丢失。以上两种情况都需要对遥控器进行初始化操作,操作方法是:打开点火开关,按住遥控器上的锁止按钮 10s 以上,然后关闭点火开关拔出钥匙等待 1min 左右。有时以上操作需要反复进行几次才能重新唤醒遥控器。

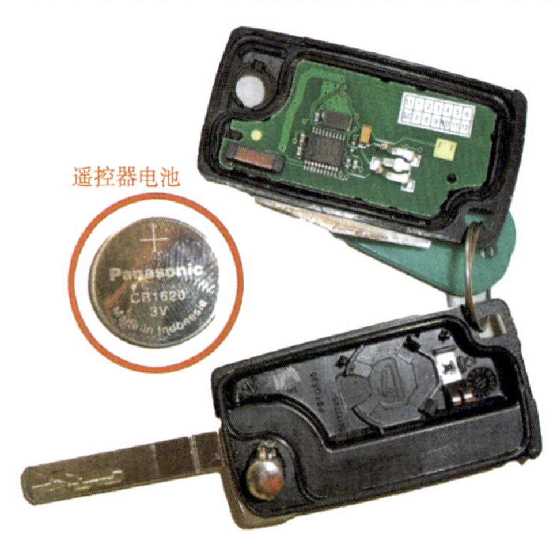

图 11-7　遥控器中的电池

❷ 门锁驱动器烧损

门锁驱动器为一永磁直流电机,如果驱动器附近脏物过多或车门机械变形,将造成门锁驱动器工作时阻力过大,驱动器电机电流过大而烧损。所以当门锁驱动器烧损时,应注意清除门锁驱动器附近的脏物,并检查该车门是否发生了机械变形。

❸ 行李舱门闭锁后就打不开了

当行李舱开启开关 6282 插头 2 脚上的导线 6282 断路后,BSI 就收不到该开关传递给 BSI 请求开启行李舱门的搭铁信号了,于是行李舱门闭锁后就打不开了(此时可用一螺丝刀拨李舱门下方的应急开锁孔将行李舱门打开,见图 11-2)。

❹ 车钥匙和遥控器都锁不住车门

车钥匙和遥控器都锁不住车门的主要原因有两个:一是 BSI 损坏,此时应更换 BSI;二是在 BSI 的设置中错误地将中控锁的锁止类型设置为:无锁止。此时可通过诊断仪进到 BSI 电控单元中,将中控锁的锁止类型设置为:简单锁止。

❺ 用遥控器控制中控锁有效,用车钥匙锁门中控锁无效

当左前门锁总成 6202 插头 6 脚上的导线 6207 断路时,BSI 就收不到车钥匙插入左前门锁

孔拨动内部触点时通过导线 6207 传递给 BSI 请求“锁定”或“解锁”中控锁系统的信号了，于是当车钥匙插入有故障的左前门锁孔时，只能拨动机械锁止装置将左前门锁住，而不能让 BSI 控制中控锁系统的锁定和解锁。因左前门锁总成插头上导线 6207 断路后，并不影响遥控器的工作，故此时遥控器仍可正常控制中控锁。

❻ 某一车门打开时，BSI 仍可控制其他车门锁定

当反映 4 个车门和行李舱门或开启，或关闭的信号线（如左前门锁总成插头内的导线 6285）断路后，通过该导线传递的该车门“开启”状态的搭铁信号 BSI 就收不到了（注：此时用诊断仪检测可以发现，有信号线断路故障的车门无论是关闭还是开启，BSI 始终认为该车门是关闭的，如图 11-8 所示），于是即使发生该车门打开时，当 BSI 控制中控锁系统锁定时，其他车门仍可正常闭锁，而不会出现门锁驱动器反弹的现象。

诊断　C-Quatre 世嘉 4　BSI　参数

锁止

右前车门锁发出的锁止请求	否
右前车门锁发出的解锁请求	是
车锁锁止控制	未激活
锁住接通控制	未激活
锁死控制	未激活
打开后行李舱的请求	否
行李舱锁止控制	未激活
儿童安全系统启用请求	否
童锁启用开关	未激活
儿童安全系统停用请求	否
发动机罩	开启
左前车门	关闭
右前车门	打开
右后后门	关闭
左后车门	关闭
行李舱	关闭
油箱盖	关闭

当反映左前门或开启，或关闭状态的信号线6285断路时，无论左前门是关闭，还是开启，BSI检测到的结果为：“左前车门：关闭”

F1　F2　M閤orisation　1 2 3 4 5　F6 ?　F9　F7

图 11-8　BSI 检测左前门始终为“关闭”

五、中控锁电控系统的检测

我们可用诊断仪对中控锁电控系统进行检测，检测方法主要是：读取中控锁电控系统的有关故障，检测中控锁电控系统相关元件的参数，对中控锁系统的执行器进行测试。这些检测方法基本可以检测到中控锁电控系统的所有元件，下面分别加以说明。

❶ 读取中控锁电控系统有关的故障

由于中控锁电控系统由智能控制盒 BSI 管理，所以先操作诊断仪进入 BSI 电控系统，如图 11-9所示；在进入 BSI 电控系统后，可通过选择读取故障功能，读取和查找与中控锁电控系统有关的故障，如图 11-10 和图 11-11 所示。

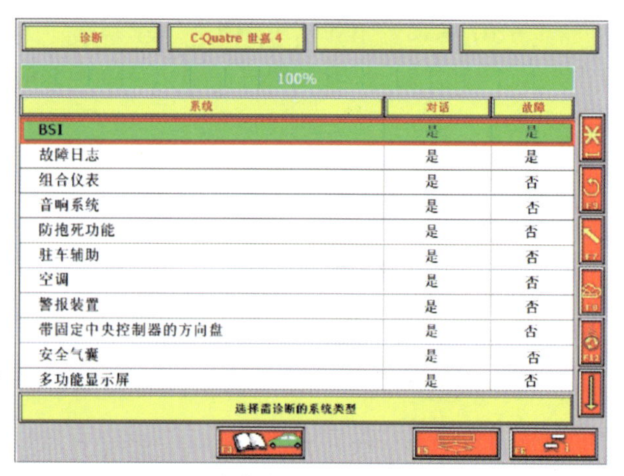

图 11-9　操作诊断仪进入 BSI 电控系统

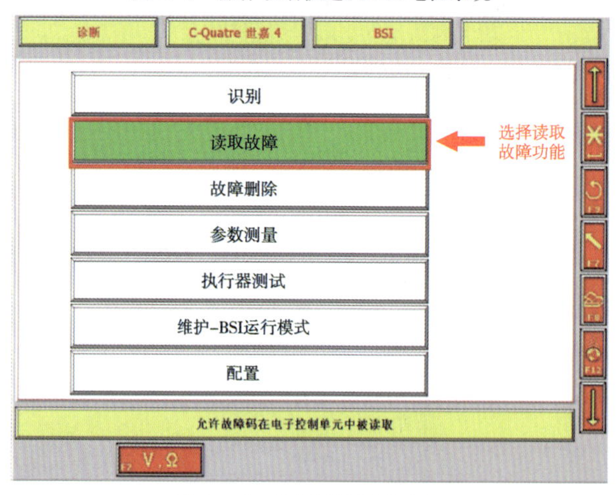

图 11-10　选择读取故障功能

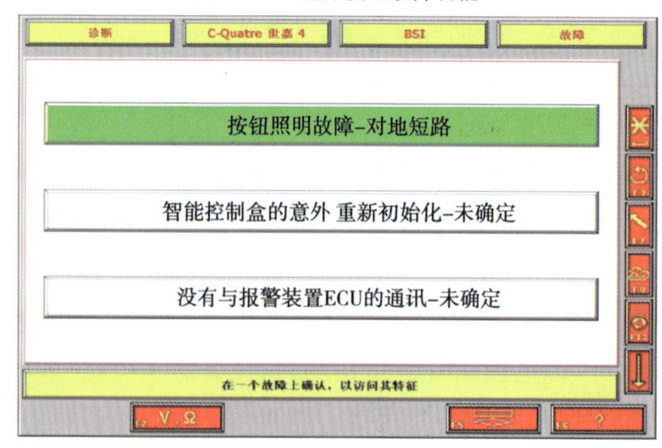

图 11-11　读取和查找与中控锁系统有关的故障

❷ 检测中控锁电控系统的参数

操作诊断仪进入 BSI 电控系统进行参数测量，如图 11-12 所示；分别检测 BSI 电控系统内与中控锁系统有关的高频遥控器组和锁止组参数，如图 11-13 至图 11-16 所示，各参数的含义和被检测的元件见表 11-2。

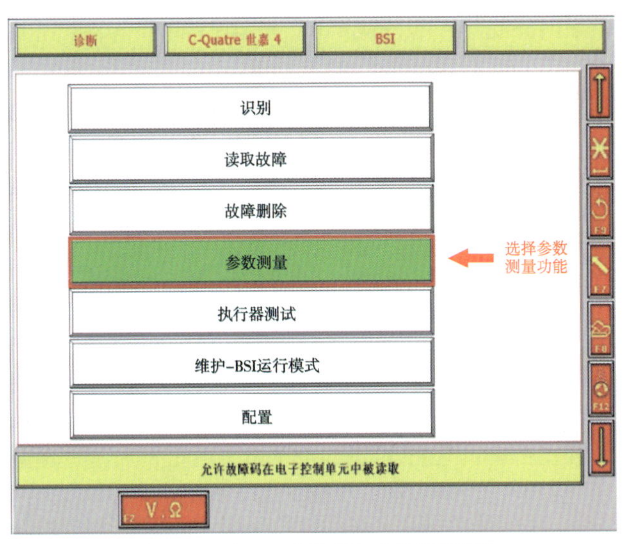

图11-12　在BSI电控系统选择参数测量

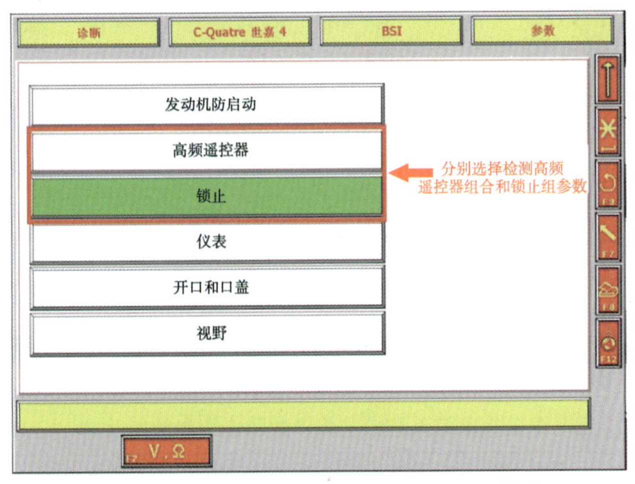

图11-13　选择检测与中控锁系统有关的二组参数

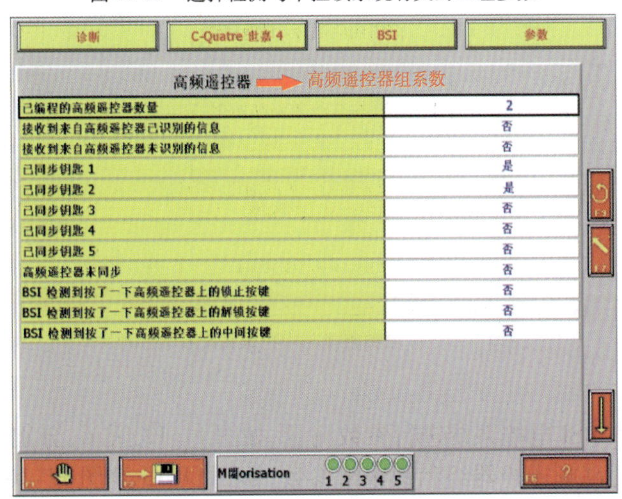

图11-14　检测高频遥控器组参数

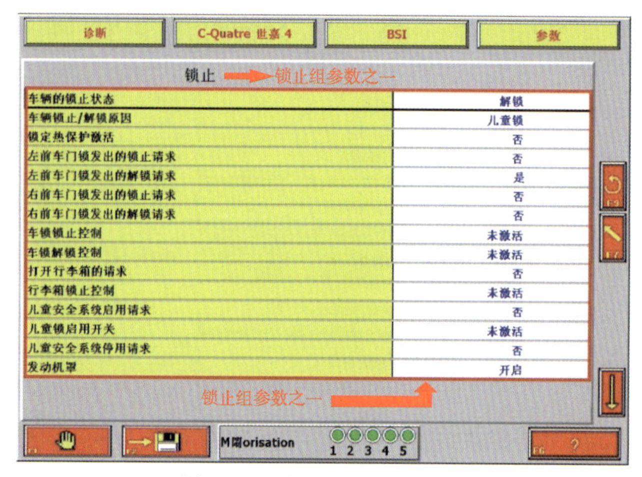

图 11-15　检测锁止组参数之一

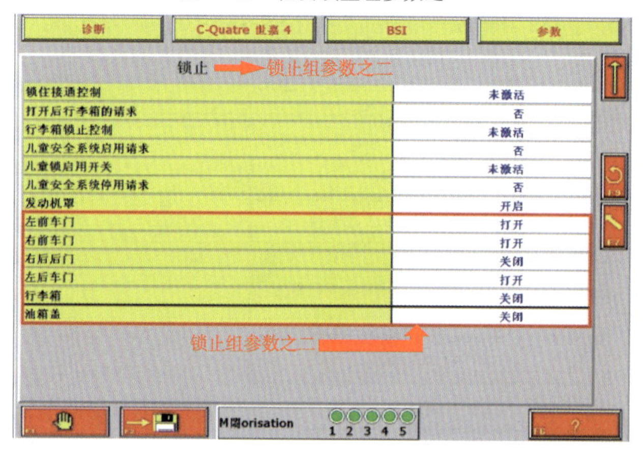

图 11-16　检测锁止组参数之二

中控锁电控系统的主要参数和传递参数的元件　　表 11-2

序号	参数名称	参数值	传递参数的元件(注:被检测的元件)
1	已编程的高频遥控器数量	2	车钥匙遥控器(注:用诊断仪表进行电子匹配过的遥控器)
2	接收到来自高频遥控器已识别的信息	否	车钥匙遥控器
3	接收到来自高频遥控器未识别的信息	否	车钥匙遥控器
4	已同步钥匙 1	是	车钥匙遥控器(注:用诊断仪进行电子配钥匙后接着配遥控器称钥匙同步,每车最多可配 5 把车钥匙和 4 个遥控器,诊断仪检测说明本车配了 2 把车钥匙遥控)
5	已同步钥匙 2	是	
6	已同步钥匙 3	否	
7	已同步钥匙 4	否	
8	已同步钥匙 5	否	
9	高频遥控器未同步	否	车钥匙遥控器
10	BSI 检测到按了一下高频遥控器上的锁止按键	否	车钥匙遥控器上的锁止按键
11	BSI 检测到按了一下高频遥控器上的解锁按键	否	车钥匙遥控器上的解锁按键
12	BSI 检测到按了一下高频遥控器上的中间按键	否	车钥匙遥控器上的行李舱按键
13	车辆的锁止状态	解锁	智能控制盒 BSI

续上表

序号	参　数　名　称	参　数　值	传递参数的元件(注:被检测的元件)
14	车辆锁止/解锁原因	儿童锁	(注:本车无此项功能)
15	锁定热保护激活	否	智能控制盒 BSI
16	左前门锁发出的锁止请求	否	左前门锁总成(注:车钥匙插入左前门钥匙孔拨动触点发出的信号)
17	左前门锁发出的解锁请求	否	
18	右前门锁发出的锁止请求	否	右前门锁总成(注:本车无此功能,因右前门锁总成上无钥匙孔)
19	右前门锁发出的解锁请求	否	
20	车锁锁止控制	未激活	中控锁开关 6220
21	车锁解锁控制	未激活	中控锁开关 6220
22	打开行李舱的请求	否	行李舱开启开关 6282
23	行李舱锁止控制	未激活	行李舱开启开关 6282
24	儿童安全系统启用请求	否	(注:本车无此项功能)
25	儿童锁启用开关	未激活	(注:本车无此项功能)
26	儿童安全系统停用请求	否	(注:本车无此项功能)
27	发动机罩	开启	发动机罩开关 8611(见车辆防盗电路图)
28	左前车门	打开	左前门锁总成 6202
29	右前车门	关闭	右前门锁总成 6207
30	右后车门	关闭	右后门锁总成 6217
31	左后车门	关闭	左后门锁总成 6212
32	行李舱	关闭	行李舱锁总成 6222
33	油箱盖	关闭	燃油箱盖开关 6214

3 对中控锁电控系统的执行器进行测试

操作诊断仪进入 BSI 电控系统,选择执行器测试功能,如图 11-17 所示;再选择锁止项执行器进行测试,并查看诊断仪提示的锁止项执行器测试的结果,如图 11-18 至图 11-20 所示,各执行器的名称和检测的元件见表 11-3。

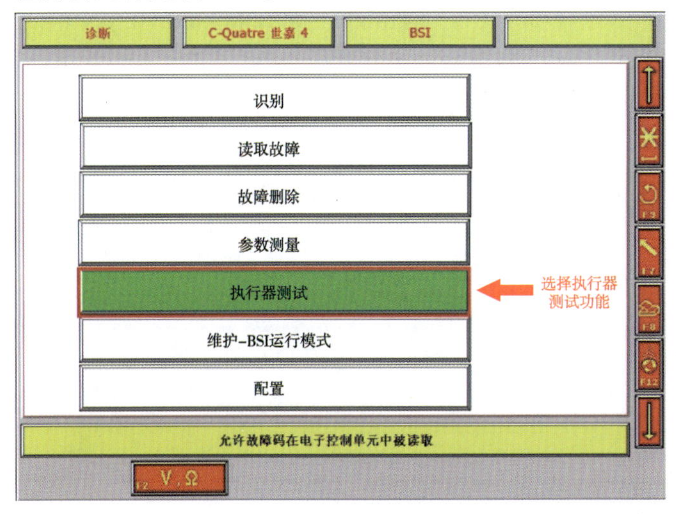

图 11-17　选择执行器测试功能

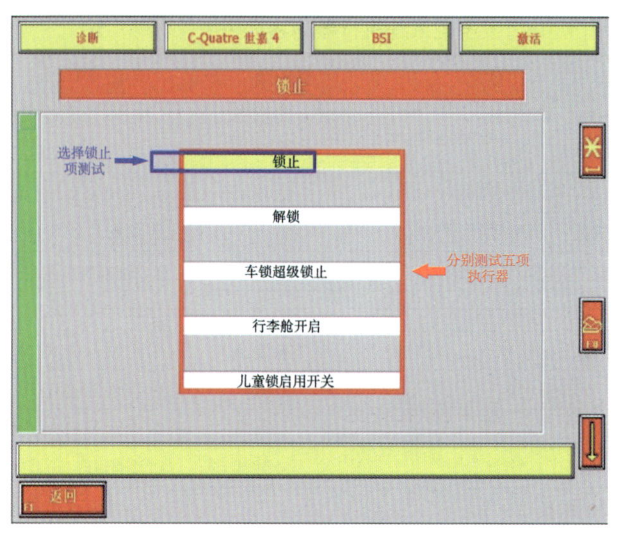

图 11-18　选择锁止项测试

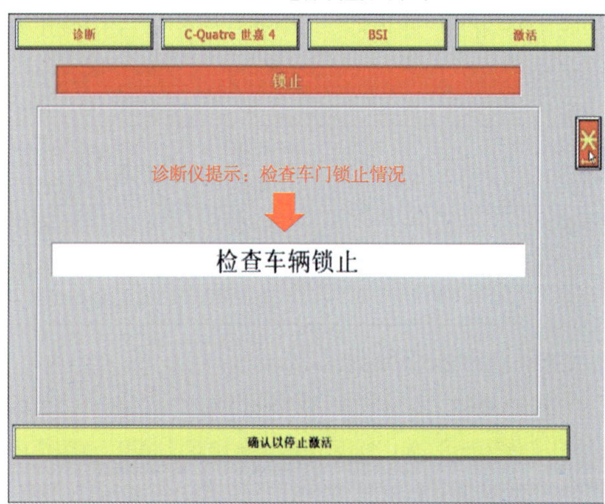

图 11-19　诊断仪提示检查车门锁止情况

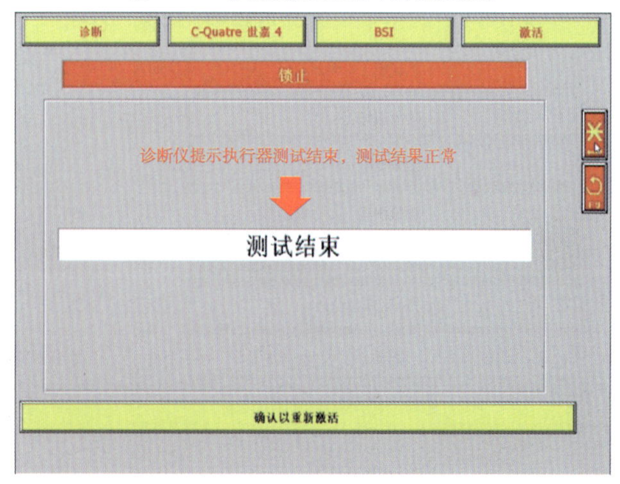

图 11-20　诊断仪提示测试结果正常

中控锁电控系统执行器的名称和被检测的元件　表11-3

序号	执行器名称	被检测的元件
1	锁止	左前门6202、右前门6207、左后6212、右后6217四门锁驱动器
2	解锁	左前门6202、右前门6207、左后6212、右后6217四门锁驱动器
3	车辆超级锁止	左前门6202、右前门6207、左后6212、右后6217四门锁驱动器
4	行李舱开启	行李舱锁总成6222
5	儿童锁启用开关	本车没有儿童锁启用开关

学习思考与拓展

1. 简述世嘉轿车中控锁电控系统主要元件的作用。

2. 请画出世嘉轿车中控锁电控系统工作原理简图。

3. 请对照电路图11-5说明，如何用遥控器实现对中控锁的控制。

4. 请说明中控锁电控系统的寻车功能、热保护功能、30s自动再锁定功能。

5. 请对照电路图11-5分析说明，用遥控器控制中控锁有效、用车钥匙锁门中控锁无效的原因是什么。

6. 请对照电路图11-5分析说明，当右前门未关好，用遥控器锁门时，门锁驱动器不反弹的原因是什么。

7. 请画表说明用诊断仪可检测中控锁电控系统中的哪些元件。

参考文献

[1] 人民交通出版社汽车图书出版中心.汽车典型结构图册[M].北京:人民交通出版社,2008.

[2] 陈家瑞.汽车构造(上册)[M].5版.北京:人民交通出版社,2006.

[3] 陈德阳.大众系列轿车发动机结构与检修图册[M].北京:人民交通出版社,2010.

[4] 宋波舰.汽车发动机电控系统维修[M].北京:人民交通出版社,2012.

[5] 董铁有.汽车发动机构造图册[M].北京:人民交通出版社,2005.

[6] 黄余平.汽车电系检修图册.[M].2版.北京:人民交通出版社,2008.

[7] (法)胡思德.汽车车载网络(VAN/CAN/LIN)技术详解[M].北京:机械工业出版社,2006.

[8] 宋波舰.汽车电气设备[M].南京:江苏科学技术出版社,2011.

[9] 陈默.自动变速器维修技术[M].武汉:华中科技大学出版社,2009.